Nahtoderlebnisse, Jenseitsvisionen, Gottessuche

Die gemeinsame Wurzel mystischer Erfahrungen

von

Stefan Högl

Tectum Verlag
Marburg 2005

Coverabbildung:
Hieronymus Bosch, Der Flug zum Himmel,
1500-1504, Venedig, Dogenpalast

Högl, Stefan:
Nahtoderlebnisse, Jenseitsvisionen, Gottessuche.
Die gemeinsame Wurzel mystischer Erfahrungen.
2., leicht überarbeitete Auflage
(Erstauflage unter dem Titel: Leben nach dem Tod?
Menschen berichten von ihren Nahtod-Erfahrungen, Möwig Verlag, 1998)
/ von Stefan Högl
- Marburg : Tectum Verlag, 2005
ISBN 3-8288-8933-6

© Tectum Verlag

Tectum Verlag
Marburg 2005

Für Andreas
☦ 1996

Ich leb´, ich weiß nicht wie lang,
ich sterb´, ich weiß nicht wann,
ich fahr´, ich weiß nicht wohin:
Mich wundert, daß ich so fröhlich bin

Alter deutscher Vers[1]

Inhaltsverzeichnis

Vorwort 7

1. Der Tod – ein Sohn der Nacht 9
2. Erfahrungen an der Schwelle des Todes 11
3. Zeugnisse aus einer anderen Welt 33
4. Die Hoffnung der Religionen 69
5. Naturverbundene Religionen 73
6. Wege des Ostens 83
7. Das klassische Altertum 93
8. Monotheistische Religionen 105
9. Außergewöhnliche Erfahrungen in Kunst und Literatur 129
10. Die Geschichte der Religionen 135
11. Die Erklärung der Wissenschaften 149
12. Der Standpunkt des Glaubens 167
13. Philosophische Fragen 183
14. Die Bedeutung der Transzendenzerfahrungen 195
15. Glossar 207
16. Abkürzungsverzeichnis und weitere Informationen 211
17. Literaturhinweise 213
18. Fußnoten und Anmerkungen 219

Vorwort

Gibt es ein Leben nach dem Tod? Welche Anhaltspunkte haben wir, und wie lautet die Auskunft der verschiedenen Religionen? Um diese Fragen dreht sich die vor uns liegende Untersuchung.

Personen aus verschiedenen Nationen haben mir über ihre Erfahrungen an der Schwelle des Todes berichtet. Zahlreiche Forscher waren bei der Suche nach Material behilflich. Ihnen allen gilt mein aufrichtiger Dank. Ohne ihren Mut und ihre Hilfe wäre es nicht möglich gewesen, eine der bedeutendsten Erfahrungen zu beleuchten, die das menschliche Leben bereit hält.

Bei der Frage nach einem jenseitigen Leben darf die Antwort der Religionen nicht zu kurz kommen. Viel Zeit und Aufwand waren nötig, um einen weiten Blick in die Geschichte zu werfen und auch philosophische Fragen miteinzubeziehen. An dieser Stelle bin ich meiner Frau und meinen Eltern zum Dank verpflichtet. Nur durch ihre großzügige finanzielle und persönliche Unterstützung war es mir möglich, mich längere Zeit einem nahezu unendlichen wissenschaftlichen Thema zu widmen. Mögen die zusammengetragenen Ergebnisse ein kleiner Ausgleich für die viele Unterstützung sein, die ich von allen Seiten erfahren habe.

1. Der Tod – ein Sohn der Nacht

Auf die Frage, was den Menschen nach seinem Tod erwartet, fallen die Antworten ganz unterschiedlich aus. Von religiöser Seite erhalten wir eine Fülle von Hinweisen über die Zukunft, die wir hinter der Schranke des Lebens erwarten können. Die Angaben, die wir bekommen, sind dabei von Religion zu Religion verschieden:

- In den zahlreichen Naturvölkern, die es auch heute noch gibt, herrscht vielfach die Ansicht vor, die Seele des Verstorbenen ziehe in ein dunkles Totenreich ein. Dort fristet sie ein einsames Dasein, das mit einem Weiterleben im eigentlichen Sinn nicht vergleichbar ist.

- Im antiken Griechenland war *Thanatos* der Gott des Todes: ein Sohn der *Nyx*, Göttin der Nacht. Die verwandschaftliche Beziehung der Götter läßt erahnen, in welcher Umgebung der Tod seinen Platz hatte. *Hypnos*, der Gott des Schlafes, war sein Bruder.

- Die bekannten Glaubensrichtungen des Ostens – Hinduismus und Buddhismus – haben die Vorstellung von der Wiedergeburt des Menschen entwickelt. Nach dem Tod, so glaubt man dort, verläßt die Seele den alten Körper und zieht in den Leib eines neu geborenen Lebewesens ein. Ob Mensch oder Tier – das Schicksal des Wiedergeborenen hängt von den Taten seines vorherigen Lebens ab; man nennt es auch das *Karma*. Immer wieder setzt sich dieser Vorgang fort. In einer endlosen Kette reiht sich ein Leben an das nächste. Erlösung für die wandernde Seele gibt es erst, wenn das Rad der Wiedergeburt zum Stillstand kommt. Dann geht die Seele ins Nirwana ein, in ein Reich, in dem sie endlich Ruhe findet.

- Anders sehen es die *monotheistischen* Religionen – Judentum, Christentum, Islam. Ihr Glaube gilt, wie die Bezeichnung sagt, nur einem einzigen Gott, der als Schöpfer der Welt und des Menschen betrachtet wird. Nach dem Tod, so nimmt man an, beginnt für den Verstorbenen ein neues Leben im Jenseits. Die genaue Zukunft hängt dort von den guten oder schlechten Taten ab, die die betreffende Person zu Lebzeiten begangen hat. Während sich die Rechtschaffenen auf ein paradiesisches Leben im Angesichte Gottes freuen dürfen, erwartet die Sünder und Übeltäter das Feuer der Hölle.

Wenig Anerkennung für die Erwartungen der Religionen kommt von der modernen Naturwissenschaft. Zahlreiche Forscher sind der Auffassung, daß die gesamte Welt aus nichts anderem als aus Atomen und kleinen Teilchen besteht. Für jenseitige Dinge wie eine Seele oder die Existenz eines Gottes bleibt da kein Platz. Viele Wissenschaftler weisen daher die Hoffnung auf ein Leben nach dem Tod zurück.

So verschieden wie die Antworten auf die Frage nach dem „nachher" sind, so beliebig scheint die Entscheidung für einen dieser Standpunkte. Auf den ersten Blick sieht es so aus, als könne man sich einfach aussuchen, wem man glauben möchte und wem nicht. Ganz gleich, ob es nun ein Leben nach dem Tod gibt – daran ändern läßt sich ohnehin nichts.

Bei näherer Betrachtung zeigt sich freilich, daß man es hier mit einer ernsten Entscheidung zu tun hat. Die Frage nach einer Zukunft jenseits des Todes ist eng verbunden mit der Suche nach dem Sinn des Lebens. Damit berührt sie den Kern unseres Daseins, unser Selbstverständnis.

Es sind die Hektik und die Oberflächlichkeit des Alltags, die uns gerne vergessen und verdrängen lassen, daß wir eines Tages aus dem so vertrauten Leben scheiden werden. Erst dann, wenn uns der Tod eines guten Bekannten erreicht, oder wenn uns die Begegnung mit älteren Menschen darauf hinweist, nähern wir uns diesem unbequemen und zum Tabu gewordenen Bereich. Oft hat man den Eindruck, daß vom Sterben nur die anderen betroffen sind. Letztlich aber kann man dieser Seite des Lebens nicht ausweichen: Schon mit der Geburt streben wir auf unser Ende zu.

Die Flucht vor dem Tod hat nicht ohne Grund erheblich zugenommen. Die Gewißheit und Angst vor dem Sterben hat einen Begleiter verloren, der unseren Vorfahren das Dahinscheiden erleichtert hat: Die Hoffnung auf ein Leben jenseits des Todes. Seit Jahren zeigt sich in Umfragen, daß immer weniger Menschen in Deutschland an ein Weiterleben nach dem Sterben glauben.

Die Erfolge der modernen Wissenschaften scheinen uns einen letzten Trost genommen zu haben, der es uns ermöglicht hätte, unserem Ende etwas gelassener entgegenzusehen. Die Errungenschaften der medizinischen Forschung waren es aber auch, die um die Mitte der siebziger Jahre das Tor zu einer Beobachtung aufgestoßen haben, die schließlich eine Trendwende bedeuten könnte: Es war die Entdeckung der „Nahtoderfahrungen".

2. Erfahrungen an der Schwelle des Todes

Klinisch tot: Am Abgrund des Lebens

Der amerikanische Arzt und Philosoph Raymond A. Moody wurde Ende der sechziger Jahre auf eine Erscheinung aufmerksam, für die er sich schon bald näher zu interessieren begann: Freunde und Bekannte berichteten ihm von einem unglaublichen Erlebnis, das entweder sie selbst oder ihnen nahestehende Personen gehabt hatten, während sie „klinisch tot" waren. Manche von diesen hatten einen Unfall oder eine schwere Krankheit gehabt, infolgedessen schließlich der Herzstillstand eintrat. Sämtliche Personen verdanken ihr heutiges Leben dem Umstand, daß sie bald wiederbelebt wurden. Andernfalls könnten sie nicht mehr über ihre Erfahrungen an der Schwelle des Todes berichten: Nach einer gewissen Zeitspanne wären sie schließlich unwiederbringlich verstorben.

Der klinische Tod umfaßt etwa jene Zeitspanne, in der die Lebenszeichen des menschlichen Organismus wie Herzschlag und Atmung zwar ausgefallen sind, aber noch einmal einsetzen können, wenn entsprechende medizinische Versorgung vorhanden ist. Verstreicht diese Zeit ungenutzt, so erreicht der Mensch die Schwelle des biologischen Todes. Von hier gibt es kein Zurück mehr: Das Leben ist nun zu Ende, Wiederbelebungsversuche sind zwecklos.

Unglaubliche Erlebnisse

Die Berichte, die Moody nun eifrig zu sammeln begann, stammten vorwiegend von Menschen, die einmal klinisch tot waren und schließlich wieder ins Leben gerufen wurden. Was diese dabei erlebten, hörte sich zunächst an, wie ein schöner Traum oder eine Halluzination, d.h. eine Sinnestäuschung, die vielleicht wegen der Narkosemittel aufgetreten sein könnte. Als Moody die gesammelten Schilderungen 1975 in einem Buch veröffentlicht[2], faßt er zusammen was ihm über diese Nahtoderfahrungen (NTE) berichtet wurde:

„Ein Mensch liegt im Sterben. Während seine körperliche Bedrängnis sich dem Höhepunkt nähert, hört er, wie der Arzt ihn für tot erklärt. Mit einemmal nimmt er ein unangenehmes Geräusch wahr, ein durchdringendes Läuten oder Brummen, und zugleich hat er das Gefühl, daß er sich sehr rasch durch einen langen, dunklen Tunnel bewegt. Danach befindet er sich plötzlich außerhalb seines Körpers, jedoch in derselben Umgebung wie zuvor. Als ob er ein Beobachter wäre, blickt er nun aus einiger Entfernung auf seinen eigenen Körper. In seinen Gefühlen zutiefst aufge-

wühlt, wohnt er von diesem seltsamen Beobachtungsposten aus den Wiederbelebungsversuchen bei.

Nach einiger Zeit fängt er sich und beginnt, sich immer mehr an seinen merkwürdigen Zustand zu gewöhnen. Wie er entdeckt, besitzt er noch immer einen »Körper«, der sich jedoch sowohl seiner Beschaffenheit als auch seinen Fähigkeiten nach wesentlich von dem physischen Körper, den er zurückgelassen hat, unterscheidet. Bald kommt es zu neuen Ereignissen. Andere Wesen nähern sich dem Sterbenden, um ihn zu begrüßen und ihm zu helfen. Er erblickt die Geistwesen bereits verstorbener Verwandter und Freunde, und ein Licht und Wärme ausstrahlendes Wesen, wie er es noch nie gesehen hat, ein Lichtwesen, erscheint vor ihm. Dieses Wesen richtet – ohne Worte zu gebrauchen – eine Frage an ihn, die ihn dazu bewegen soll, sein Leben als Ganzes zu bewerten. Es hilft ihm dabei, indem es das Panorama der wichtigsten Stationen seines Lebens in einer blitzschnellen Rückschau an ihm vorüberziehen läßt. Einmal scheint es dem Sterbenden, als ob er sich einer Art Schranke oder Grenze nähere, die offenbar die Scheidelinie zwischen dem irdischen und dem folgenden Leben darstellt. Doch ihm wird klar, daß er zur Erde zurückkehren muß, da der Zeitpunkt seines Todes noch nicht gekommen ist. Er sträubt sich dagegen, denn seine Erfahrungen mit dem jenseitigen Leben haben ihn so sehr gefangengenommen, daß er nun nicht mehr umkehren möchte. Er ist von überwältigenden Gefühlen der Freude, der Liebe und des Friedens erfüllt. Trotz seines inneren Widerstandes – und ohne zu wissen, wie – vereinigt er sich dennoch wieder mit seinem physischen Körper und lebt weiter.

Bei seinen späteren Versuchen, anderen Menschen von seinem Erlebnis zu berichten, trifft er auf große Schwierigkeiten. Zunächst einmal vermag er keine menschlichen Worte zu finden, mit denen sich überirdische Geschehnisse dieser Art angemessen ausdrücken ließen. Da er zudem entdeckt, daß man ihm mit Spott begegnet, gibt er es ganz auf, anderen davon zu erzählen. Dennoch hinterläßt das Erlebnis tiefe Spuren in seinem Leben; es beeinflußt namentlich die Art, wie der jeweilige Mensch dem Tod gegenübersteht und dessen Beziehung zum Leben auffaßt.“[3]

Moodys Buch stieß umgehend auf breites Interesse. Anhand seiner Zusammenfassung läßt sich schnell ein erster Überblick darüber gewinnen, was während einer Nahtoderfahrung erlebt wird. Heute gilt Moodys erste Veröffentlichung als jener Klassiker, durch den erst die Forschung auf Nahtoderfahrungen aufmerksam wurde. Es erforderte schon einigen Mut, mit einem so sonderbaren Thema an die Öffentlichkeit zu treten. Die Gefahr, sich dadurch der Lächerlichkeit preis zu geben, ist nicht gering. Unerwartet groß war daher das Echo der Leser: Zahlreiche Menschen ermutigten Moody, seine Forschung fortzusetzen. Manche Leser waren nun auch bereit, über ihr eigenes Erlebnis zu sprechen.

Berichte

Mit zunehmender Bekanntheit der Nahtoderfahrungen wuchs auch die Zahl entsprechender Berichte. Je mehr es wurden – und es waren bald tausende – um so deutlicher wurden sowohl die Unterschiede in den verschiedenen Erlebnissen als auch die auffallenden Gemeinsamkeiten in ihrer Struktur. Moodys erste Charakterisierung des NTE mußte schließlich in einigen Punkten verändert werden.

Am besten lassen sich die Nahtoderfahrungen verstehen, wenn man sich eingehend mit den Berichten der betroffenen Personen und ihrem Lebenslauf beschäftigt. Dies erfordert nicht nur einige Zeit – auch die Scheu vor den sonderbar anmutenden Geschehnissen muß erst langsam überwunden werden. Am Ende aber wird die eingebrachte Mühe durch einen reichen Schatz an Erfahrungen belohnt.

Zum Kennenlernen der Nahtoderfahrungen empfiehlt es sich, einzelne Schilderungen in ihrer vollen Länge anzuhören. Zuerst soll ein junger Mann zu Wort kommen, der einen schweren Unfall hatte:

„Mein Erlebnis widerfuhr mir zwischen der sechsten und siebten Klasse. Es war Sommer, und ich war oben am See, wo wir schon das ganze Wochenende Wasserski fuhren. Ich fuhr zusammen mit einem andern Jungen hinter dem Motorboot her. Da stürzte ich nach vorne, und die Schleppleine schlang sich mir um den Arm. Die Leine zog sich zu und schnitt sich durch die Haut und den Muskel bis auf den Knochen ein. Ich hatte heftige Schmerzen, und dann wurde ich ohnmächtig. Später bekam ich einen Schock wegen dem vielen Blut, das ich verlor, und wegen der Schmerzen, mit denen das alles verbunden war.

Der Fahrer des Motorboots jedenfalls wußte nicht, daß ich noch festhing, und fuhr deshalb mit voller Kraft weiter. Ungefähr dreißig Sekunden lang zog er mich hinter dem Boot her, und ich wurde unter Wasser gezogen.

Ich erinnere mich, wie ich dachte: `Jetzt ist es aus mit dir!´ Der nächste Gedanke, an den ich mich erinnere, war aber dann: `Das macht mir gar nichts aus!´ Der Schmerz ging vorbei, und obwohl das Wasser an mir vorbeirauschte, konnte ich das nicht spüren.

Ich war in ein warmes Licht gehüllt. Ich ging keinen Tunnel hoch, wie ich das von anderen Leuten gehört habe, aber ich löste mich von meinem physischen Körper und konnte mich selbst kurz sehen, wie ich da unter Wasser dahinschoß und aus dem Arm blutete, doch ohne mir auch nur irgendwie Sorgen zu machen.

Mein Leben spulte sich vor meinen Augen ab, und ich erinnere mich speziell daran, daß ich daran dachte, wie toll es doch gewesen war. Mir fiel ein, was ich bisher alles geschafft und wieviel Freude ich erlebt hatte, und ich war froh, hiergewesen zu sein. Ich wußte, daß ich jetzt sterben mußte, und konnte mein Leben so akzeptieren, wie es gelaufen war. Komischerweise war mir da so friedlich wie nie zuvor.

Endlich merkte der Typ, der das Boot fuhr, daß etwas nicht stimmte, und er ging vom Gas. In dem Moment kam ich dann an die Wasseroberfläche, denn ich hatte eine Schwimmweste an. Nun war ich nur noch voller Panik. Ich kehrte in die Realität zurück und hatte heftige Schmerzen. Man brachte mich auf dem schnellsten Weg ins Krankenhaus, und dort wurde ich behandelt. Ich stand acht Stunden lang unter Schock, und wie die Ärzte sagten, wäre ich wegen des Blutverlusts beinahe gestorben."[4]

Auch Kinder berichten von Erlebnissen an der Schwelle zum Tod: In der Rückschau erzählt eine Patientin:

„Mit neun Jahren wurde ich aus einem unerfindlichen Grund krank. Ich hatte 41 Grad Fieber oder mehr und war einige Male beim Arzt. Als offensichtlich wurde, daß es nicht aufwärtsging mit mir, mußte ich auf die Entscheidung des Arztes hin ins Krankenhaus. Das brachte mir aber auch keine Besserung. Im Laufe der nächsten Tage stieg das Fieber sogar noch. Sie machten alle nur erdenklichen Tests mit mir, konnten aber die Ursache für das Fieber nicht finden.

Schließlich entschied ein Team von drei oder vier Kinderärzten, sie müßten das Fieber herunterbringen oder ich würde einen Hirnschaden erleiden. Ich war inzwischen schon sehr schwach, und die Ärzte gaben ihrer Besorgnis Ausdruck, daß ich dieses Fieber nicht mehr lange würde überstehen können.

Zuletzt beschlossen die Ärzte, drastische Maßnahmen zu ergreifen: Sie zogen mich nackt aus und packten mich zwischen Eiswürfel mit einem Leintuch über dem Ganzen. Eine Schwester stand daneben, um alle paar Minuten meine Temperatur zu messen.

Als sie mich auf diese Weise ganz einpackten, wurde ich ohnmächtig. Ich kam mir vor, als ob ich schwebte, und alles um mich herum war dunkel und angenehm. Und dann kam er, dieser Tunnel aus Licht mit dem ungemein hellen Licht am Ende.

Irgend etwas stand mir bei, durch diesen Tunnel hochzukommen. Als ich an seinem Ausgang anlangte, hatte ich eine wunderschöne Aussicht: Vor mir lagen lauter Blumenwiesen, und rechts von mir lief eine hübsche Straße, und die Bäume waren bis zur halben Höhe weiß angestrichen, und ein weißer Zaun war auch da. Es war wunderschön.

Und auf der Wiese ganz rechts waren die phantastischsten Pferde, die ich je gesehen hatte. Ich mußte zwar über zwei Zäune klettern, wenn ich zu ihnen hinkommen wollte, aber mit meinen neun Jahren war das kein Problem, und ich machte mich auf den Weg.

Nachdem ich ein Stück in diese Richtung gelaufen war, tauchte neben mir so ein weißes Licht auf, so eine Erscheinung, die freundlich und gar nicht bedrohlich war. Die Erscheinung sagte: `Wohin willst du?´ Und ich antwortete: `Ich möchte da hinüber.´ Und sie sagte darauf: `Prima! Gehen wir zusammen!´

Unterwegs gab es viele Blumen, deren Namen ich nicht kannte, und ich fragte, wie sie hießen, und pflückte welche im Gehen.

Und dabei redete ich mit diesem blendenden weißen Licht, das alle Farben hatte und gleichzeitig gar keine Farbe. Und es hatte an sich kein Gesicht mit Gesichtszügen, aber das störte mich gar nicht. Ich erinnere mich, daß ich zurückschaute und durch den Tunnel auf die Leute hinuntersah, die da alle um mein Bett herumstanden, und es kümmerte mich nicht, daß ich hier oben war und mein Körper da unten. Es ging mir sogar sehr gut dabei.

So redete ich also mit diesem Licht und wanderte zu diesen Pferden hinüber. Und gerade hatte ich das Bein über den obersten Querbalken des Zauns geschwungen und wollte auf die Pferdeweide, als so eine Stimme aus dem Nichts sagte: `Was macht sie denn da?´ Und das Licht antwortete: `Sie will zu den Pferden.´ Und die Stimme sagte: `Das geht nicht. Ihre Zeit ist noch nicht gekommen. Sie muß zurück.´

In dem Moment umklammerte ich den Querbalken, weil ich nicht zurückwollte. Das war das allerletzte, was ich wollte. Und dann haben die Stimme und das weiße Licht noch ein wenig miteinander gesprochen und beschlossen, daß ich zurückkehren müsse. Da rastete ich völlig aus. Ich klammerte mich am Zaun fest und schlang die Arme und Beine drumherum und ließ nicht los. Die Stimme lachte nur. `Komm, das kannst du später noch haben. Aber jetzt ist nicht die Zeit dafür. Und einen Wutanfall zu kriegen tut dir gar nicht gut.´ Und ohne mein Zutun schwebte ich über der Weide und hinein in den Tunnel und war auf dem Rückweg. Und ich schrie und kreischte, beißend und um mich schlagend, doch diese Hand führte mich sachte in den Tunnel hinunter, den ich hochgekommen war. `Warum kann ich denn nicht bleiben?´ zeterte ich. `Weil es für dich noch etwas zu tun gibt´, erwiderte die Stimme. Und ich spürte, wie diese Hand mich sanft durch denselben Tunnel, den ich heraufgekommen war, wieder hinunterführte und ich in meinen Körper hinunterschnellte.

Ich weiß noch, wie ich in meinem Bett lag und zu einem Arzt hochschaute, der erschrocken neben dem Bett stand. Mit einem Seufzer der Erleichterung sagte er zu einer der Schwestern: `Ach, wie gut! Sie ist zurück!´"[5]

Nicht alle Personen berichten so ausführlich über ihr Erlebnis, wie soeben das Mädchen. Eine fünfzigjährige Frau beschreibt in wenigen Sätzen, was sich zugetragen hatte:

„Ich bekam nach der Geburt meiner Tochter sehr starke Blutungen und war gleich von medizinischem Personal umringt, das sich um mich kümmerte. Ich hatte große Schmerzen.

Dann waren die Schmerzen plötzlich vorbei, und ich schaute auf die hinunter, die sich da an mir zu schaffen machten. Einen Arzt hörte ich sagen, er könne den Puls nicht mehr finden.

Als nächstes ging ich durch einen Tunnel hinab auf ein helles Licht zu. Aber ich kam nie ans Ende des Tunnels. Eine sanfte Stimme sagte zu mir, daß ich zurückkehren müsse. Dann traf ich einen lieben Freund, einen Nachbarn aus der Stadt, aus der wir weggezogen waren. Auch er sagte mir, ich solle umkehren.

Wie von einem elektrischen Schlag getroffen, knallte ich aufs Krankenhausbett auf, und die Schmerzen waren wieder da. Nun wurde ich schnellstens in den Operationssaal gefahren, wo man die Blutungen operativ zum Stillstand bringen wollte.

Erst drei Wochen später fand mein Mann, daß es mir wieder gut genug ging, um mir's sagen zu können: Der liebe Freund dort in der anderen Stadt war an dem Tag, als meine Tochter geboren wurde, bei einem Autounfall tödlich verunglückt."[6]

Eine Vielzahl von Erlebnissen hat sich in Krankenhäusern zugetragen. Noch einmal soll eine Patientin über ihre Erfahrung berichten:

„Meine Nahtoderfahrung passierte 1960. Ich hatte gerade ein Baby bekommen, und mir war schlecht. Der Arzt meinte, das wäre bloß eine Wochenbettdepression, aber ich nahm ihm das nicht ab. Ich sagte denen im Krankenhaus, daß ich mich komisch fühlte und noch ein paar Tage länger im Krankenhaus bleiben wollte, und sie waren einverstanden. Ihrer Meinung nach war überhaupt nichts mit mir, aber ich wußte, es würde etwas passieren.

Und tatsächlich passierte es dann eines Morgens so um fünf Uhr. Ich hatte ein Blutgerinnsel in den Beinen, das in die eine Lunge wanderte und einen Herzstillstand auslöste. Das passierte gerade, als eine Schwester mit meinem Baby hereinkam. Ich setzte mich im Bett auf und schwang die Beine heraus, und da kippte ich einfach um. Ich glitt zu Boden, und absolute Schwärze war um mich herum.

Ich sah mich selbst auf dem Boden neben dem Bett liegen. Und ich konnte eine ganze Menge Einzelheiten beobachten. Zum Beispiel war mir das Nachthemd bis zur Taille hochgerutscht, und eine der Schwestern versuchte es mir herunterzuziehen, damit ich wieder was anhatte. Im Zimmer war kein Sauerstoffanschluß, und ich sah, *wie ein Krankenpfleger eine Flasche mit dem Zeug hereinschleppte. Ich hörte die Schwester schreien: `Ruft doch den Arzt! Holt ihren Mann her! Ruft einen Priester!' und so Sachen. Und dann sah ich, wie jemand meinen Körper hochhob und aufs Bett legte. Da merkte ich endlich, daß ich mich außerhalb meines Körpers befand.*

Ich schwebte näher hin und schaute hinunter. Ich wußte, daß ich nicht auf diesem Kissen lag. Da war zwar ein Körper mit auf dem Kissen verteilten nassen Haaren, mit geschlossenen Augen und blauen Lippen, das konnte ich schon sehen. Aber ich war das nicht. Ich schwebte ja oben an der Decke.

Ich konnte jetzt alles unheimlich genau hören. Ich hörte und sah andere Patienten auf dem Stockwerk. Eine war auf der anderen Seite des Gangs. Sie redete mit der Schwester und beklagte sich über den Lärm, der aus meinem Zimmer kam. Einen Arzt, den ich schon von klein auf kannte, sah ich zur Anmeldung kommen, die weit hinten auf dem Gang war. Die Schwester dort teilte ihm mit, was vor sich ging, und er meinte: `Da ruf ich mal lieber ihre Mutter an!', was er auch tat, wie ich später herausfand.

Unterdessen fühlte ich mich einfach prächtig. Ich spürte keine Schmerzen. Ich kam mir vor wie ein Zuschauer und schwebte zwischen zwei Welten, einer, die ich gut kannte, und einer, von der ich nicht gewußt hatte, daß sie existierte.

Die Decke wirkte mit der Zeit so, als wäre sie mit lauter blauweißen Wolken gepflastert, und die Luft schien mit Goldstaub gesprenkelt.

Es wurde sehr hell, und ich stand auf einmal am Eingang – nein, nicht zu einem Tunnel, sondern zu einer Art Baldachin, der ganz lang herunterging, so wie man ihn eventuell vor einem Nachtclub finden könnte. Es war, als wäre er aus blauen und silbernen Strahlen gemacht, und der Baldachin war gewölbt und reichte auf beiden Seiten bis zu dem Wolkenpfad herunter. Am anderen Ende des Baldachins war das starke Licht.

Jetzt sah ich aber dort niemanden und sprach auch mit niemandem, doch ich spürte, daß andere menschliche Wesen da waren. Und ich fühlte, daß sie richtig glücklich waren und sich schon freuten auf mein Kommen.

Ich aber schaute wieder ins Zimmer hinunter und sah die Ärzte und Schwestern mit der Patientin beschäftigt, die ich war. Diese Patientin, sah ich, rang nicht um Luft und schien sich eigentlich überhaupt nicht zu rühren.

Ein Priester kam herein und sagte: `Ich will für ihre Seele beten.' An meinem Bettende stand eine Schwester aus einem anderen Stockwerk und sagte: `Ich glaube nicht, daß sie durchkommt. Ein Jammer! Sie ist erst fünfundzwanzig.'

Vom Gang her konnte ich jetzt ein leises Weinen wahrnehmen. Ich erkannte meinen Mann, der mit seiner Tante redete und zu ihr sagte: `Was sag' ich bloß den Kindern?' Seine Tante, eine Krankenschwester saß mit dem Rücken an die Wand gelehnt vornübergebeugt da und meinte: `Dabei war sie so eine gute kleine Mutter (...)Diese Leute befanden sich alle außerhalb des Zimmers und weiter hinten im Gang, waren für mich vom Bett aus also nicht zu sehen.

Ich wußte, daß dieser Körper der meine war, aber alles, was ich für ihn fühlte, war Mitleid. Ich versuchte den Leuten im Zimmer mitzuteilen, daß ich keine Schmerzen hatte und mir wünschen würde, sie könnten da oben bei mir sein. Dann tat ich einfach so was wie mich entspannen. Ich fühlte mich privilegiert, daß ich etwas sah, was sie weder verstehen noch sehen konnten.

Da fing auf einmal jemand an, mir mit ganzer Kraft auf den Brustkorb zu schlagen, und ich öffnete die Augen.

Mehrere Tage lang starrte ich daraufhin nur an die Decke. Ungefähr drei Tage ging das so, wie man mir später gesagt hat. Ich glaube, ich wartete darauf, wieder diese Sterne zu sehen, und darauf, daß sich diese andere Welt wieder auftat. Ich habe lange über das Erlebnis nachgedacht, aber ich wußte nicht, daß so was auch anderen passiert ist, bis ich dann am Radio davon erfahren habe. Es hat mich gefreut, daß es noch mehr so Leute gibt, wie mich."[7]

Eine Erfahrung, die das Leben verändert

Auch als Außenstehender kann man leicht erahnen, wie tief die betroffenen Personen von den plötzlichen Geschehnissen berührt waren. Noch erstaunlicher aber ist die Art und Weise, in der die gemachte Erfahrung das weitere Leben beeinflußt. Darin liegt eines der wichtigsten Kennzeichen von Nahtod-Erlebnissen. Ein zweiundsechzigjähriger Geschäftsmann, der einen Herzstillstand überlebt hatte, wurde sehr nachdenklich:

„Das erste, was ich sah, als ich im Krankenhaus aufwachte, war eine Blume, und ich weinte. Ob Sie es glauben oder nicht, ich hatte noch nie wirklich eine Blume gesehen, bis ich aus dem Tod zurückkam. Eines habe ich gelernt, als ich starb: Wir sind alle Teil eines einzigen großen, lebendigen Universums. Wenn wir glauben, wir könnten einem anderen Lebewesen weh tun, ohne uns selbst weh zu tun, dann ist das ein trauriger Irrtum."[8]

Darla aus Arizona mußte sich mit sechs Jahren einer Mandeloperation unterziehen. Dabei wurde ihr zuviel Narkosemittel verabreicht. Im Rückblick erzählt sie von ihrem Erlebnis und seinen Folgen:

„Eine Zeitlang war es dunkel, aber ich hatte das Gefühl, mich durch irgend etwas hindurchzubewegen. Da muß es wohl durch den Tunnel gegangen sein.

Dann kam ich heraus. Ich sage `herauskommen´, weil es mir so schien, als käme ich auf der anderen Seite heraus. Als ich draußen war, zog es mich zu einem weißen Licht hin, und ich weiß noch, daß ich dachte: `So friedlich ist das hier. So muß es im Himmel sein.´ Und da war dieses einfach unglaubliche Gefühl: Wie Eisen zum Magneten zog es mich zu diesem Licht (...).

Als ich wieder ins Leben zurückkehrte, wußte ich, daß ich im Himmel gewesen war. Von da an war alles ganz anders für mich. Ich nahm die Dinge viel leichter als meine Schwestern. Sie regten sich über Sachen auf – wie etwa ob sie jetzt einen Freund hatten oder nicht. Aber so etwas berührte mich eigentlich gar nie.

Ich glaube, die Veränderung in mir kam durch die Art, wie ich jetzt die Zeit betrachtete. Das war nach jener Erfahrung ganz anders geworden. Mir wurde klar, daß die Zeit, wie wir sie von der Uhr ablesen, nicht die wirkliche Zeit ist. Was wir für eine lange Zeit halten, ist in Wirklichkeit nur der Bruchteil einer Sekunde. So zu denken ließ mich weniger materialistisch sein."[9]

Eine andere Person betrachtet ihre Erfahrung als Wendepunkt:

„Obwohl dieses Ereignis nun schon sehr lange Zeit zurückliegt, hat es eine deutliche Zäsur in meinem Leben bedeutet. Ich habe ein neues Kapitel begonnen – ein Kapitel, das bis zum Ende meines Lebens dauern wird. Jener Moment und die darauf folgenden Minuten und Stunden haben mein Leben völlig verändert. Ich habe mich von einem Mann, der innerlich ohne festen Standpunkt war und nur einen Wunsch hatte: materiellen Wohlstand, in einen Menschen verwandelt, der eine tiefe Motivation besitzt, einen Sinn im Leben erkennt, eine definitive Richtung und die Überzeugung gewonnen hat, daß einen am Ende des Lebens eine Belohnung erwartet – wie im Märchen der Topf Gold am Ende des Regenbogens...

Die Veränderungen in meinem Leben waren außerordentlich positiv. Mein Interesse an materiellen Gütern, meine Gier nach Besitz wurde abgelöst durch einen Hunger nach Erkenntnis und der leidenschaftlichen Sehnsucht nach einer besseren Welt."[10]

Nicht selten wird das Erlebnis als Auftrag gesehen:

„Ich glaube wir alle haben diese Erfahrung aus einem bestimmten Grund gemacht. Denn es gibt etwas, das wir tun müssen. *Wir haben einen ganz bestimmten Auftrag erhalten. Ich glaube wirklich, daß es ein Auftrag ist...Ich denke doch, Gott weiß, was er tut, und wir wissen es nicht – also nehmen wir das Geschenk an, ohne groß zu fragen. Aber es hat einen Sinn ... Gott hat uns aufgefordert, etwas zu tun, weil man als Mensch wachsen muß...Und ich weiß, daß Gott seit dieser Erfahrung der Mittelpunkt meines Lebens ist."*[11]

Die hier ausgewählten Berichte sind mehr oder weniger zufällig. Jede(r), der ein Nahtoderlebnis hatte, erzählt von einer etwas anderen Erfahrung. Im zweiten Kapitel wird dies noch deutlicher werden, wenn wir uns einzelnen Elementen der NTE zuwenden. Trotz aller Unterschiede im einzelnen fallen doch die vielen Übereinstimmungen auf, die aus all den Schilderungen hervorgehen.

Als Bezeichnung für Personen, die eine der hier beschriebenen Begegnungen hatten, hat sich der Name *Experiencer* eingebürgert. Der Begriff stammt vom englischen *experience* (= erleben, erfahren). In der Literatur wird damit oft der etwas umständliche deutsche Ausdruck „Erfahrender" bzw. „Erlebender" umschrieben.

Ein außeralltägliches Erlebnis

Nahtoderfahrungen passen nicht zu unserem gewohnten Alltagsleben. Sie sind zu andersartig als daß man sie einfach so hinnehmen könnte. Das ist auch bei Personen, die selbst ein Erlebnis hatten, nicht anders. Nicht jeder hat freilich die Zeit, sich ausgiebig mit der Natur der NTE zu befassen. Und so kommt es, daß sich die meisten Menschen ihr Urteil nach dem ersten Eindruck bilden. Meistens bilden sich zwei gegensätzliche Standpunkte heraus:

- Auf der einen Seite werden NTE grundsätzlich abgelehnt und für Halluzinationen, Einbildungen oder Traumwelten gehalten. Begründet wird diese Haltung mit der Verschiedenheit der vielen Berichte und ihrer Andersartigkeit im Vergleich zur alltäglichen Wahrnehmung. Oft wird darauf verwiesen, daß sich viele der Experiencer in medizinischer Behandlung befunden hätten und man erklärt das Nahtoderlebnis so als Wirkung der Medikamente.

- Auf der anderen Seite werden NTs gerne als Beweis für ein Leben nach dem Tod angeführt. Die Berichte seien sich in ihrer Struktur ähnlich, was unmöglich ein Zufall sein könne. Daß die besagten Erfahrungen gerade dann auftreten, wenn sich ein Mensch in der Nähe zum Tod befindet, wird als weiteres Indiz gewertet. Hinzu kommt, daß die berichteten Begebenheiten oftmals die Züge einer paradiesischen Welt tragen.

Wir sind glücklicherweise nicht gezwungen, eine schnelle Entscheidung zu treffen. Da wir auch nicht erst am Anfang der Nahtodforschung stehen, haben wir die Möglichkeit, uns eine gründliche Meinung zu bilden, ohne uns auf eine der beiden Positionen festzulegen.

Seit Moodys erster Zusammenfassung sind einige Jahrzehnte vergangen. Verschiedene Wissenschaftsgebiete haben sich mittlerweile der Erforschung der Nahtoderfahrungen gewidmet. Aus dieser Beschäftigung hat sich eine Reihe von weiteren Fragen und Diskussionspunkten ergeben, die sich im Zusammenhang des NTE stellen: Medizinische und neurologische (nervenwissenschaftliche) Beurteilungen, religiöse und philosophische Betrachtungen, aber auch ganz allgemeine Fragen, die sich im Zusammenhang mit dem Tod stellen. Letztlich sind dabei auch die wissenschaftlichen Grundpositionen der Forscher sowie die persönlichen Wertvorstellungen jedes einzelnen betroffen. Dadurch läßt sich auch erklären, weshalb die Schlußfolgerungen, die bisher aus den Nahtoderfahrungen gezogen worden sind, recht unterschiedlich ausgefallen sind.

Bevor wir uns im dritten Kapitel mit den einzelnen Abschnitten der NTE beschäftigen, soll zunächst geklärt werden, was genau ein Nahtoderlebnis ist. Wie kommt es zustande und wo liegt die Grenze zu Erfahrungen anderer Art liegt, wie etwa Träumen oder drogenbedingten Halluzinationen?

Was sind Nahtoderfahrungen?

Wenn es um die Natur der Nahtoderfahrungen geht, dann ist die wichtigste Frage die nach der Realität des Ereignisses: Was erleben die Experiencer tatsächlich?

In der Wissenschaft besteht bedauerlicherweise keine Einigkeit darüber, wie die NTE einzuordnen sind. Über den Stand der Diskussion und eine mögliche Antwort gibt das zwölfte Kapitel Auskunft. Schon jetzt aber sollen die beiden gegensätzlichen Standpunkte kurz vorgestellt werden.

- Auf der einen Seite steht der Versuch, Nahtoderfahrungen mit Hilfe der Naturwissenschaft als **subjektives** Ereignis zu erklären. Man nimmt hierzu an, daß das NTE lediglich ein Produkt des Menschen und seines Gehirns ist, das durch Medikamente oder in extremen Situationen hervorgerufen wird. Das NTE wird dabei auf eine Stufe mit Träumen oder bewußten Vorstellungen und Erinnerungen gestellt. Bei diesen wird allgemein angenommen, daß sie ausschließlich durch subjektive Ursachen – also solche, die bei der Person selbst liegen – zustande kommen. Kaum jemand glaubt, daß sich ein Traum *tatsächlich* ereignet hat oder aber ein Geschehen, das man sich in Gedanken vorgestellt hat, schon deshalb Wirklichkeit geworden ist. In gleicher Weise wird nun das NTE beurteilt: Bei diesem handelt es sich demnach um ein persönliches inneres Erlebnis, das sich jedoch nicht auf irgendeine – vielleicht jenseitige – Realität bezieht.

- Im Rahmen anderer Erklärungsansätze wird dagegen eine **objektive** – also in der Wirklichkeit vorhandene – Grundlage für das Erlebte vermutet. In Nahtoderfahrungen würde dann eine wie auch immer geartete, tatsächlich bestehende Realität wahrgenommen. Der Unterschied in den Schilderungen der betroffenen Menschen wird mit einem von Experiencer zu Experiencer verschiedenen persönlichen „Blickwinkel" erklärt. Das Ergebnis käme etwa so zustande, wie wenn mehrere Personen eine weiße Statue betrachten und dabei Brillen mit jeweils andersfarbigen Gläsern tragen: Die Figur selbst ist tatsächlich vorhanden, wird aber von jeder Person in einer anderen Farbe beschrieben. In ähnlicher Weise wird bei einer „objektiven" Erklärung angenommen, daß die Wahrnehmungen bei Nahtoderfahrungen von persönlichen Hintergründen „gefärbt" sind.

Auf den ersten Blick erinnern die hier skizzierten Erklärungsversuche an die weiter oben beschriebenen Standpunkte gegenüber NTE. Der Unterschied liegt freilich in einer wesentlich umfangreicheren Begründung für die jeweilige Position. Die Ähnlichkeit der Nahtoderfahrungen und ihr nachdrücklicher Einfluß auf das weitere Leben des Experiencers sprechen auf den ersten Blick für ihre Einstufung als objektive Erlebnisse. In dieser Weise sollen sie nachfolgend behandelt werden, bevor dann in der späteren Diskussion die notwendigen Argumente für diesen Standpunkt nachgereicht werden.

Unabhängig von der jeweiligen Einordnung der Nahtoderfahrung haben sich die Forscher seit langem bemüht, NTE von anderen Erfahrungen zu unterscheiden. In der Literatur gibt es bekanntlich eine Fülle von Erlebnissen, die ungeachtet ihrer jeweiligen Natur als außeralltäglich oder übernatürlich beschrieben werden: Prophezeiungen, Träume, Visionen, Erlebnisse in verschiedenen Lebenslagen. Welche davon als Nahtoderfahrungen behandelt werden sollen und welche nicht, hat man anhand verschiedener Anhaltspunkte festzulegen versucht.

Medizinische Rahmenbedingungen

Die Aufmerksamkeit für die medizinischen Rahmenbedingungen des Nahtoderlebnisses ist vor allem vor dem Hintergrund seiner Entdeckung bei klinisch toten Patienten zu verstehen. Infolgedessen wurde das NTE anfangs mit der Grenzsituation in Verbindung gebracht, die ein Patient in diesem Verlauf hat. Unter anderem wurde angenommen, Nahtoderfahrungen träten nur dann auf, wenn sich ein Mensch in der Nähe des Todes befindet oder klinisch tot ist. Moody, der den Begriff *Nahtoderlebnis* geprägt hat, meinte noch 1988, daß das NTE „speziell mit dem Grenzbereich zum Tod und eben nicht nur mit Krankheit zu tun hat."[12]

Soll die Nähe zum Tod als Anhaltspunkt für das Vorliegen eines NTE gewertet werden, so muß zunächst einmal der Todeszeitpunkt selbst bestimmt werden. Zwei „Arten" des Todes lassen sich grob unterscheiden; bei der genauen Bestimmung sind sich die Wissenschaftler allerdings nicht einig:

- Der Hirntod ist allgemein als ein Zustand anerkannt, bei dem ein Mensch sein Bewußtsein verloren hat und unwiederbringlich im Sterben liegt. Bei der Messung der Gehirnströme (EEG) erscheint auf dem Papier als Ergebnis eine Nullinie. Der Hirntod gilt als der eigentliche Tod des Menschen, auch wenn der Organismus noch intakt sein kann. In dieser Phase des Sterbens ist es möglich, dem Körper Organe zu entnehmen und diese einem anderen Menschen einzupflanzen. Irgendwann erlöschen auch diese Lebenszeichen des Menschen, und er stirbt.

- Der klinische Tod, der weiter oben schon angesprochen wurde, scheint das Gegenteil des Hirntods darzustellen: Während die lebenswichtigen Körperfunktionen wie Atmung und Herzschlag ausgesetzt haben, ist die Gehirntätigkeit noch völlig intakt. Der Hirntod läßt sich nicht mehr umkehren, doch der klinische Tod kann nur ein kurzes Gastspiel sein.

Abgesehen von den Schwierigkeiten, den Zeitpunkt des Todes genau einzugrenzen, ergeben sich Schwierigkeiten, diesen im Einzelfall auch konkret festzustellen. Für die beobachteten Fälle von Nahtoderfahrungen steht jedenfalls fest, daß diese meist von Gehirnaktivität begleitet waren. Der Forscher Michael Schröter-Kunhardt bezeichnet die NTE gar als maximale Gehirnkapazität. Selbst eine Nullinie beim EEG schließt seiner Ansicht nach „tiefergelegene Entladungen" nicht aus.

Als vernünftiger Anhaltspunkt für tatsächliche Todesnähe bleibt nur der klinische Tod; er kann innerhalb von Minuten zum unwiederbringlichen Lebensende führen. Dagegen hat ein hirntoter Patient diese Schwelle bereits überschritten. Damit stellt sich die Frage: Waren alle Experiencer klinisch tot und daher tatsächlich in Todesnähe, und: Hatten alle klinisch toten Personen auch ein Nahtoderlebnis?

Die Antwort lautet: Nein. Bei weitem nicht alle Personen, die klinisch tot waren und wiederbelebt wurden, berichten von NTE. Etwa 35% geben an, ein besonderes Erlebnis gehabt zu haben, die restlichen 65% erwähnen nichts hiervon. Auch in umgekehrter Betrachtung waren nicht alle Experiencer klinisch tot oder in vergleichbar lebensbedrohlichen Umständen: In einer Studie über 107 Fälle wurden die Bedingungen von nur 45% der Personen als tatsächlich kritisch eingestuft; dennoch glaubten 82,5% der Experiencer, dem Tod nahe oder tot gewesen zu sein.

Die medizinischen Rahmenbedingungen eines NTE haben in der Regel keine Auswirkungen auf den Inhalt des Erlebnisses. Allerdings scheint das Vorkommen einiger Elemente wahrscheinlicher zu sein, wenn der Experiencer sich in tatsächlicher Todesnähe befindet. Dazu gehören positive Gefühle, erweiterte Wahrnehmung und erhöhte Lichtwahrnehmung. Bei anderen Inhalten des NTE wurden allerdings keine bedeutsamen Unterschiede festgestellt. Zusammenfassend läßt sich sagen, daß NTE nicht an eine bestimmte körperliche Situation, bestimmte Medikamente oder gar den klinischen Tod gebunden sind.

Die begleitende Gehirnaktivität

Nahtoderfahrungen werden in der Regel von reger Gehirntätigkeit begleitet. Je nachdem, ob man NTE als subjektive oder als objektive Erlebnisse ansieht, hat die beobachtbare Nervenregung eine andere Bedeutung.

- Wird die Nahtoderfahrung als Ereignis betrachtet, bei dem der Experiencer einen Einblick in jenseitige Wirklichkeiten erhält, so muß von der *begleitenden* Tätigkeit des Gehirns sprechen. Während sich das Bewußtsein der betreffenden Person auf Geschehnisse im NTE konzentriert, die niemand außer ihr wahrnehmen kann, bleibt der Körper mitsamt dem Gehirn in seiner gewohnten Umgebung, etwa im Krankenhaus. Dort ist auch die Aktivität der Gehirnzellen beobachtbar, die das NTE ganz offensichtlich „begleiten".

- Im Rahmen eines subjektiven Erklärungsmodells hat die Rede von Begleiterscheinungen keinen Sinn: Die Gehirntätigkeit i s t in diesem Fall das Erlebnis; ähnlich wie bei Träumen wird für Nahtoderfahrungen angenommen, daß diese durch mehr oder minder zufällige Nervenregungen zustande kommen, auch wenn sie persönliche Inhalte haben.

Problematisch ist es aber in jedem Fall, dem Erlebnis und seinen Inhalten eine bestimmte Nervenregung im Gehirn gegenüberzustellen. Zwar lassen sich kritische körperliche Umstände ohne weiteres medizinisch dokumentieren; auch der betreffende Zeitraum läßt sich gut angeben. Die Schwierigkeit liegt allerdings darin, jenen Abschnitt einer kritischen Situation anzugeben, innerhalb dem sich das NTE sich ereignet haben könnte: Zum einen fehlt die Möglichkeit, eine angemessene – auch: ursächliche – Wechselwirkung zwischen dem Erlebnisgeschehen und der nervlichen Ebene herzustellen. Zum anderen hat sich eine völlig veränderte Zeitwahrnehmung als charakteristisch für die meisten NTE herauskristallisiert. Experiencer John C. Wintek erinnert sich:

„Auf Erden leben wir mit einer geraden Zeitrichtung, die es uns ermöglicht, zu leben, ohne daß wir durcheinander kommen. In der Gegenwart Gottes gibt es kein Zeitgefühl, wie wir es kennen. Alles geschieht zur selben Zeit, und doch gibt es kein Durcheinander oder ein Gefühl, dabei überwältigt zu werden." [13]

Das Bestreben, bestimmte Inhalte des Nahtoderlebnisses – etwa das Durchschreiten eines Tunnels – mit der Aktivität bestimmter Nerven in Verbindung zu bringen, ist mit vielen Schwierigkeiten behaftet. Es lassen sich aber bestimmte Begleiterscheinungen im Gehirn ausmachen, die unter anderem während einer NTE beobachtbar sind. Diese Anzeichen sind besonders für den Mediziner interessant.

Als konkrete Stoffe sind Endorphine, Serotonin und Glutamat in der Diskussion; bei vorausgesetztem Sauerstoffmangel oder Kohlensäureüberschuß scheinen sie zur Auslösung eines NTE geeignet zu sein. Daneben werden körpereigene Drogen, die ansonsten auch Sinnestäuschungen hervorrufen können, als mögliche Ursache vermutet; hierfür empfindliche Enden von Nervenzellen – Rezeptoren genannt – wurden im Gehirn bereits ausgemacht. Der Forscher Schröter-Kunhardt meint, daß darüber hinaus eine „spezielle Funktion der temporolimbischen Region besonders – aber nicht nur – der rechten Hemisphäre" bei NTE, wie auch bei ähnlichen Erlebnissen besteht. Dieser Bereich dient seiner Ansicht nach als Basis für religiöse und andere außergewöhnliche Erfahrungen.

Das Interesse an den medizinischen Umständen beim NTE und insbesondere an der Nerventätigkeit im Gehirn hat vor allem zwei Gründe: Einerseits sollen die Rahmenbedingungen geklärt werden, unter denen ein Nahtoderlebnis auftritt und womöglich später „künstlich" eingeleitet werden kann. Sofern sich das Risiko für Versuchspersonen ausschalten ließe, am Ende nicht wiederzukehren, wäre dies in der Tat eine verlockende Möglichkeit. Bei bestimmten Komponenten des NTE ist dies bereits gelungen. Auf der anderen Seite stehen die Bestrebungen einiger Forscher, Nahtoderfahrungen auf diesem Wege auf nur nervenbedingte Funktionen und Erscheinungen zurückzuführen. Hierdurch soll ein Argument für die subjektive Natur der NTE gewonnen werden.

Abgesehen von den beobachteten Begleitumständen hat sich jedoch kein bestimmter Gehirnzustand feststellen lassen, bei dem ausschließlich Nahtoderfahrungen zu verzeichnen gewesen wären. Mehr als einige vage Anhaltspunkte sind in diesem Bereich nicht zu finden.

Äußere Umstände

Ein weiterer Versuch, Nahtoderfahrungen von anderen Erlebnissen abzugrenzen, ist die Suche nach den äußeren Umständen für dieses Ereignis. Wie man aber recht bald festgestellt hat, treten NTE meist ohne besondere Vorankündigung und unter vielfältigen Umständen auf. Sie sind keineswegs auf Situationen begrenzt, die sich durch lebensbedrohliche körperliche Umstände auszeichnen.

Nahtoderfahrungen werden auch ausgelöst, wenn der Experiencer glaubt, dem Tod nahe zu sein, ohne jedoch irgendeine Art von Verletzung zu haben. So berichteten Bergsteiger, die einen Absturz überlebt hatten, weil sie durch ein Seil gesichert waren, von solchen Erlebnissen. Mehr als 30 solcher Fälle hat der Schweizer Geologieprofessor Albert Heim über einen Zeitraum von 25 Jahren gesammelt. Das Auftreten von NTE bei Personen, die sich in einer psychischen Notlage oder in konkreter Todesangst befanden, hat die Vermutung genährt, körpereigene Mechanismen könnten ein Nahtoderlebnis unter gewissen Bedingungen generell einleiten. Weil hierfür nicht medizinische Umstände sondern individuelle Todesfurcht als Auslöser angenommen wurde, ist der Begriff des *fear-death experience* (Todesfurcht-Erlebnis) entstanden.[14] Damit läßt sich jedoch nur ein kleiner Teil der Nahtoderfahrungen beschreiben.

Der äußere Anlaß für ein NTE ist oftmals ein Unfall, eine plötzliche Krankheit, Gewalteinwirkungen von außen oder auch ein Geburtsvorgang. Ähnliche Erlebnisse werden auch am Totenbett berichtet oder durch Gaben von Narkosemitteln hervorgerufen.

Generell sind die Umstände, unter denen NTE auftreten, nicht eindeutig abgrenzbar. Aus zahlreichen Berichten geht hervor, daß solche Erfahrungen auch plötzlich und überraschend auftreten, ohne daß sich ein aktueller Anlaß ausmachen ließe. Oftmals handelt es sich dabei um Erlebnisse, die nur einige Elemente des NTE beinhalten, wie etwa das Erscheinen verstorbener Angehöriger, oder Lichtvisionen. Weil auch die psychische Verfassung eines Menschen zu solchen Erfahrungen führen kann, ergibt sich ein weiteres Problem:

So weiß man aus psychologischen Untersuchungen, daß ein Mensch, der sich in einer schweren psychischen Notlage befindet, sich unter Umständen Dinge ins Bewußtsein holt, die es in Wirklichkeit nicht gibt. Eine Person etwa, die um einen dahingeschiedenen Angehörigen trauert, könnte sich die Erscheinung des Verstorbenen ins Bewußtsein rufen, weil sie dadurch Trost erhält. Die menschliche Psyche kann derartige „Erlebnisse" erfinden, um mit einer schwierigen Situation fertig zu werden.

Aus einer psychischen Notlage kann jedoch auch eine Nahtoderfahrung erwachsen. Was der Experiencer dabei erlebt, ist nun nicht mehr ein Phantasiebild seines Geistes, sondern eine Erfahrung von ganz anderer Qualität. Im Einzelfall bereitet es freilich Schwierigkeiten, die Art der Begebenheit herauszufinden.

Abgrenzungsprobleme

Die Suche nach eindeutigen Merkmalen für Nahtoderfahrungen hat wenig konkrete Ergebnisse gebracht. Weder eine bestimmte Körperverfassung, noch bestimmte Gehirnströme oder Medikamente haben sich als alleiniges Anzeichen für NTE festmachen lassen. Auch aus den äußeren Umständen läßt sich keine Bedingung für das Vorliegen eines Nahtod-Erlebnisses ableiten. Die Zahl der in Frage kommenden Auslösersachen ist groß. Auch wenn man einen bestimmten Zusammenhang herausfinden würde, kann man nicht ohne weiteres annehmen, er gelte ausschließlich für NTE. Die meisten Körperfunktionen, die man während einer Erfahrung feststellen kann, zeigen sich auch unter ganz alltäglichen Bedingungen.

Keine Rolle spielen die äußeren Umstände, die zur Auslösung einer Nahtod-Erfahrung geführt haben. Einflüsse, die sich aus der jeweiligen Situation ergeben, zeigen im allgemeinen keine Auswirkungen auf den Inhalt des Erlebten. NTE sind auch nicht auf bestimmte Bevölkerungsgruppen oder Kulturkreise beschränkt. Vielmehr haben sie sich, wie noch gezeigt wird, zu allen Zeiten ereignet und einen mitunter spürbaren Einfluß ausgeübt. Daß jene Erfahrungen nicht lediglich persönliche und gesellschaftliche Ansichten und Erwartungen wiedergeben, kann auch als ein Anzeichen dafür gewertet werden, daß es sich um ein tatsächliches Erlebnis handelt.

Weil nur ein Teil der mit Nahtoderfahrungen umschriebenen Erlebnisse tatsächlich in Todesnähe stattfindet, ist der von Moody geprägte Ausdruck inhaltlich hinfällig geworden. Einige Forscher haben daher vorgeschlagen, nur mehr solche Erlebnisse damit zu bezeichnen, deren Inhalte sich durch bestimmte Merkmale auszeichnen. So wurde darüber nachgedacht, das Vorkommen einer Mindestmenge an Elementen vorauszusetzen oder deren Abfolge vorzugeben. Auch die Forderung nach einem bestimmten, unbedingt erforderlichen Element wurde erwogen. Schon die Diskussion zeigt, daß derlei Festlegungen rein willkürlicher Art sind. Nicht zuletzt deshalb sind diese Unterscheidungsversuche bislang im Sande verlaufen.

Wegen der Verschiedenheit und Vielgestaltigkeit von Nahtoderfahrungen und NTE-ähnlichen Erlebnissen haben manche Forscher vorgeschlagen, statt NTE gegen andere Erlebnisse abzugrenzen, generell von paranormalen, d.h. außerordentlichen Erfahrungen oder außersinnlicher Wahrnehmung zu sprechen. Kenneth Ring, neben Moody einer der bekanntesten Forscher auf dem Nah-Todessektor versuchte, den weitreichenden NTE-Begriff vor einer Aufweichung zu schützen. Er schlug dazu vor, den bisherigen Sammelbegriff durch den Ausdruck „geistige Wandlungserfahrungen" zu ersetzen und den Begriff der Nahtoderfahrung wieder exklusiver zu verwenden. Andere Forscher haben versucht, bestimmte Erlebnisarten zeitweilig auszugrenzen oder unterscheiden zwischen verschiedenen Graden und Tiefen von NTE und bezeichnen abweichende Berichte als „Anomalien".

Dieses Problem zeigt sich besonders bei den sogenannten negativen NTE. Bei diesen Erlebnissen berichten die Experiencer von Begebenheiten, die nicht den üblichen Schilderungen entsprechen. Statt dessen geben sie an, einen Eindruck von Leere, unangenehme Gefühle oder gar eine höllenartig erscheinende Umgebung wahrgenommen zu haben. Der Gesamtanteil „negativer" Erlebnisse an NTE wird auf bis zu 20% geschätzt. Weil sie nicht in die Vorstellung einer lichtvollen Erfahrung an der Schwelle zum Tod passen, wurden sie gelegentlich nur am Rande erwähnt. Sie sollen uns im zwölften Kapitel noch ausführlicher beschäftigen.

Bei den Forschern entbrannte bald ein Streit darüber, wie man die „negativen" Erlebnisse einzuordnen hätte. Während Bruce Greyson und Nancy Evans Bush sie als eine besondere Art der Nahtoderfahrung erachteten, erklärte Ring diese Erlebnisse zu Illusionen und Einbildungen des im Todeskampf liegenden menschlichen Geistes und sprach ihnen jegliche Realität ab. Phyllis Atwater, die selbst mehrere Erlebnisse gehabt hat, reagierte mit einer neuen Einteilung für NTE und forderte eine Neuorientierung der Nahtodforschung.

Am Ende haben sich weder die von Ring geforderte „saubere Trennung" zwischen NTE und anderen Erfahrungen noch die anderen begriffliche Verbesserungsvorschläge durchgesetzt. Der Grund hierfür dürfte sein, daß der Ausdruck Nahtoderfahrung eine zwar vage, aber doch kaum besser abgrenzbare Bedeutung im undurchsichtigen Gewirr der vielen Erlebnisse erlangt hat. Die oft fehlende tatsächliche Nähe zum biologischen Tod scheint in diesem Zusammenhang ein vergleichsweise kleines, weil allseits bekanntes Übel darzustellen. Das Problem, irgendwelche Erscheinungen nicht genauer eingrenzen und definieren zu können, ist im übrigen nicht auf NTE beschränkt. Es betrifft auch andere Bereiche des Lebens und der Wissenschaft

Verwandte Erscheinungen

Neben der „klassischen" Nahtoderfahrung gibt und gab es eine ganze Reihe von Erlebnissen, die außerhalb der alltäglichen Wahrnehmung liegen. Sie werden ganz unterschiedlich gedeutet und eingeordnet. Viele von ihnen ähneln inhaltlich oder der Erscheinungsart nach dem NTE.

Die Fülle der verschiedenen Vorkommnisse ist kaum zu überblicken: Sie reichen von recht vagen Gefühlen, die als übersinnlich interpretiert werden bis hin zu konkreten Erfahrungen. Die wohl am weitest verbreitete Erfahrung ist der Traum, ein inneres Erlebnis, der – von wenigen Ausnahmen abgesehen – in der Regel als rein subjektives Ereignis verstanden wird. Er gilt gemeinhin als eine Mischung aus persönlich Erlebtem und individuellen Wünschen, die sich im Rahmen unbewußter Gehirntätigkeit offenbaren. Eine darüber hinausgehende Realität wird ihm nicht zugeordnet. In diesem Zusammenhang stellt er kein „reales" Erlebnis dar.

Eine andere Art außeralltäglicher Erlebnisse sind solche, die durch Meditation und zum Teil auch mit Körperübungen hervorgerufen werden sollen. Die jeweiligen Umstände und die dabei angestrebten Ziele sind unterschiedlich. Sie können von ausgedehnter Entspannung bis hin zu religiöser Erleuchtung reichen. Entsprechend unterschiedlich ist auch die Ähnlichkeit zum Nahtoderlebnis. Beim *Kundalini*-Yoga beispielsweise können Erscheinungen auftreten, die üblicherweise in NTE-Berichten zu finden sind: Die Erfahrung, sich außerhalb des Körpers zu befinden, Lichtwahrnehmungen oder Glücksgefühle.

Eine Reihe schwer gegeneinander abgrenzbarer außeralltäglicher Erlebnisse unterschiedlichster Art wird aus allen Kulturkreisen berichtet. Zum Teil handelt es sich um religiöse Erscheinungen oder prophetische Visionen, nicht selten aber sind es ganz persönliche Erlebnisse mit je eigenem Hintergrund. Die Frage nach der Realität des jeweils Erlebten muß freilich in jedem der Fälle von neuem gestellt werden. Ähnlich gilt dies auch für Erlebnisse, die durch Drogen hervorgerufen oder unterstützt wurden.

Aus der Fülle der verschiedenen und oft einmalig vorkommenden Erfahrungen sind hier aber nur diejenigen von Interesse, die sich mit dem – universell vorkommenden – NTE in Verbindung bringen lassen. Interessant sind beispielsweise die sogenannten Totenbett-Visionen. Das sind Berichte, die von Menschen stammen, die sich im Prozeß des Sterbens befinden. Sie passen nicht nur vom Thema her zu den Nahtod-Erfahrungen, sie haben zudem eine lange Geschichte, die sich über viele Kulturen erstreckt.

Die Erforschung der Nahtoderfahrungen

Nahtoderfahrungen heben sich von ihrem Inhalt her meist deutlich vom Alltagsgeschehen hervor. Viele Experiencer zögern, ihr Erlebnis anderen mitzuteilen, weil sie befürchten, nicht mehr ernstgenommen zu werden. Die betroffenen Personen trauen sich vielfach nicht, einem Arzt von der Begebenheit zu erzählen, und auch gegenüber den Familienangehörigen halten sich viele verschlossen. Nicht selten haben Ärzte die Schilderungen der Patienten von vornherein als Illusionen abgetan und belächelt. Aufgrund dieser Reaktionen wurde eine große Zahl von Berichten erst gar nicht bekannt. Die Angst, letztlich für verrückt erklärt zu werden, hat der Nahtodforschung lange Zeit interviewfähige Personen ferngehalten. Übersehen wurde auch, daß nicht alle Menschen mit positiven Gefühlen von ihrer Erfahrung zurückgekehrt sind. Ein Teil von ihnen hatte zunächst mit psychischen Problemen zu kämpfen.

In den USA, dem Entdeckungsland der NTE, ist das Krankenhauspersonal schon einigermaßen mit den Erlebnissen vertraut. Verschiedene Wissenschaftsgebiete kümmern sich bereits um Fragen im Zusammenhang mit Nahtoderfahrungen. Dagegen fand in Europa lange Zeit kaum systematische Forschung im klinischen Bereich statt. Ein Mitgrund für diese Zurückhaltung dürfte gewesen sein, daß Nahtoderfahrungen in der Literatur nicht selten in einem Atemzug mit UFOs, Bermuda-Dreieck oder sogenannten „übersinnlichen Phänomenen" genannt werden. Durch Filmproduktionen wie etwa *Ghost* oder *Flatliners* sind sie zusätzlich in die Nähe von Science-fiction und Unterhaltungsliteratur gerückt worden. Hierdurch hat sich schließlich der Eindruck verdichtet, es handle sich bei Nahtoderfahrungen um ein wenig seriöses Thema. An diesen Eindruck erinnert sich Golobic Bogomir:

„*Als ich das erste Mal von NTE gelesen hatte, erschien es mir als hätte irgendwo in den USA irgend jemand den Journalisten gesagt habe, daß er etwas erlebt hätte und einige dumme Leute glaubten ihm, obgleich wir wissen daß Geld der Grund dafür ist.*"

Im Jahr 1980 wurde die internationale Forschungsplattform IANDS[15] (Internationale Gesellschaft für Nahtodforschung) in den USA gegründet. Den Wissenschaftler aus verschiedenen Fachgebieten sollte es dadurch möglich werden, sich untereinander auszutauschen und die Berichte von Experiencern weiterzureichen. Mittlerweile verfügt die Organisation über eine zunehmende Zahl an Zweigstellen in mehreren Ländern der Welt, ihre Mitglieder kommen aus allen Kontinenten der Erde. Die bislang einzigartige Vereinigung von Forschern, Experiencern und Interessierten gibt ein eigenes Vereinsheft sowie ein vierteljährlich erscheinendes Journal heraus.

Die Fragen, die sich bei Nahtoderfahrungen stellen, werden von den IANDS-Mitgliedern nicht anders beurteilt als von anderen Menschen und Wissenschaftlern auch. Anhänger und Gegner des Glaubens an eine Wiedergeburt stehen sich ebenso gegenüber wie die Vertretern von subjektiven und objektiven Erklärungsmodellen für NTE. In den USA macht sich zusätzlich der Einfluß eines bibelgestützten Christentums bemerkbar. Dessen Anhänger halten Nahtoderfahrungen grundsätzlich für Teufelszeug und versuchen mit großer Hartnäckigkeit, die Erlebnisse als Illusionen darzustellen. Daß die religiösen Eiferer bei diesem Ziel auch bereit sind, Hand in Hand mit materialistisch orientierten Forschern zu arbeiten, ist nur einer der offen zutage tretenden Widersprüche. Vor diesem Hintergrund darf es nicht verwundern, wenn selbst in der NTE-Literatur oder in den Medien zugunsten irgendeiner Position oder aus Nachlässigkeit falsche Behauptungen veröffentlicht wurden – und dies von Anfang an.

Einen nicht geringen Anteil am negativen Image der Nahtodforschung wie auch der NTE im allgemeinen haben die hierdurch bekannten Forscher selbst zu tragen. So ist etwa Elisabeth Kübler-Ross, die sich durch ihre *Gespräche mit Sterbenden*[16] schon früh einen Namen im Bereich der Sterbeforschung gemacht hat, von ihrer ursprünglichen Arbeit abgekommen und hat sich zweifelhaften Themen zugewandt. Raymond Moody, der durch seine frühen Veröffentlichungen als Wegbereiter der Nahtodforschung gilt, widmet sich mittlerweile Vorhaben außerhalb dieses Metiers. Seine Versuche, mit Hilfe von Spiegeln als Katalysatoren die Kontaktaufnahme mit Verstorbenen in einem sogenannten Psychomanteum zu ermöglichen, haben vielfach für Kritik gesorgt.

Der neben Moody wohl bekannteste Forscher auf dem Nah-Todessektor ist der amerikanische Professor für Psychologie, Kenneth Ring, der an der Universität von Connecticut gelehrt hat. Dieser hat sich mit spektakulären Kommentaren zu Wort gemeldet. Er behauptete, mit den Nahtoderfahrungen werde ein neues Zeitalter mit einem neuen Menschentyp heranbrechen:

„Die Nahtoderfahrungen repräsentieren einen evolutionären Vorstoß zu einem höheren Bewußtsein. ... Menschen, die Nahtoderfahrungen gehabt haben, aber auch viele andere, deren Leben durch eine oder mehrere spirituelle Erfahrungen geprägt ist, bilden zusammen einen höherentwickelten Typus von Mensch; nicht mehr den Homo sapiens sondern vielleicht den Homo noeticus ..."[17]

Mit diesen Aussagen hat Ring das Gebiet der seriösen Forschung verlassen und sich auf unhaltbare Spekulationen eingelassen. Diesen Seitensprung haben ihm manche Wissenschaftler übel genommen. Bei näherem Hinsehen wird allerdings deutlich, daß sich die meisten der bekannten Forscherpersönlichkeiten in ähnlicher Weise äußern. Es scheint, als ob eine längere Beschäftigung mit NTE automatisch zu einer erhöhten Anfälligkeit für zweifelhafte und unseriöse Behauptungen führen würde. Man kann von Glück reden, daß die meisten Forscher zwischen ihren persönlichen Ansichten und sorgfältiger Arbeit noch einigermaßen zu trennen vermögen. Nur dadurch scheint der Nahtodforschung bislang ein unrühmliches Ende erspart geblieben zu sein.

Probleme bei der Befragung

Die Zahl der Personen, die alleine in den USA ein Nahtoderlebnis gehabt haben, soll zwischen acht und dreizehn Millionen liegen. Weil das NTE jedoch so schwer von anderen Erfahrungen abgrenzbar ist, muß man solche Angaben mit Vorsicht betrachten.

Das Auffinden der betroffenen Personen ist aufgrund der oft vorhandenen Hemmung, sich mitzuteilen, nicht einfach. Offenbar erinnern sich auch nicht alle Experiencer sofort an ihr Erlebnis: Etwa jeder fünfte erinnert sich erst nach Tagen, Wochen oder Monaten an die gemachte Erfahrung. Göran Grip aus Schweden, der sein Erlebnis in einer Veröffentlichung schildert, gibt dort an, sich erst Jahre danach bei der Beschäftigung mit NTE-Literatur an seine eigene Erfahrung wiedererinnert zu haben.

Bei der Befragung eines Experiencers sollten nach Möglichkeit die persönlichen Umstände berücksichtigt werden. Während manche Menschen offen über ihre Erfahrung sprechen und diese mitunter veröffentlicht haben, sind andere nur bereit, anonym von ihrem Erlebnis zu berichten. Für eine eingehende Beschäftigung mit NTE können auch der persönliche Hintergrund des Experiencers und die Umstände seiner Erfahrung von Bedeutung sein.

Bei der Art der Befragung gibt es keine generelle Empfehlung. Manche Menschen sind gesprächiger, wenn man ihnen persönlich gegenübersitzt oder ihnen konkrete Fragen stellt. Andere wiederum bevorzugen, ihre Gedanken auf ein Blatt Papier niederzuschreiben und würden einem persönlichen Gegenüber nie von intimen Dingen erzählen. Jede der Befragungsarten hat gewisse Nachteile, die sich nur durch eine sorgfältige Vorgehensweise gering halten lassen. Im Rahmen der Nahtodforschung sind jedoch in diesem Bereich schon einige bedenkliche Fehler unterlaufen: So wurden unter anderem völlig ungeeignete Fragebögen veröffentlicht, die zum Teil einseitige Fragen enthalten haben oder solche, bei denen die Antwort schon in der Frage vorgebenden war. Bei Interviews wurden die Antworten durch entsprechende Fragetechniken so umgelenkt, daß am Ende das gewünschte Ergebnis „herausgekitzelt" wurde.

Die Bemühung, repräsentative, d.h. auf die Gesamtbevölkerung übertragbare Untersuchungen über NTE durchzuführen ist auch nach mehr als 25 Jahren der Forschung nur mit mäßigem Erfolg gekrönt worden. Zum einen sind die betreffenden Erlebnisse sehr verschiedenartig und deren Inhalte nicht auf irgendwelche äußeren Ursachen zurückzuführen. Zum anderen bewegen sich die meisten Forschungsarbeiten bei einer Teilnehmerzahl, die oft deutlich unter einhundert liegt. Statistische Aussagen sind daher nur eingeschränkt und in gegenseitigem Vergleich möglich.

Die Bilanz der Nahtodforschung sieht auf den ersten Blick recht mager aus. Zwar sind NTE mittlerweile einer breiteren Öffentlichkeit bekannt, auch ist der Begriff der *Nahtoderfahrung*, der durch das Bekanntwerden der Erlebnisse im Bereich der Todesnähe geprägt wurde, mittlerweile in Nachschlagewerken zu finden.

Die Nahtodforschung hat jedoch trotz der zahlreichen Studien, die seit den achtziger Jahren durchgeführt wurden, mehr Fragen aufgeworfen, als Antworten geliefert. So besteht nach wie vor keine Einigkeit darüber, ob es sich bei den Erlebnissen um ein reales, objektives Ereignis handelt, oder ob die Eindrücke der Experiencer nur ein Trugbild des Gehirns darstellen.

Im Rahmen einer Magisterarbeit hatte ich 1996 die Gelegenheit, mich ausführlich mit Nahtoderfahrungen zu beschäftigen. Für die wissenschaftliche Untersuchung wurden die Berichte von über 80 Experiencer untersucht, weitere Schilderungen wurden hinzugezogen. Sie werden im folgenden Kapitel zeigen, was während der einzelnen Abschnitte des NTE erlebt wird.

3. Zeugnisse aus einer anderen Welt

Keine Nahtoderfahrung gleicht der anderen – jedes Erlebnis wird mit anderen Worten beschrieben. Dennoch sind sich die Schilderungen in vielen Punkten sehr ähnlich, ist vor allem die Nachwirkung des Ereignisses übereinstimmend deutlich. Manchmal scheint es, als könne man diese Erfahrungen mit einer Reise vergleichen, die den Besucher an bestimmte Stationen führt. Dieser Eindruck verstärkt sich, wenn man die Berichte der betroffenen Personen betrachtet. Manche Begebenheiten werden von sehr vielen, ja von fast allen Experiencern geschildert, andere hingegen tauchen nur hin und wieder auf. Wieder andere sind ganz und gar einzigartig.

Ganz gleich aber, ob es sich um scheinbar immer wiederkehrende Begebenheiten oder um eher seltenere Details handelt: In fast allen Fällen läßt sich aus den Schilderungen der betroffenen Menschen ersehen, aus welchem Kulturkreis sie stammen. Die Beschreibung von Landschaften und Gebäuden, oder von Kleidung und Äußerem der angetroffenen Personen entspricht meist den Gegebenheiten des bisherigen eigenen Lebensumfelds. Doch finden nicht alle Beobachtungen ihre Entsprechung im Alltag des Experiencers: Dies gilt für das oft beschriebene Lichtwesen ebenso wie für andere Gestalten, Eindrücke und Gefühle. Sie fehlen im normalen Leben und scheinen daher eine Besonderheit der Nahtoderfahrungen zu sein. Vielen Experiencern fällt es schwer, geeignete Worte zu finden, um das Erlebte auszudrücken. Wenn sie es dennoch tun, dann nicht selten mit einer Beschreibung, die von religiösen Zügen geprägt ist. Am besten läßt sich dies bei der Umschreibung des Lichtwesens beobachten.

Bisher waren sich die Forscher nicht einig, wie diese „Färbung" der NTE zu bewerten ist. Manche haben angenommen, der persönliche Hintergrund des Experiencers könnte die Details des Erlebnisses prägen, ohne es aber dabei völlig zu verzerren. Wissenschaftler, die den Nahtoderfahrungen skeptisch gegenüberstehen, haben dagegen behauptet, der Einfluß persönlicher Momente sei ein Anzeichen dafür, daß es sich bei NTE um rein subjektive Erfahrungen handle, vergleichbar mit einem Traum. Ohne der ausführlicheren Darstellung im zwölften Kapitel vorzugreifen, soll hier an der „Färbungs"-Annahme festgehalten werden, die eingangs durch das Beispiel einer weißen Figur erläutert wurde, die durch verschiedenfarbige Brillen betrachtet wird. An dieser Stelle soll es jedoch nicht um die verschiedenen „Brillen" gehen, sondern darum, was die betroffenen Menschen „gesehen" haben. Was haben die Experiencer auf ihrer Reise ins Unbekannte wahrgenommen? Betrachten wir hierzu einige Stationen etwas näher.

Der herannahende Tod und das Verlassen des Körpers

Manche Nahtoderfahrungen brechen plötzlich und unerwartet über einen Menschen herein. Meist bleibt nicht viel Zeit zum Nachdenken. Ein Teil der betroffenen Personen spürt jedoch, daß sich ihre Lage verschlechtert. Viele haben Schmerzen, andere verspüren Angst vor dem Tod. In einem solchen Augenblick spielen auch religiöse Gefühle und Gedanken eine Rolle. Bitten und Gebete erfüllen die Not der Stunde. Claire Applegate verspürte starke Schmerzen, als sie eines Morgens erwachte:

„Als ich aufwachte, wurde mir bewußt, daß die stark stechenden Scherzen nicht nachgelassen haben, sondern eher stärker geworden sind. Der Schmerz war so unerträglich, daß ich kaum ein Körperteil bewegen konnte. Mein Mann war noch im Schlaf und alles was ich tun konnte war beten. Ich bat Gott um Linderung – umgehend fühlte ich eine Welle von Energie durch meinen Körper gehen..."

Virginia aus Michigan hatte seit einigen Jahren Probleme mit dem Herzen. Hinzu kam schließlich eine Allergie:

„Am Gründonnerstag 1985 erlitt ich eine schwere Halsentzündung und ich verlor die Kontrolle über meinen Verstand. Ich schrie zu Gott, er möge mir diesen Schmerz ersparen."

Starke Schmerzen plagten auch Sharon Weidemann. Die Medikamente, die sie eingenommen hatte, zeigten keine Wirkung. Ihre Bitten sind verzweifelt:

„...wieder bettelte ich: `Bitte, Gott, laß´ mich sterben´. Ich griff nach einer weiteren Decadron und lag nur hilfeschreiend da und betete zu meinem Vater, dann zu Jesus und Gott. Ich erinnere mich, wie verzweifelt ich war, um den Schmerz zu beenden. (...) Meine Hand rieb an meinem Hinterkopf und ich schrie unkontrollierbar. Ich fühlte, daß es für mich nichts mehr gab. Ich sagte wieder: `Bitte, Gott, nimm mich auf, so daß ich bei meinem Vater sein kann. Hilf mir!"

Beverly Brodsky hatte einen Motorradunfall. Nachdem sie aus dem Krankenhaus entlassen wurde, begannen die Schmerzen sie einzuholen und sie spürte den Tod herannahen:

„Es ist ein inneres Wissen. Ich bat Gott, mich heim zu holen, und er tat dies für eine Weile."

Mit Bitten und Gebete haben manche Experiencer versucht, eine Erlösung von den unerträglich gewordenen Schmerzen zu erreichen. Sie suchen dabei die Hilfe, die ihnen ihr Glaube gibt. Niemand konnte jedoch ahnen, daß das Geschehen schon bald eine andere Wendung nehmen würde.

Während es sich bei der Anrufung höherer Mächte um einen ganz bewußten Akt handelt, ist dies beim Auftreten anderer Wesen zumindest fraglich. Manchmal lassen sich die beschriebenen Begleiter mit religiösen Figuren und Erscheinungen in Verbindung bringen. Ein junger Mann, der mit einer Überdosis LSD ins Krankenhaus gebracht wurde, berichtet:

„Ich schwebte mit Leichtigkeit in eine dunkle Leere, nachdem ich meinen Begleiter `Brüderlichkeit' getroffen hatte. (...) `Brüderlichkeit' war eine Seele, die äußerst demütig war, eine, die mit jedem gut auskommen würde. Er hatte die Fähigkeit, sich mit jedem auszutauschen, den ich je getroffen habe. Seine Begrüßung war allumfassend."

Shirley Ann Underwood war 36 Jahre alt, als sie in einen Verkehrsunfall verwickelt wurde. Ein Lastwagen hatte sie geschnitten und über die Fahrbahn geschleudert:

„Bevor ich auf der Wand aufschlug, sah ich mein Leben vor meinen Augen aufblitzen, mein Engel hob mich aus dem Wagen..."

Chris Regan aus Kanada war zuhause, als er ungewohnten Besuch bekam:

„Ich wachte, so dachte ich, wegen eines Windsturms auf, den ich für rauhes Wetter draußen hielt. Dann bemerkte ich, daß der `Wind' drinnen im Zimmer war und es waren da zwei `Wesen', die an meinen Beinen zogen. Ich war ziemlich erschrocken beim Gedanken, die beiden wären `Geister'. Ich wurde wütend und versuchte nach ihnen zu stoßen."

Phyllis Atwater war wegen einer Fehlgeburt dreimal klinisch tot und hatte jedes Mal eine Nahtoderfahrung. Bei ihrem zweiten Erlebnis fühlt sie sich anfangs in unerwarteter Einsamkeit vor. Sie erinnert sich:

„...ich entdeckte niemanden. Deshalb begann ich zu rufen, zumindest schien es mir, als würde ich rufen, denn ich vernahm entsprechende Laute. Ich rief: `Ist da jemand? Ich bin tot. Ich bin hier. Kommt und holt mich ab. Ich bin bereit. Ist da irgend jemand?' Aber niemand antwortete mir, keine Seele kam mir entgegen. Ich weiß noch wie seltsam ich das fand, weil ich erwartete, die verschiedensten Wesen zu treffen. Aber ich war ganz allein."[18]

Nicht wenige Personen, die eine Erfahrung mit dem Tod hatten, berichteten, sie hätten zu Beginn des Geschehens ihren Körper verlassen. Bei Moody kommt eine Frau zu Wort, die einen Herzstillstand erlitten hat:

„Ungefähr vor einem Jahr wurde ich wegen Herzbeschwerden ins Krankenhaus eingeliefert. Als ich am nächsten Morgen im Krankenhaus im Bett lag, spürte ich auf einmal einen sehr heftigen Schmerz in der Brust. Ich drückte auf den Knopf neben dem Bett, um die Schwestern zu rufen, und sie kamen herbei und begannen, sich um mich zu kümmern. Da ich es auf dem Rücken kaum aushalten konnte, drehte ich mich herum, und dabei stockte mir der Atem, und der Herzschlag blieb weg. Im sel-

ben Augenblick hörte ich die Schwestern rufen: `Herzstillstand!' Ich fühlte, wie ich aus meinem Körper austrat und zwischen Matratze und Seitengitter des Bettes hinabglitt – es kam mir eigentlich eher so vor, als ob ich mich durch das Gitter hindurchbewegte –, bis ich am Boden ankam. Und von da an stieg ich ganz langsam in die Höhe. Während des Emporsteigens sah ich immer mehr Schwestern ins Zimmer gelaufen kommen, es müssen wohl etwa ein Dutzend gewesen sein. Sie riefen meinen Arzt, der sich gerade auf seiner Runde durchs Krankenhaus befand, und auch ihn sah ich hereinkommen. Ich dachte: `Was will er eigentlich hier?' Ich wurde immer weiter hinaufgetrieben, an der Lampe vorbei – ich sah sie ganz deutlich von der Seite –, bis ich unter der Decke zum Stillstand kam; dort oben schwebend blickte ich hinunter. Fast kam ich mir vor wie ein Stück Papier, das zur Decke hochgeblasen wurde."

Wie viele andere Experiencer, beobachtet auch diese Frau von ihrer Perspektive aus das weitere Geschehen:

„Von da oben sah ich zu, wie man mich wiederbelebte. Klar und deutlich bot sich mir mein Körper dar, wie er da unten ausgestreckt auf dem Bett lag, um das sie alle herumstanden. Eine Krankenschwester hörte ich sagen: `O Gott, sie ist tot!', während eine andere sich hinunterbeugte, um mir Mund-zu-Mund-Beatmung zu geben. (...)

Als ich sie da unten auf meinen Brustkorb klopfen und meine Arme und Beine reiben sah, dachte ich: `Warum geben sie sich bloß so viel Mühe, wo es mir doch jetzt so gut geht!'"[19]

Für manche Menschen ist die ihre Begegnung mit dem Tod an dieser Stelle zu Ende. Sie werden wiederbelebt oder kommen von selbst zu sich – und finden sich wie gewohnt in ihrem Körper vor. Was sie erfahren haben, wird als Außerkörperlichkeits- oder Autoskopie-Erlebnis bezeichnet. In der Literatur hat sich hierfür der englische Ausdruck *out-of-body-experience* (OBE) eingebürgert.

Viele Experiencer stehen jedoch erst am Anfang ihrer Nahtoderfahrung. Auf sie wartet nun eine völlig ungewohnte Umgebung.

Der Eintritt in eine andere Welt

Auf dem Weg in die noch unbekannte neue Region berichten zahlreiche Menschen von Hindernissen oder Engstellen, die sie zunächst passieren mußten. Allgemein kann man diese Phase des NTE als Durchgangsstadium bezeichnen. Häufig handelt es sich dabei um einen Tunnel, um Nebel oder auch um eine Türe.

Paul Carr, der einen Herzstillstand erlitten hatte, erinnert sich:

„Ich ging durch einen dunklen Tunnel mit blitzenden Lichtern auf ein helles Licht zu. Ich kam in einer wolkenartigen Umgebung heraus. Da gab es Wesen, obwohl ich nichts `sehen´ konnte. Eines davon, das ich immer `den Grüßer´ nannte, sprach mit mir."

Nach der Geburt ihres zweiten Sohnes traten bei Yolande Eck Schwierigkeiten auf. Sie fiel in Bewußtlosigkeit.

„Nach kurzer Zeit begann ich zu schweben und hörte die Menschen um mich herum deutlicher sprechen als mit meinen physischen Ohren heute ... Nach diesem Schwebezustand kam ich in einen Tunnel hinein. In diesem Tunnel stieg ich mit ungeheuerer Geschwindigkeit auf. Ich hatte dort große Angst, denn die Wände waren schwarz, und ich versuchte, sie überall zu berühren. Aber es gelang mir nicht und ich stieg weiter wie mit Raketengeschwindigkeit auf. Während meiner Angst schaute ich um mich und entdeckte dabei oben in der Ferne einen weißen Punkt. Je weiter ich aufstieg, desto größer wurde dieser Lichtpunkt."[20]

Andere Personen berichten zu diesem Zeitpunkt ihrer Erfahrung auch von Eindrükken, die wie ein Vorgriff auf die spätere, meist paradiesartige Umgebung wirken. So zum Beispiel Beverly Brodsky:

„...meine Aufmerksamkeit war jetzt nach oben gerichtet, wo eine große Öffnung war, die zu einem kreisförmiger Pfad führte. Obwohl es weit und tief bis zu seinem Ende zu sein schien, schien ein weißes Licht hindurch und strömte in die Dunkelheit auf der anderen Seite, wo die Öffnung war. Es war das brillanteste Licht, das ich je gesehen habe...Der Weg war nach oben gewinkelt, schräg nach rechts."

Edward aus Texas glaubte, etwas zu hören:

„Ich reiste durch einen dunklen Tunnel wie ein Raumschiff durch die Sterne. Die Erfahrung war atemberaubend – die Stille wundervoll. In leiser Entfernung war eine winzige Andeutung von wunderbarer Musik, Musik jenseits all dessen, was ich auf Erden gehört habe. Für einen kurzen Augenblick richtete ich meinen Blick auf ein schwaches Licht in der Ferne."[21]

Bob Helm aus Kanada berichtet von einem viel deutlicheren Eindruck:

„...Ich schien durchs Weltall zu schwirren! Dort war auch ein ungeheuerer Lärm. Es war, als ob all die großen Orchester der Welt auf einmal spielen würden; keine spezielle Melodie, und sehr laut, kraftvoll, aber irgendwie beruhigend. Es war eine schnelle, bewegte Musik, anders als all jenes an das ich mich erinnern kann, und doch vertraut, wie aus der Ecke meiner Erinnerungen."

Claire Applegate beschreibt einen „lebendigen" Tunnel:

„...mit großer Geschwindigkeit stieg ich einen Tunnel hinauf. Der Tunnel sah lebendig aus, ein lebender Organismus mit Farben, meist pastellen, nichts, das aussah als wäre es von Menschenhand gebaut oder geschaffen."[22]

Ein anderer Experiencer nahm Begleiter wahr:

„Ich hatte das Gefühl herumzuschwirren, zuerst langsam, dann schneller und begleitet von `anderen´ nachdem ich vom Tunnel ein Stück weit weg war."

David Lehning bekam den Rat, zurückzukehren:

„Ich hatte wieder das Gefühl von schneller Bewegung. Danach schien ich mich durch einen Tunnel zu drehen, und dort waren Stimmen, die alle soweit zusammengemixt waren, daß man keine von ihnen verstehen konnte. In diesem Augenblick sagte mir eine sehr laute und nachhallende Stimme: `Gehe zurück, du bist zu jung, gehe zurück!´ Ich ging aber nicht gleich zurück."

Nicht in jedem Fall war das Durchgangsstadium ein Vorgeschmack auf das später Erlebte. Jerry L. Casebolt aus Arkansas schildert sein Erlebnis in einer Geschichte. Sich selbst gibt er dabei den Namen Gary:

„Die Farben im Raum verblaßten zu einem trüben Grau-Schwarz. Herumschwirrende Energiemuster lenkten Garys Aufmerksamkeit zur nordwestlichen Seite des Operationsraums. Es dröhnte, als sich ein Tunnel formte, der ihn in seine Mitte zug. Der Lärm glich dem eines Jetmotors, wenn man neben diesem steht. Gary hatte große Angst, fühlte vielleicht gar Schrecken."[23]

Der Schwede Göran Grip hatte als Kind eine Nahtoderfahrung. Rückblickend erinnert er sich an lebensbedrohliche Tiergestalten in einer unheimlichen Umgebung. Diese Begegnung stand am Beginn seines Erlebnisses:

„Ich stand auf einer kleinen und sehr gefährlichen schwarzen Insel in einem schwarzen Fluß, der durch eine schwarze Landschaft unter einem schwarzen Himmel floß. Ich wußte, daß ich nicht sicher sein würde, ehe ich nicht das schwarze Ufer des Flusses erreicht hatte. Gerade als ich den Fluß überqueren wollte, erhob sich vor mir eine schwarze Krake aus dem Wasser."

In einem sich Gespräch mit dem Untier will Grip Durchlaß erreichen, doch mit jeder neuen Bitte, den Weg frei zu machen vervielfacht sich die Anzahl der Kraken. Die Situation wird schließlich ausweglos:

„...die Unterhaltung setzte sich fort wie vorher, und weitere sechsundfünfzig schwarze Kraken erhoben sich aus dem Wasser... `Laß mich durch´, sagte ich. `Nein, wir lassen Dich nicht´, antworteten die nunmehr sechsundfünfzig Kraken, und jetzt waren es so viele, daß deren Stimmen erschreckend laut waren...

Unser Dialog wurde nun immer schneller und die Zahl der Kraken nahm in geometrischer Weise zu. Bald füllten sie die gesamte schwarze Landschaft aus, sogar bis zum Horizont. Ihre Stimmen wurden lauter und lauter, und während sie die ganze Welt jenseits des Horizonts ausfüllten, konnte ich immer noch wahrnehmen, wie ihr Schreien lauter und lauter wurde. Seit langer Zeit gab es keine Rettung für mich. (...) Das letzte, an was ich mich erinnere, war meine Annäherung an den Horizont und an die Vernichtung."[24]

Elaine aus Indianapolis wurde Zeuge einer Bedrängnis, die nicht ihr selbst, sondern anderen zuteil wurde:

„Als ich das Tor am Ende des Tunnels betrat, konnte ich unter mir in der Dunkelheit Geräusche hören. Es klang nach dem Notaufnahmeraum eines Krankenhauses. Die Menschen dort waren in Not und es herrschte dicker Nebel. Ich konnte Schreie und ein Gedränge hören, ich wußte, daß die Leute aus dem Nebel geholt würden, wenn sie nur zu dem Licht aufblicken würden, aber sie waren zu stur. Das würden sie nicht tun. Ich habe mich seither gefragt, ob dies vielleicht die Hölle war."

Das Übergangsstadium präsentiert sich als Medaille mit zwei Seiten. Einmal kann es mit angenehmen Wahrnehmungen, mit Musik, und erfreulichen Gefühlen verbunden sein. Dann erscheint es wie ein Vorgriff auf eine paradiesische Region, die den Besucher erst noch erwartet. Auf der anderen Seite kann dieser Teil des NTE – sofern er erwähnt wird – ausgesprochen unangenehm sein. Auch wenn davon nur wenige Personen betroffen sind, darf auch darüber nicht hinweggesehen werden. Die Gründe und Ursachen des unterschiedlichen Erlebens werden später mit den „negativen" Erfahrungen diskutiert.

In jedem Fall scheint das Durchgangsstadium vorwegzunehmen, wie sich das weitere Geschehen entwickeln wird.

Begegnungen mit Personen und Wesen

Manche Experiencer berichteten, schon zu Beginn ihrer Erfahrung auf irgendwelche Begleiter getroffen zu sein. Nicht selten werden sie mit religiösen Ausdrücken beschrieben. Dies kann auch der Fall sein, wenn an späterer Stelle von Wesen die Rede ist, die den Besucher begrüßen. Meistens aber handelt es sich um Verwandte und Freunde, die schon früher verstorben sind und nun den Ankommenden empfangen. Von der Freude des Wiedersehens berichtet Dorothea Rau-Lembke:

„Zunächst war es mir, als ob ich durch eine graue Decke hindurch in ein Lichtreich vorstoßen würde. Ich wurde in Richtung dieses Lichtes aus meinem Körper gezogen. Das allererste war eine liebevolle und herzliche Begrüßung durch verstorbene Menschen, die mir sehr wichtig waren. Vor allem waren das die Freundin...sowie meine

Großmutter väterlicherseits. Was mich im nachhinein sehr frappiert hat, ist, daß ich sie gar nicht gekannt habe, da sie vor meiner Geburt verstorben war. Aber sie war da, um mich zu begrüßen. (...) Diese Begrüßung durch die Gestalten war sehr überwältigend, im Grunde genommen war es ein Meer von Liebe."[25]

Phyllis Atwater erinnert sich an eine ähnliche Begebenheit. Ganz plötzlich, so sagt sie:

"...spürte ich in mir den Wunsch, meine Verwandten zu sehen, diejenigen, die ich liebte. Kaum hatte ich diesen Gedanken gedacht, waren sie da. Es erschien sogar ein Großvater, den ich nie zuvor gesehen hatte, weil ich nicht mit seiner Familie aufgewachsen war. Er kam zu mir, stellte sich mir vor und gab sich als mein Großvater zu erkennen. Zum ersten Mal hatte ich Gelegenheit, ihn kennenzulernen. Das war äußerst aufregend."[26]

Helen Bakkensen aus Oregon hatte einen Herzstillstand erlitten. Bei den Wiederbelebungsversuchen kehrte sie mehrmals wieder in die Umgebung ihrer Erfahrung zurück, nachdem sie sich schon in ihrem Körper auf dem Krankenbett befunden hatte. Sie berichtet von einer recht umfangreichen Begegnung:

"Ich habe meine verstorbene Mutter, meinen Großvater, die Tochter eines Freundes, und meinen kleinen Hund erkannt. Dreimal habe ich meinen verschiedenen Ehegatten gesehen. Auch habe ich eine längst verstorbene heilige Märtyrerin aus familiärer Linie gesehen. Sie begleitete mich, als ich das dritte und letzte Mal vom Himmel zur Erde hinunterging."

Manche Wahrnehmungen sind nur sehr flüchtig. Penny Drake aus Houston konnte nur einige Einzelheiten erkennen:

"Das Gesicht meiner Mutter durchbrach das Licht, ähnlich einer Sonnenblume. Es wurde mir nicht erlaubt, hinter das Licht zu blicken, nur ihre Haare und ihr Gesicht. Sie hatte das allerschönste Gesicht der Liebe und des Friedens. Sie war vielleicht Anfang zwanzig.

Ich konnte ihre Stimme hören, aber ihre Lippen lächelten und bewegten sich nicht. Sie hatte ein Blinzeln in den Augen."[27]

Ganz ausführlich, und dabei an irdische Bilder erinnernd, sind die Schilderungen von Virginia aus Michigan. Zuerst erzählt sie, wie sie in die neue Umgebung gelangt ist:

"Plötzlich näherte ich mich dem Ende der Brücke und ich sah goldene Griffe an den großen Toren, welche die Brücke einfaßten. Ich öffnete die Tore nicht, ich befand mich ganz einfach auf der anderen Seite vor. Ich schaute aus nach rechts und sah einen äußerst grauen, staubig aussehenden Weg mit gesichts- und fußlosen Männern

und Frauen, die darauf schwebten. Die Männer hatten alle weiße Hemden und graue Hosen an, die Frauen trugen weiße Gibson Girl Blusen ... Dann schaute ich nach links und war überrascht, meine jüngere Schwester an einem schönen Wasserfall zu sehen. Sie schaute durch die Tore der verborgenen Brücke. Ich war so glücklich zu sehen, wie sie in solcher Schönheit und Jugendlichkeit wiederhergestellt war. Sie starb drei Jahre vorher mit im Alter von 50 Jahren an Krebs und wurde durch ihren Tod befreit. Ich glaube, Gott wollte meine Aufmerksamkeit erreichen, indem meine Schwester Margaret meinen Lieblings-Hosenanzug, einen Glen Plaid, trug."

Das Volk der Mapuche[28] lebt ziemlich abgeschieden im mittleren und südlichen Teil Chiles. Im Mai 1968 wird der Bericht über einen Vorfall niedergeschrieben, der bemerkenswerte Ähnlichkeiten mit Nahtoderfahrungen aufweist. Er gilt mithin als Beleg für das Auftreten von NTE auch bei eingeborenen Völkern. Ein alter Mann, der Fermin genannt wird, befindet sich in kritischer körperlicher Verfassung. Währenddessen macht er eine Erfahrung, die ihn nach seinem schon verstorbenen Sohn Francisco suchen läßt. Hier ein Ausschnitt des Berichts:

„Der alte Fermin näherte sich seinem Sohn und begrüßte ihn, indem er sagte: `Du wirst mich bekommen, weil ich nicht mehr länger dort leben will, wo ich jetzt lebe. Ich folge Dir; ich will nicht mehr länger auf der Erde bleiben.´

`Nein, Papa´, sagt Francisco, `jetzt ist nicht die Zeit für dich, aus eigenem Willen hier anzukommen. Wenn die Zeit kommt, werde ich selbst auf die Seite deines Hauses gehen, um nach dir zu sehen. Dann wirst du kommen. Nun, gehe fort.´

In diesem Augenblick wachte Don Fermin auf und öffnete seine Augen."[29]

Bei den angetroffenen Personen und Wesen handelt es sich keineswegs nur um Verwandte. Zahlreiche Experiencer begegnen Personen, die schon im bisherigen Leben anzutreffen waren: Freunde und Begleiter, Lehrer und Autoritäten sowie Leute, die ganz alltäglichen Beschäftigungen und Interessen nachgehen. Die Aufgaben und die sozialen Rollen dieser Menschen haben in der Regel nichts Außergewöhnliches an sich. Sie scheinen sich nicht groß vom den bisher gewohnten Alltag zu unterscheiden. Angehörige der Glaubensgemeinschaft der Mormonen berichten jedoch vermehrt von jener hierarchischen Ordnung, die auch ihr Glaubensbild vermittelt.

Jan Price hat ihr Erlebnis in einem Buch niedergeschrieben. Sie bemerkt:

„...Ich beobachtete viele Leute, die kamen und gingen. Männer und Frauen trugen beide weiche, lockere, meist weiße wallende Kleidung, und ich bemerkte, daß niemand wirklich jung oder alt war – eine Art `mittleres Alter´ Ich stellte mir vor, daß sie alle so aussahen, wie es für ihre bestes Aussehen sein sollte."[30]

Sharon aus Illinois erinnert sich an geruhsame Momente:

"Ich sah auch Schüler um das Tor, und andere Leute, die sich gerade versammelten und sich auf einer Wolldecke unter einem Baum entspannten."

Bob Helm beobachtete einen Arbeiter:

"Wir schienen alleine zu sein, mit Ausnahme des Straßenfegers, der für den fleckenlosen Zustand des Platzes verantwortlich war. ... Ich fühlte den Drang, mit dem Straßenfeger zu sprechen, und ich beglückwünschte ihn für seine Erfolge. Er sagte, die Arbeit sei ein Vergnügen für ihn, und er leite seine Freude davon ab, die beste Arbeit aller Zeiten zu tun. ... Dieser Mann schien völlig ernst zu sein, und ich war sehr von seinem Fleiß und der offensichtlichen Hingabe und Sorgfalt beeindruckt, die er seiner Arbeit entgegenbrachte."

Nicht alle Experiencer sind oder waren in der Lage, die angetroffenen Wesen zu erkennen. Chris Carson, der Selbstmord begehen wollte, erinnert sich vage:

"...ich ging weg und es begann eine Unterhaltung mit jemand, den andere Torwächter, Engel oder Jesus nennen mögen, es war jedenfalls jemand. Wenn ich es je wußte, kann ich mich jetzt nicht mehr erinnern."[31]

Marina aus Paris erzählt von einer Erscheinung, die religiöse Züge trägt:

"Ich sah einen großen Engel mit riesigen Flügeln, die weiß und golden waren. Er trug ein weißes Gewand. Der Engel sprach zu mir: `Dein Leben ist nicht zu Ende. Geh zurück zur Erde!´"

Bei Beverly aus Philadelphia erschien die fragliche Gestalt schon zu Beginn ihres Erlebnisses:

"Ich wurde von einem strahlenden Engel empfangen. Der Engel, der wie ein alter Freund und ein perfekter spiritueller Lehrer zugleich schien, führte mich in einen Tunnel. Wir flogen mit einer hohen Geschwindigkeit. Es gab keine Zeit und keinen Raum dort, so daß ich nicht sagen kann, wie lange es dauerte. Ich kannte den Engel, den ich entweder für Adam, den Messias oder ein ähnlich perfektes Wesen halte."

Die Bestsellerautorin Betty Eadie beschreibt eine seltsam anmutende Begegnung:

"...plötzlich erschienen drei Männer an meiner Seite. Sie trugen schöne, hellbraune Gewänder, und einer von ihnen hatte eine Kappe auf der Rückseite seines Kopfes. Jeder trug einen goldbestückten Gürtel, der um die Taille geschnürt war, wobei die Enden herunter hingen. Etwas wie ein Glühen ging von ihnen aus, aber nicht ungewöhnlich hell, und dann erkannte ich, daß auch aus meinem eigenen Körper ein Glühen kam und daß sich unsere Lichter um uns herum verschmolzen haben."[32]

Betrachtet man die Vielzahl unterschiedlicher Begegnungen, von denen die betroffenen Personen berichten, so lassen sich drei große Gruppen unterscheiden: Verstorbene Angehörige, Freunden und Verwandte, die einen persönlichen Bezug zum Experiencer haben. Daneben wird die Erscheinung von fremden wie bekannten Wesen und Engeln erwähnt, die nach ihrer Art als religiöse Gestalten beschrieben werden. Zuletzt tauchen auch ganz gewöhnlichen Menschen auf: solche, die man auch im Alltag wiederfindet.

Der eigene Körper und seine neue Umgebung

Manche Experiencer scheinen von den Geschehnissen so sehr beeindruckt zu sein, daß sie ganz vergessen, was mit ihnen selbst geschieht. Während sich ihr Körper auf dem Krankenbett oder an einem anderen Ort befindet, bewegen sie sich in noch ungewohnten Regionen. Doch womit bewegen sich diese Personen? Wie nehmen sie sich und ihre eigenen Sinne wahr? Marina aus Paris sagt: *„Ich fühlte mich wie Licht und Geist."*

Ganz unterschiedlich wird dieser „Geistkörper" von den Experiencern wahrgenommen. Ein Mann aus Slowenien berichtet:

„Ich konnte sehen, hören und mich bewegen. Aber wie, das weiß ich nicht. Ich denke viel darüber nach, aber komme zu keinem Ergebnis. Eine Art von Körper hatte ich, aber ich kann nichts Genaues über seine Form sagen. Ich kann nicht behaupten, daß der „Körper" kugelförmig war, auch nicht, daß er wie unser leiblicher Körper war. Über seine Größe kann ich nichts sagen. Ich weiß nur, daß mein Bewußtsein in einem Teil des Körpers konzentriert war und daß auch andere Teile existiert haben. Ich kann diesen Körper mit Kometen vergleichen."

Professor John Wren-Lewis aus Australien hatte sich auf einer Reise durch Indien eine Vergiftung zugezogen. Er schreibt:

„Da war überhaupt kein Gefühl persönlicher Kontinuität ... Mein Eindruck ist, daß mein persönliches Bewußtsein dabei `ausgehaucht' wurde (die Grundbedeutung des Wortes 'Nirvana', nach einigen Gelehrten) und dann wiedererschaffen wurde durch eine Art von Herunterstrahlen aus der unbegrenzten Ewigkeit dieses strahlenden, dunklen reinen Bewußtseins."[33]

Einem Mann aus Belgien fällt es schwer, geeignete Worte zu finden:

„Ich war ich, alles und nichts, und allgegenwärtig. Ich war verankert in dem, was IST. Es fehlt mir an Worten, um die Wirklichkeit auszudrücken, die ich durchlebt habe. ...ich war reines Licht, weder weiß, noch gelb oder schwarz. Es war als ob ich als reine Wesensgestalt verblieben wäre, ohne Bezug auf Zeit, materielle Güter oder Energie. Es war ein Gefühl jenseits all dessen."

Ähnlich ergeht es dem amerikanischen Kinderbuchautor Porfirio Acosta:

„Ich bestand nur aus einem Gedanken, einem Gedanken, den ich jetzt als Gedanken Gottes beschreibe und verstehe. Ich blickte wiederholt nach links und rechts. Ich war mir der Richtungen bewußt. Wie ich wußte, daß ich mich nach links und rechts drehte, weiß ich nicht, weil es keinen materiellen Bezugspunkt für links und rechts gab, aber ich verstand es eben... Einen leiblichen Körper hatte ich nicht."[34]

Anders hat es Helen Bakkensen in Erinnerung:

„Mein Geistkörper schien mir ziemlich ähnlich. Ich sah alles klar. Keine Substanz – aber ich fühlte, daß er genauso aussah."

Elaine ist der gleichen Meinung:

„Er schaut genauso aus wie ich, außer, daß er perfekt ist. Er ist aus viel feinerem Stoff gemacht, der nicht von dieser Welt ist."

So unterschiedlich wie die Wahrnehmung des eigenen Seins ist auch die Beschreibung der vorgefundenen Umgebung. Häufig ist die Rede von einer paradiesartigen Landschaft, so auch bei Yolande Eck:

„Schließlich mündete meine Fahrt in das immer breiter werdende Licht. Dieses Licht war Ausdruck der reinen Liebe – Ich kam in einen Garten, der in wunderschönen Farben schillerte, die ich aber nicht beschreiben kann. Es war pastellfarbenartig, obwohl diese Beschreibung nicht zutrifft. Ich befand mich in einer Welt von Farben, die im Grunde Vibrationen waren. In diesen wunderschönen Garten bin ich einige Schritte hineingegangen und habe mich auf eine Bank gesetzt. Das hört sich vielleicht merkwürdig an, denn ich hatte schließlich keinen physischen Leib mehr, aber ich erlebte es so. ... Da der Garten lichterfüllt war, suchte ich nach einer Sonne oder einer anderen Lichtquelle, aber wohin ich auch schaute, stand ich im Licht selbst. Man konnte nicht sehen, woher das Licht kam. Es war ein sanftes Licht, das überhaupt nicht blendete, und es war angenehm und schön."[35]

Eine Frau aus Holland erlebte es ähnlich:

„Ich `sah´ eine wunderschöne Landschaft mit grünem Gras und vielen Blumen, eine idyllische Landschaft, so ruhig, mit einem wunderbaren, mehr oder weniger zerstreutem Licht."

Sharon Weidemann beschreibt die vorgefundene Umgebung in aller Ausführlichkeit:

„Ich sah schöne Landschaften, und herrliche Felder. Ich ging zu einem kleinen Haus am Ende des Waldes ...Ich sah eine breite, riesige Straße, die mit funkelndem Sand gebahnt war und leuchtete wie Diamanten. Die Straße war so weit, daß man kaum ihr Ende sehen konnte. Ich sah ein Tor und eine lange Mauer zum Tor, die von sechs

Löwenstatuen beschützt zu werden schien. (...) Ich sah die schönsten Blumen, die man sich vorstellen kann. Das einzige Gebäude, das ich sah, war die Hütte am Ende des Waldes, die wie eine Bibliothek war, in die man gehen und alles lernen konnte, was es gab. (...) Ich habe am Ende einer hohen Klippe gestanden, weit unterhalb war ein grünes Tal...Die Luft war so klar, ein herrlicher blauer Himmel, und ein schwacher Hauch einer warmen Brise. Es war ein sehr schöner Tag. Die Felder schwangen mit einem Gemisch aus Farben. Sie sahen aus wie weicher goldener Hafer oder Weizen mit Flecken aus leuchtend farbigen Blumen. Immer war da dieses weiche Licht und das überwältigende Gefühl der Liebe."

Unter den zahlreichen Berichten lassen sich die verschiedensten Landschaftsformen unterscheiden: Berge, Täler, Wiesen, Wälder, Strände. Schon am Wegesrand präsentieren sich prächtige Pflanzen, die beschriebene Umgebung scheint vielfach eine einzige große Parkanlage zu sein. Die verschiedensten Tiere bevölkern diese Landschaft. Von Schmetterlingen und Vögeln bis hin zu Schafen, Rindern und Pferden ist alles vertreten, was auch das tägliche Leben bereichert. Auch von bereits verstorbenen Haustieren haben die Besucher berichtet.

Vielfältig und eindrucksvoll ist auch die oftmals erwähnte Architektur. Meist handelt es sich um ganz konkrete Bauwerke, die der Experiencer vorfindet, etwa Brücken, Häuser, Bibliotheken, oder Tempel. Sie werden jedoch als viel schöner beschrieben als ihr alltägliches Gegenstück. Neben einzelnen Bauten werden hin und wieder auch ganze Städte erwähnt und deren Innenleben geschildert.

Nicht alle Experiencer erinnern sich an konkrete Objekte und Umgebungen. Dorothea Rau-Lembke erklärt:

„Landschaften habe ich nicht gesehen, nur eine unendliche Weite, eine schöne lichte Weite."[36]

Glenn Brymer war als Soldat der US-Streitkräfte in Deutschland stationiert, als er einen schweren Arbeitsunfall hatte. Er erinnert sich:

„Der Schmerz, die Angst, alles weg. Ich war irgendwo anders. Es schien als ob ich in eine graue Leere schweben würde. Ich war mir meines Körpers nicht wirklich bewußt, aber es schien, als ob es an diesem Ort so eine Art Schweben war. Es war sehr ruhig dort. Ich wunderte mich, was geschehen war. Wo war ich?"[37]

Die „graue Leere", die Glenn noch eben erlebt hat, wird bald von positiven Eindrücken überstimmt. Doch gibt es auch Personen, die von einer *andauernden* Dunkelheit oder Leere berichten. Andere Stationen einer Nahtoderfahrung fehlen dann meistens. Manche Forscher zählen diese Erlebnisse zu den sogenannten negativen NTE. Andere halten sie lediglich für eine besondere Form der Nahtoderfahrung.

Experiencer Vincent Luciani berichtet von einer „Schwärze", der aber angenehme Gefühle folgten:

„So war er, dieser erste mysteriöse Augenblick in der Ewigkeit als sich meine nichtphysischen Augen einer dramatischen Welt von seidener Schwärze öffneten, die viel totaler war als man sie irgendwo auf Erden findet. Ich erinnere mich daran, gedacht zu haben, daß diese Szene nicht viel anders war als wenn man mit verbundenen Augen in das 'jenseitige' Zuhause eines Freundes gebracht zu werden. Da war keine Angst, nur ruhige Annahme und ein gieriges, fast kindliches Vorwegnehmen des Dramas, das sich gewiß noch darbieten würde."[38]

Dr. George Ritchies Nahtoderfahrung ereignete sich 1943 infolge einer Lungenentzündung. Noch ehe der spätere Arzt sein eigenes Erlebnis veröffentlicht hatte, hat er den Anstoß für Moodys Erstveröffentlichung gegeben. Ritchie berichtet von einem wenig angenehmen Ort, den er besucht haben will, während ihn die versammelten Ärzte schon für tot erklärt hatten:

„Ich habe nie etwas Grausigeres gesehen. In diesem Reich erlebte ich eine Art Telepathie. Es ist nicht möglich, dort etwas zu sagen und gleichzeitig zu denken, denn man erlebt sofort jeden Gedanken unmittelbar. Christus ließ mich sehen, und ich erkannte alle Gedanken der Menschen, die sich in dieser Hölle aufhielten: Haß, Bigotterie, Engstirnigkeit. Es war wahrscheinlich das furchtbarste, was man sich überhaupt vorstellen kann. Stellen Sie sich den gemeinsten, niedrigsten, den furchtbarsten Menschen vor. Und nun stellen Sie sich ein ganzes Heer von Menschen dieser Art vor. In dieser Hölle gab es kein Feuer und keinen Schwefel, wie man es uns beigebracht hat, sondern es war viel schlimmer!"[39]

Sandra Brock aus Virginia berichtet, wie sie sich selbst in einer verzweifelten Lage wiederfand:

„...ich begann, in einen Tunnel gezogen zu werden. Es war ein schreckliches Erlebnis, weil alles, was ich sehen konnte, Leute aus meiner Vergangenheit waren, Leute, die schon tot waren, die mir irgendetwas getan oder gesagt haben, was mich in der einen oder anderen Weise verletzt hat. Sie lachten und schrien, bis ich dachte es nicht mehr aushalten zu können. Ich bat und bettelte, zurückgehen zu dürfen. Ich sah ein Licht am Ende des Tunnels, aber ich kam ihm niemals richtig nahe."[40]

Weil der Anteil unangenehmer Erfahrungen eher gering ist, soll ein letzter Bericht verdeutlichen, was dort erlebt wird. Gloria Hipple aus Pennsylvania schildert eine Begegnung, die schon 1955 stattgefunden hat. Zunächst, so sagt sie, sei sie kopfüber in einen sich drehenden Strudel gezogen worden. Gloria erzählt weiter:

„Ich versuchte, etwas zu sehen, doch alles was es da zu sehen gab war diese kreisende Leere, die sich in einen Trichter zuspitzte. Ich begann, zur Seite zu langen,

aber meine Finger bekamen nichts zu greifen. Furcht setzte ein, richtige Furcht. Ich sah einen schwarzen Fleck, dunkler als der Trichter, und wie ein schwarzer Vorhang, der vor mir niederging. Dann gab es einen weißen Punkt, wie ein helles Licht am Ende des Trichters. Er wurde größer und grinste mich an mit bloßen Augen und gähnendem Mund und kam geradewegs auf mich zu wie ein Baseball. Ich war nicht nur erschrocken, ich war wirklich leichenblaß. Ich strampelte nach irgendeinem Halt, der mich am Fallen hindern könnte, aber der Kopf wurde größer. `Meine Kinder, mein Baby ist so klein. Mein kleiner Junge, er ist erst zwei Jahre alt. Nein!' Meine Worte klangen in meinem Kopf und in meinen Ohren. Mit einem heulenden Schreier rief ich: `Nein, verdammt, nein! Laß mich gehen. Meine Babies brauchen mich! Nein! Nein! Nein! Nein!'

Der Schädel zerschellte in Stücke und meine Bewegung verlangsamte sich. Ein weißes Licht, das hellste Licht, das ich je gekannt habe oder jemals wieder sehen werde befand sich anstelle des Schädels. Es war so hell, und doch blendete es mich nicht. Es war ein willkommenes, beruhigendes Licht. Der schwarze Fleck oder Vorhang war weg. Ich fühlte völligen Frieden im Geiste und fühlte mich nach oben schweben, und ich war zurück."[41]

Abgesehen von den höchst unangenehmen Erfahrungen, wie sie zuletzt geschildert wurden, fühlt sich die Mehrzahl der Experiencer in der neuen Umgebung äußerst wohl. Viele bezeichnen sie als Heimat – unabhängig davon, wie konkret die jeweiligen Wahrnehmungen waren. Bert aus Holland umschreibt es so:

„Es war, wie wenn man von einer harten Reise nach Hause kommt. Eine Situation, die mich zu vollkommener Ruhe geführt hat, einer Ruhe, wie ich sie schon eine lange Zeit nicht mehr gekannt hatte. Für mich war dies der Höhepunkt meiner Erfahrung."

Das Lichtwesen

Die Mehrzahl der Experiencer berichtet von einem Ereignis, das alles bisher Erlebte in den Schatten stellt. Sie begegnen einer Gestalt, die von den meisten später als „Lichtwesen" bezeichnet wird. Nicht jede der betroffenen Personen erkennt jedoch darin ein Wesen, auch berichten nicht alle Experiencer davon, Licht wahrgenommen zu haben. So unterschiedlich die Schilderungen im einzelnen aber sein mögen, in einer Hinsicht sind sich praktisch alle Personen einig: Die Gefühle, die sie in der Nähe des Lichtwesens hatten, waren unbeschreiblich schön, es fällt schwer, sie in geeignete Worte zu fassen. Schließlich aber lassen die Schilderungen eines erkennen: Die Begegnung mit dem Lichtwesen markiert den Höhepunkt der Nahtoderfahrung.

Dorothea Rau-Lembke nahm „ein sehr mildes und helles Licht, aber keine Helligkeit, die blendet" wahr. Weiter erinnert sie sich:

„*Es war auch ein sehr starkes Licht, aber in diesem Licht zu sein, bedeutete für mich totales Glück, umfassendes Wissen und Liebe für andere und zu mir selbst. Diesem Licht konnte man sich gänzlich übergeben, ich konnte von allem Bisherigen absehen, ohne dabei etwas zu verlieren, und es bedeutete für mich das Aufheben aller Gegensätze, letztlich ganz tiefes Glück, gemischt mit Freude. Dieses Licht hat für mich auch so etwas wie eine fremde Macht dargestellt. Ich hatte das Empfinden, daß ich dieses Licht sehr gut kenne und daß ich auch ein Stück von diesem Licht selbst bin.*"[42]

Göran Grips Beschreibung verleiht dem Lichtwesen eindeutig persönliche Charakterzüge:

„*Meine letzte Erinnerung ist die größte und wichtigste. Ich war an einem Ort, an dem alles um mich herum Licht war – so etwas wie Wolken und dennoch keine Wolken wie man sie von einem Flugzeug aus sieht. Ich stand in der Kurve einer Straße aus Licht die zu etwas in weiter Entfernung führte, was sich nicht einfach so beschreiben läßt. (...)*

...ein Lichtwesen, eher eine Gegenwart als jemand sichtbarer, ein Licht in all dem Licht. Ich erkannte sofort, daß dieses Wesen durch mich hindurch sehen konnte und meine tiefsten Geheimnisse aufdecken konnte. Mein erster Gedanke war, mich zu verstecken, aber ich erkannte, daß das nicht möglich sein würde – und auch nicht nötig. Zwischen uns fühlte ich nun eine starke gegenseitige Liebe ohne Worte .... Ich wußte ohne jeden Zweifel, daß, was immer er in mir sehen würde, er mich verstehen, annehmen und lieben würde."[43]

Melanie Baldwin aus Houston betont die Helligkeit der Erscheinung:

„*Als ich weiterging, nahm ich ein helles – extrem weißes – Licht wahr. (...)Das Licht strahlte ein extremes Gefühl von Liebe aus, es war überwältigend. Ich kann sagen, daß ich dort schon einmal war, und ich war so glücklich, heimzukehren. Je näher ich kam, um so glücklicher war ich und um so mehr nahm ich es vorweg, zuhause zu sein. Das Wissen des Lichts kannte mich völlig. Die Kommunikation war gleichzeitig und Anteil nehmend. Es war ähnlich dem Gefühl, daheim anzukommen in seiner Straße oder Stadt, wenn man eine lange, lange Zeit weg war und man es nicht erwarten kann, ins Haus zu rennen und seine Familie und die Lieben zu sehen. Dieses Gefühl, nur stark verstärkt.*"[44]

Ganz ähnlich hat es Penny Drake aus Houston empfunden:

„*Solch ein Licht, heller als alles, was ich jemals gesehen habe. Ich kann nicht erklären, wie schön, kraftvoll und lebendig es sich anfühlte. Es fühlte sich wie pulsierende*

Farbstrahlen an, die so lebendig waren, daß ich manche Farben nie zuvor gesehen habe. Es hatte einen perlenartigen Glanz über allem, der von der Mitte nach außen strahlte.

Das Licht erfüllte mich mit ruhigem Frieden und einem starken Gefühl von Liebe, ein Idealland, in dem mir nichts mehr irgend etwas anhaben konnte. Niemals vorher oder danach hatte ich das Gefühl von völliger Liebe und Wohlbefinden. Ich konnte fühlen, wie sich jede Zelle meines Körpers mit dem Licht der Liebe füllte. "[45]

Auch David Lehning berichtet vom Gefühl wunderbarer Liebe:

„Ich fuhr fort, mich in einem Gefühl des Gedrehtwerdens zu bewegen und fand mich in der Gegenwart von etwas, das man am besten als einen Lichtstrudel beschreiben kann, vor. ...Dort war ein bestimmtes Gefühl universeller Liebe, die von wunderbarster und kraftvollster Natur war, anders als alles, was ich bisher gefühlt habe."

Zwiespältig waren die Eindrücke von Mary aus Virginia:

„Ich sah etwas, das wie ein Regenbogen aussah und ich fühlte mich wie in der Gegenwart Gottes...ich fühlte sowohl Angst als auch Liebe...Angst, denke ich, vor dem Unbekannten, und Liebe für das Licht, die Freiheit und die Gegenwart, die ich erlebte. Einen Moment schien ich zu fühlen, was es bedeuten würde, wie Gott zu sein!"

Nicht immer wird das Gegenüber als Wesen aus Licht beschrieben. Anne aus Corinth schreibt:

„Ich kam aus der Dunkelheit an einen 'Ort', der in keiner Weise definierbar war – keine Substanzen, kein Licht (obgleich es auch nicht dunkel war), keine Grenzen, doch zusammengesetzt aus der kraftvollsten und doch ruhigen Energie, die vorstellbar ist. Verbunden mit dieser Energie war eine ungeheuer umfassende Liebe und Ruhe. Ich wußte, daß ich endgültig nach Hause gekommen war, und daß ich in Gottes Gegenwart war, und ich freute mich über meine neue Lage."

Audrey hatte als Kind eine Nahtoderfahrung. Fast sechzig Jahre später sind ihre Erinnerungen nach wie vor lebendig:

„Ich erinnere mich nicht, direkt jemand gesehen zu haben, aber ich fühlte die Gegenwart. Alles andere verblaßte im Vergleich zu dieser Gegenwart. Es war nicht, als versuchte diese, besser oder heller zu sein, sie war es ganz einfach. Ein Gefühl völliger Liebe, völliger Zufriedenheit und totaler Vollkommenheit. Die Liebe, die ich fühlte schien aus diesem Wesen auszuströmen und mich zu umgeben. ...Dieses Wesen wußte alles, was ich je gefühlt, gedacht oder getan habe und liebte mich gleichwohl. Es gab keinen Grund, mich zu verteidigen, irgendetwas zu verstecken, zu erklären oder etwas zu sein, das ich nicht war. Welch wunderbares Gefühl war das, und ist es immer noch.

Eine andere Beobachtung war, daß dieses Wesen nichts von mir oder irgend jemand anderen brauchte. Dieses Wesen brauchte weder meine Gebete, noch meine Treue, mein Geld, mein Lob noch irgend etwas das ich hatte. Meine Beziehung war, daß ich angenommen wurde, so wie ich war und daß ich immer noch ich bleiben konnte. Das war nicht, wie sich vor einem höheren Wesen zu verbeugen."

Audreys letzten Gedanken würde auch Phyllis Atwater bestätigen. Ihre Begegnung trägt darüber hinaus deutliche religiöse Züge:

„Das nächste an das ich mich erinnern kann, war, daß mir Jesus erschien. Ich meine wirklich Jesus Christus! Es bestand weder der Wunsch noch die Notwendigkeit, ihn anzubeten oder auf die Knie zu fallen..."[46]

Betty Eadie kommt zu einem ähnlichen Ergebnis:

„Es war die bedingungsloseste Liebe, die ich jemals gespürt habe, und als ich sah, daß sich seine Arme öffneten um mich aufzunehmen, ging ich zu ihm und erhielt seine völlige Umarmung, und ich sagte immer wieder: `Ich bin zuhause. Ich bin zuhause. Ich bin endlich zuhause'. ... Es war gar keine Frag, wer er war. Ich wußte, daß es mein Erlöser, Freund und Gott war. Er war Jesus Christus, der mich immer geliebt hatte, auch wenn ich dachte, daß er mich gehaßt hätte. Er war das Leben selbst, die Liebe selbst und seine Liebe gab mir eine Fülle von Freude, bis zum Überlaufen. Ich wußte, daß ich ihn von Anfang an gekannt habe, lange vor meinem Erdenleben, denn mein Geist erinnerte sich an ihn."[47]

An äußeren Merkmalen hat sich Helen Bakkensen orientiert:

„Ich habe Jesus gesehen. Ich habe ihn am Gesicht und der Kleidung erkannt. Er hatte schlichtes langes, dunkles Haar, lohfarbene Haut. Er war viel kleiner als ich und hatte freundliche Augen. Er blickte in meine Seele und schien zufrieden. Ich habe Jesu wahre Anwesenheit einige Male gefühlt – eine freundliche, liebende, hilfreiche Person."

Sally Leighton aus Illinois glaubt, den Gott des Alten Testaments erkannt zu haben:

„Ich war in der Gegenwart des Heiligen, und ich wußte in einer blendenden Erleuchtung, warum Gott von jedem alles fordern konnte, so absurd mir das `alles' auch vorkam.

Es gab für mich keinen Zweifel, daß dies der Gott Abrahams, Isaaks und Moses war, der Gott, der die Anklage Hiobs überwältigte."[48]

Bei ihrer Begegnung wurde Norma aus Missouri Hilfe angekündigt:

„Kurz bevor ich meine Augen öffnete, etwas (zumindest für mich) ungewöhnliches geschah. Ich sah das Gesicht Christi in strahlendes Sonnenlicht gebadet und Er lächelte mich an. Ich hörte, jedoch nicht in Worten, daß ich nicht allein sein würde,

daß meine Begleiter immer bei mir sein würden. Sie würden mich leiten. Sie würden mich unterstützen. Ich hätte nur zu fragen."

Eduard aus Texas schildert ausführlich, wen er angetroffen hat:

„Nach einer Weile (die Zeit stand still) konnte ich überall um mich herum Lichtwesen spüren. Als ich genauer in die Versammlung der Wesen schaute, kam eines hervor. Dieser Engel aus Licht wurde klarer, als er näher kam. Dort, vor mir stehend, seine rechte Hand ausstreckend und mich herbeiwinkend war der Jesus, zu dem ich als Kind gebetet habe, dem ich als Ministrant gedient hatte und den ich als junger Student bezweifelt hatte. Dieses Wesen stand da vor mir, streckte sich aus mit einem Grinsen, einem Lächeln, eine Erscheinung von völliger Herrlichkeit und Anmut. Seine Augen strömten Liebe, herrliche kraftvolle Liebe in mein Wesen. Mit seiner linken Hand zeigte er hinter sich....

Als ich gehorchte, sah ich eine noch herrlichere Person, ein Wesen das auf einer Erhebung in einem Sessel oder auf einem Thron saß. Dieser edle, schöne Mann strahlte Herrlichkeit aus – mit einem wundervollen flatternden weißen Bart, einem phantastischen Lächeln und herrlichen, liebenden Augen. Dort war dieser nikolausartige Großvater. Gottväterlich schaute Gott-Vater selbst in meine Augen und winkte mit seiner rechten Hand, herzukommen. Er befahl und winkte mir, herbeizukommen..."[49]

Weniger fröhlich ist die Botschaft, die Gabriel Santiago aus Houston gehört haben will:

„Jesus ging weiter auf mich zu, mit jedem Schritt kam er näher. Aus der Nähe konnte ich sein Gesicht klarer sehen, und zu meinem großen Unglauben weinte er. ... Ich konnte sein Gesicht noch deutlicher sehen. Es hatte das Aussehen eines weißen Steins. Ungeachtet seiner felsigen Erscheinung bewegte sich sein Gesicht. ... Tränen rollten endlos über sein Gesicht, sein Schluchzen erschütterte seinen ganzen Körper während er langsam seine Hand erhob, um sein schmerzverzerrtes Gesicht zu bedecken. Alles von ihm war hell erleuchtet, es schien als ob Lichtfunken aus ihm hervorsprühten. Wellen von ungeheuerem Mitleid gingen durch mich ...

Ich dachte: `Warum weint der König des Universums?´ Ich war verloren in meiner Verwirrung. Inmitten all der Tränen, schaute er in meine Augen und wie durch Gedankenübertragung sagte er: `Meine Kinder, ihre Taten und ihre Wahl läßt ihnen keine Aussicht auf den Himmel [im Original Großschrift]´."[50]

Nicht alle Personen sind sich in ihrer Beschreibung so sicher wie die zuletzt zu Wort gekommenen Experiencer. Viele reagieren mit Zurückhaltung oder beschreiben nur die äußere Erscheinung des angetroffenen Wesens. Selbst dann findet sich oft eine Ähnlichkeit mit religiösen Gestalten:

„Ich sah eine Wiese mit vielen bunten Blumen und eine herausragende Gestalt mit langem schwarzen Bart und schwarzen Haaren, sowie Kinder, die er an der Hand hielt...Er trug ein weißes Gewand mit einer Kordel um die Taille."

Porfirio Acosta erhielt kurzen, aber trostreichen Zuspruch:

„...ein Gesicht näherte sich mir von links aus einem Bogen. Das Gesicht hatte alle menschlichen Züge wie Augen, Ohren und eine Nase, aber keine Haare. Das Gesicht verkörperte zwei Dinge, die ich respektieren mußte, wie ich als Kind aufwuchs: Alter und Weisheit. Ich wußte, daß das Gesicht männlichen Geschlechts war und große Autorität repräsentierte. Als das Gesicht vor mir schwebte mit einer Ausstrahlung größer Autorität, wurde mir diese eine und einzige Botschaft gedanklich übertragen: `Du bist nicht allein.´"[51]

Elaine aus Indianapolis gibt zu bedenken:

„Ich habe Gott getroffen. Er hat mich erkannt und mit mir gesprochen. Ich wußte sofort, wer er war. ...Gott war ein Wesen aus Licht. Ich weiß nicht ob es religiös war oder nicht. Dort gibt es keine Religion. Nur Klarheit und Licht.... Wir sehen, wen wir als Gott anerkennen."

Die Erscheinung, die Vincent angetroffen hat, weist dagegen eindeutig menschliche Züge auf, mehr noch:

„Eine nebenstehende Gestalt beobachtete meine Reaktionen. Biblisch in der Erscheinung, ein Erdenalter von etwa Mitte-Fünfzig, seine Erscheinung war großartig: Gewand, Hände, Gesicht, sauber gestutzter Bart – all dies erleuchtet von einem blendenden Weiß, das zwanzigmal leuchtender war als unsere Sonne. Instinktiv hob ich eine Hand als Schutzschild, doch mein Verstand erhielt schnell die Versicherung, daß das Sehen an diesem Ort nicht mit irdischen Augen, sondern mit unzugänglichen nichtphysischen Augen geschah. Wunder über Wunder!"[52]

Margaret Sauro aus Cranston hatte als Fünfjährige eine Nahtoderfahrung. Sie erinnert sich noch heute:

„Ich blickte auf und sah eine wundervolle junge Frau, sie hatte helles, blondes Haar, welches sie in einem Haarknoten hatte, und sie trug eine weiße Toga. Sie blickte geradeaus, während wir weiter spazierten. Der prachtvolle Duft der Blumen erfüllte die Luft, als ich bemerkte, daß die Blumen, die beiderseits den Fußweg säumten unsere Köpfe überragten. Der Duft wurde so überwältigend, daß ich zu ihr aufblickte und fragte: `Sind diese Blumen echt?´ Ich konnte die Muskeln an ihrem Hals sich bewegen sehen, während sie sich sehr bemühte, nicht zu lachen. Dann blickte sie lächelnd zu mir herab und sagte: `Ja, das sind sie.´"

Magaret hat später versucht, die junge Frau, der sie begegnet war, zu zeichnen. Das Bild, das hier auf Seite 54 zu sehen ist, hat sie ihrem Arzt geschenkt, der es daraufhin in seiner Praxis aufgehängt hat. Etwa zehn Tage später meldete er sich telefonisch bei Margaret:

„Margaret, etwas sehr ungewöhnliches geschah gestern mit Deinem Bild. Ein neuer weiblicher Patient kam in meine Praxis, sie sah Dein Bild und betrachtete es für einige Zeit ganz gespannt. Sie schaute zu mir und sagte, während sie auf das Bild zeigte: 'Ich weiß, wo das ist. Ich war dort.'"

Während Margaret die angetroffene Gestalt für eine junge Frau gehalten hat, hat die Patientin die Erscheinung eines männlichen Wesens in Erinnerung behalten.

Die hier zu Wort gekommenen Personen stammen meist aus Europa oder den USA. Ihre Beschreibung des Lichtwesens erinnert manchmal an Gestalten, die im christlichen und jüdischen Glauben beheimatet sind. Aus anderen Ländern und Kulturkreisen wurden jedoch auch andere Beschreibungen bekannt. So wurden in Untersuchungen indischer Nahtoderfahrungen festgestellt, daß dort vorwiegend religiöse Gestalten aufgetreten sind, während aus China Begegnungen mit einem Boten berichtet wurden, der dann die Rückkehr ins hiesige Leben anordnete. Bob Manrodt aus Pennsylvania benutzt den Ausdruck *Mandala*, um das Lichtwesen zu beschreiben. Dieser Begriff meint im tibetischen Buddhismus ein Bild aus Kreisen oder Vielecken, die der Meditation dienen sollen. Bob schreibt:

„Meine Nahtod-Begegnung mit einem Wesen, das ich Weisheit, Herz oder Gegenwart nennen würde befindet sich in der Mitte des Mandalas meiner Wirklichkeit. Dieses Mandala ist, wie die Tibeter erzählen, vieldimensional und vielfach miteinander verbunden. Obwohl alles als recht klar und bedeutend erlebt wird, ist alles davon täuschend und leer. Im wesentlichen gibt es dort keine objektive Wirklichkeit."

Nicht nur bei der Beschreibung des Lichtwesens, sondern auch bei anderen Äußerlichkeiten gibt es Unterschiede in den Schilderungen. Dies betrifft beispielsweise die Bekleidung der jeweils angetroffenen Personen und Wesen, daneben auch die Architektur der vorgefundenen Umgebung. Auf den ersten Blick scheint es, als hätte der persönliche Lebenshintergrund einen gewissen Einfluß auf die Wahrnehmung bei Nahtod-Erlebnissen.

Nicht alle Beschreibungen weisen jedoch eine religiöse Komponente auf. Die Schilderung des Lichtwesens und der Gefühle während der Begegnung mit ihm sind vielfach ganz „neutral" gehalten. Die betroffenen Personen könnten damit in jedem Kulturkreis mit Verständnis rechnen.

Abb.1: *Zeichnung von Margaret Sauro*

Lebensrückschau und besondere Wahrnehmungen

Nahtoderfahrungen sind ungewöhnliche Ereignisse – was die betroffenen Menschen erleben, hebt sich meist deutlich vom alltäglichen Geschehen ab. Einzigartig und zauberhaft erscheinen die Berichte aus der uns fremden Welt. Manche der geschilderten Begebenheiten scheinen dennoch Ähnlichkeiten mit dem gewohnten Leben zu haben: Dazu zählt beispielsweise das Zusammentreffen mit anderen Personen und Wesen, oder die Beobachtung selbst ungewohnter Umgebung. Auch die dabei empfundenen Gefühle lassen sich mit unserem alltäglichen Erleben vergleichen. Dies gilt für angenehme wie für negative Erfahrungen in gleicher Weise.

Neben diesen, eher vertrauten Wahrnehmungen gibt es eine Reihe anderer Beobachtungen, die im Alltag kaum ein Gegenstück finden. Mit etwas Mühe lassen sich diese Erfahrungen erst nachvollziehen, und es scheint als ob sie dadurch noch mehr an Faszination erhielten. Ein viel erwähntes Ereignis ist der Rückblick auf das bisherige Leben. Bill Bingham schreibt:

„Nach einigen Minuten im Licht und nach heftigem, herrlichem Gefühl ließ sich mein Wesen in einem Zustand völliger Wonne nieder. Dann sah ich meine Lebensgeschichte vorbeiziehen. Mein Gefühlszustand war nun einer von bedingungsloser Liebe."[53]

Ähnlich hat es auch Pat Clark in Erinnerung behalten:

„Die Szenen aus meinem Leben blitzten vor mir auf, Szene um Szene, Ereignis um Ereignis schlüpfte vor mir vorbei. Es war, wie einen Film ohne Projektor und Leinwand anzusehen."

Quincia Clay aus Houston hatte einen Autounfall. Sie berichtet, mehr als nur Einblicke in die Vergangenheit erhalten zu haben:

„Dann lief mein Leben vor mir ab, als ob ich mein Leben auf einem himmlischen Panorama-Bildschirm sehen würde. Ich sah mich als Kind krabbeln, wie ich jünger als ein Jahr war, dann als Kleinkind und so weiter. Danach die Geburt meiner Kinder, der Verlust meines Mannes, bis zum gegenwärtigen Augenblick als sich der Unfall ereignete. Dann sah ich den Kummer im Gesicht meines Verlobten, nachdem man ihm von meinem Unfall erzählt hatte. Ich sah auch den Kummer meiner Mutter, ich sah ihn ganz genau, als ihr gesagt wurde, ich sei getötet worden, doch das war nichts im Vergleich zu dem Frieden den ich gefühlt habe. Bis ich den Schmerz meiner vier Babies gesehen und gefühlt habe, wie sie in einer Eßecke gesessen hatten, nachdem sie von einem Nachbarn gesagt bekommen hatten, daß sie nun auch ohne Mutter wären. Ich konnte gerade ihren Schmerz sehen."[54]

Bei Quincia endet das Erlebnis mit dem Lebensrückblick. Meist findet er aber inmitten einer Erfahrung statt. Bei Shirley aus Virginia steht er jedoch ganz am Anfang der Begegnung.

„Bevor ich auf der Wand aufschlug, sah ich mein Leben vor meinen Augen und mein Engel hob mich aus dem Wagen."

Bogomir aus Slowenien erinnert sich an eine bestimmte Szene:

„Der Schmerz bewegte sich durch meinen Körper nach oben. Gleichzeitig wurde er immer schwächer und langsam ging er in ein Wohlgefühl über, zuerst ganz sanft, aber in Annäherung an meinen Kopf wurde er immer stärker. Als es den Kern meines Kopfes erreichte, sah ich meinen `Lebensfilm'. Ich kann nicht sagen, wie lang dieser Film genau war, jedoch kann ich sagen daß einzelne Abschnitte sehr schnell vorbeihuschten. In diesem Lebensrückblick befand sich auch ein Bild, das ich selbst heute noch nicht verstehen kann. Es war ein Bild, auf dem ich in den Bergen war, eine steile schräge Felswand hinaufsteigend, mit all dem Bergsteigerzeug (Steigseil, Stiefel, Helm,...). Das beschriebene Bild hat keine Verbindung zu meinem vorherigen Leben. Bis heute bin ich niemals in dieser Weise auf Berge geklettert. Die anderen Abschnitte jedoch waren Bilder aus meinem früheren Leben. Danach starb ich."

Manche Experiencer haben Probleme, sich zu erinnern. Diane aus Kalifornien sagt:

„Es geschah so schnell während des NTE, aber es ist mir über Jahre hinweg während Meditationen stückchenweise wiedergekommen. Eindrücke blitzen durch mein Bewußtsein."

Zu den Erinnerungen an das vergangene Leben, die mehr oder weniger lebendig erscheinen, tritt in manchen Fällen eine bemerkenswerte Eigenschaft hinzu: Die beleuchteten Handlungen werden einer moralischen Bewertung unterzogen. Vielfach schließt dieser Prozeß die Gefühle der jeweils betroffenen Mitmenschen mit ein. Göran Grip war dabei in Begleitung des Lichtwesens:

„Zusammen mit ihm ging ich durch mein ganzes fünf Jahre altes Leben, Ereignis für Ereignis. Aber das war nicht, wie ein Video mit hoher Geschwindigkeit anzusehen. Ich erlebte noch einmal, was geschehen war und gleichzeitig sah ich es als Zuschauer mit ihm. Das meiste war über mich und meinen Bruder, auf den ich sehr eifersüchtig war. ... Die Betonung lag nicht darauf, wer Schuld hatte oder wer angefangen hat. Statt dessen lag meine Aufmerksamkeit auf unserem Austausch an Gefühlen. Wieder erlebte ich meine Einsamkeit und Eifersucht. Wenn ich ihn schlug fühlte ich meinen Triumph und wenn ich ihn weinen sah, meine Bosheit. Und wenn ich gelegentlich freundlich zu ihm war, fühlte ich meine widerwillige Freude, ihn glücklich zu sehen. Doch ich erlebte auch seine Gefühle. Und das war nicht nur ein grundsätzliches Verstehen. Ich erlebte direkt, wie es war, er zu sein, mich als großen

Bruder zu haben. ... Ich erlebte seine Gefühle so klar wie meine eigenen. Auf diese Weise war dies eine starke und harte Lehre über die Folgen meiner eigenen Taten. Es ist schwierig und schmerzlich, sich und seine Taten zu sehen, so wie man ist. (...)Nachdem ich nun durch alles gegangen war, was ich meinem Bruder getan habe, war ich in einer Situation, in der es mir möglich war, zu sehen, was in meinen Taten gut, und was schlecht war. "55

Guy aus Holland erinnert sich nur vage:

„Ich habe keinen vollständigen Blick auf meine Leben erfahren. Erst jetzt habe ich Rückblendungen auf das, was ich falsch gemacht hatte und wo ich glaube, daß ich mir selbst ein Urteil ausgestellt habe."

Phyllis Atwater will die ganze Tragweite ihres Handelns erfahren haben:

„In diesem Moment des Friedens, der Einheit und Verzückung brach plötzlich eine Wunde in mir auf. Sie entsprang innen und explodierte an der Oberfläche. Aus dieser Wunde entstand mein Lebensrückblick von der Geburt bis zum Tod. Allerdings war es nicht wie in einem Kino, so als würde man sein eigenes Leben noch einmal mit den Augen sehen. Für mich war es ein neues Erleben, und es war ein Neuerleben eines jeden Gedankens, den ich jemals gedacht, von jedem Wort, das ich irgendwann seit meiner Geburt einmal gesprochen, und von jeder Tat, die ich irgendwann einmal ausgeführt hatte. Gleichzeitig spürte ich die Folgen all meiner Taten für alle Menschen, die jemals in meiner Umgebung waren, ob ich ihnen nun begegnet bin oder nicht. Ich erlebte auch die Auswirkungen meiner Taten für Luft, Erde, Wasser und die Pflanzen. "56

Elaine aus Indiana vermutet eine Absicht:

„Ich sah eine kurze Rückschau auf manches von meinem Verhalten. Ich sah, wie ich einmal etwas genommen hatte, was mir nicht gehört hat, wie das eine schlechte Auswirkung auf jemand anderen hatte. Ich war noch ein Kind, als es geschah, und doch wurde mir dies zur Belehrung gezeigt."

Ganz deutlich beschreibt Vincent, wie sich ihm sein bisheriges Leben offenbart hat.

„Auf einem endlosen Tisch lag ein Buch von der Größe einer Zeitungsseite. Das war das legendäre Buch der Aufzeichnungen, das für jede Seele existiert. Es wird gesagt, daß in jedem Buch alle Gedanken der Seele aufgezeichnet sind, jedes Wort und jede Tat der Seele von ihrem Uranfang und von allen Existenzen in dieser und in anderen Welten. Die Seiten meines Buches breiteten sich schnell von selbst aus, der normalen Richtung entgegengesetzt, um jedes Detail meines gesamten Lebens der zeitlichen Folge nach in dreidimensionalen, lebendigen Farben zu offenbaren. Das faszinierte mich, obwohl ich ein halbes Jahrhundert langes Leben in kaum zehn Se-

kunden vergleichbarer irdischer Zeit beobachtete und aufnahm. Meine Nachlässigkeiten wurden durch den Rückblick enttäuschend offensichtlich; noch erschreckender jedoch war die Erkenntnis, daß ich mein Ziel des irdischen Lebens nicht erreicht hatte."[57]

Sandra Rogers Erfahrung reiht sich in die eben genannten Schilderungen ein:

„Als ich in der Gegenwart dieses Lichts war wurde mir ein Rückblick auf mein Leben und alle Ereignisse die mich zu diesem Punkt brachten gezeigt. Ich war fasziniert, als ich mein Leben ablaufen sah, daß ich nicht nur meiner eigenen Gefühle bewußt war, sondern auch der Gefühle um mich herum sowie jener, deren Leben berührt war. Ich erfuhr deren Schmerz oder Freude und verstand, was ihre Taten gegenüber mir und anderen bewegte."[58]

Mit den Taten längst vergangener Zeiten konfrontiert zu werden, und dabei auch die Gefühle betroffener Mitmenschen erfahren zu müssen, scheint eine heikle Angelegenheit zu sein. Der geschilderte Einblick in die Güte und die Folgen früherer Taten führt denn auch selten zu einer Verurteilung des Experiencers. Statt dessen ist vielfach von erlangter Einsicht und Gefühlen der Schuldgefühle die Rede. Joseph McMoneagle bestätigt dies:

„Es war ein schreckliches Gefühl, so zu sehen wie ich gegenüber dem Licht dastand. Doch ... da war keine Verurteilung oder eine Bewertung für irgendeine meiner vergangenen Taten. Es war eher eine Erlaubnis, eine Befähigung. Es erlaubte mir, die unaufrichtigen Bereiche meiner selbst klar zu sehen, diese Augenblicke der verlorenen Konzentration oder der Unaufmerksamkeit. Diese waren, aus meiner damaligen Sicht, häufiger, als sie sein hätten sollen."

Dorothea Rau-Lemke hat sich dabei selbst verziehen:

„Besonders habe ich soziale Situationen erlebt, Vorfälle, bei denen ich anderen Übles angetan hatte. Normalerweise hätte ich mich für diese Vorfälle geschämt, aber in der Situation dieses Lebenspanoramas habe ich mich nicht geschämt, sondern ich habe mich selbst verstanden und mich liebevoll angenommen. Dann habe ich Situationen erlebt, in denen mir andere Übles angetan haben, und dadurch habe ich diese Menschen verstanden, und zwar besser und tiefer als ich dazu je auf der Erde in der Lage gewesen wäre."[59]

Kein Rückblick, sondern ein Gespräch war es bei Paul Carr aus Washington:

„Wir hatten so etwas wie eine Unterhaltung; es war nicht verurteilend oder vergeltend – nur ein Rückblick."

Von der Wahrnehmung fremder Gedanken und Gefühle wird nicht nur während der Lebensrückschau berichtet: Schon beim Verlassen des Körpers, so berichten einige

Personen, hätten sie die Gedanken der umstehenden Menschen wahrnehmen können. Während der weiteren Stationen der Nahtoderfahrung scheint die Verständigung über Gedanken schließlich der Normalfall zu werden. Dorothea erinnert sich:

„Die Kommunikation mit den Gestalten geschah ohne Worte, es war so, als wäre ein Gedanke der Gedanke aller."

Eine Frau aus Holland versucht, die Situation zu erklären:

„Es gibt dort ein unmittelbares Verstehen ohne Worte, weil es `dort' nicht die Beschränkungen von Zeit und Raum gibt, wie `hier'. Man kann sich zur gleichen Zeit mit jedem und allem unterhalten, es gibt keine Loyalitätsprobleme wie hier, wo man zu einem Zeitpunkt nur eine Sache erledigen kann, und andere sich vernachlässigt fühlen könnten."

John Wintek aus Kentucky ergänzt:

„Alle Unterhaltung muß auf einer rein geistigen Ebene stattgefunden haben, weil ich mir dessen bewußt war und verstehen konnte; doch wurde keine Sprache gesprochen."[60]

Eine noch weitreichendere Art von Wahrnehmung und Erfahrung wird von Personen geschildert, die sich in „kosmischer Verbundenheit" glaubten oder das Gefühl hatten, unbegrenzte Erkenntnis- und Wissensmöglichkeiten zu haben. Ein Bericht aus den Niederlanden erklärt dazu:

„Ich erlebte eine Verbundenheit mit allem Lebendigen (menschlichen Wesen, Tieren, Pflanzen, Gott, mir selbst) in perfekter Harmonie und Frieden. Diese `Solidarität' werde ich nie aufgeben. Wir müssen füreinander sorgen, aber diese Einstellung weckt oft eine Verwirrung bei meinen Mitmenschen. Sie halten mich für `zu gut'. Sie können damit nicht umgehen."

Bei Phyllis Atwater erstreckt sich das Gefühl der Verbundenheit auch auf Vergangenheit und Zukunft:

„Ich war einer von den Milliarden, Billionen von Funken, die wahrscheinlich alles Menschen waren. Es waren dort so viele von uns, daß ich mich wie zu Hause fühlte, daß ich fast Ekstase verspürte, auf jeden Fall den höchsten Frieden, die friedvollste Zusammengehörigkeit und Einheit. Denn in diesem Moment wußte ich, daß ich eins bin mit all dem, was jemals war, was ist und was jemals sein wird."[61]

Für Beverly aus Philadelphia kamen die Antworten einem Wiedererinnern gleich:

„...Ich bekam alle Antworten, die ich wollte. Ich sah, daß es einen Plan gab, und alle Dinge einen Grund haben und daß wir alle so geliebt werden wie wir sind. Danach erreichte ich einen Punkt, an dem ich keine Fragen mehr hatte, weil ich irgendwie

den gesamten Plan kannte. Es war wie ein Erinnern; meine Seele hatte diese Weisheit vergessen."

Chris Carson berichtet darüber hinaus von angenehmen Gefühlen:

„Ich hatte so ein Gefühl von Allwissenheit...Ich fühlte, daß alles richtig war – so wie es sein sollte. Da gab es für alles einen Sinn. Ich fühlte das Wissen und, flüchtig, so glaube ich habe ich Göttlichkeit erblickt. Dort war absolutes Verständnis, absolute Liebe, völliger Friede."[62]

Norma aus Saint Louis ringt um eine passende Beschreibung:

„Ich war mit Wissen gespeist, alles, was man wissen, verstehen, denken kann. Ich wußte und war gänzlich Wahrheit und Schönheit. Ich war reine, ewige Liebe. Ich war eins mit Allem-was-ist und ich war Alles-was-ist. Es gibt keine Worte, um dieses Erlebnis angemessen zu beschreiben. Es gibt nicht genügend Steigerungsmöglichkeiten, um diese Gesamtheit, Einheit, Harmonie, Schönheit und Reinheit von all diesem Wissen und dieser Liebe mitzuteilen."

Wie vielfach schon angeklungen ist, glauben manche Personen, Informationen über Vergangenheit und Zukunft erhalten zu haben. Vereinzelt berichten sie auch, bestimmte Ereignisse vorhergesehen zu haben.

Eine andere Wahrnehmung bezieht sich auf Dinge, die keine Gegenstände im üblichen Sinn darstellen und auch keine Auswirkung auf die Gefühlslage haben: Zahlen und geometrische Formen. Ihre Eigenschaft ist in der Mathematik genau festgelegt. Im Alltag sind sie kaum Gegenstand eines wie auch immer gearteten „Erlebens", anders verhält es sich bei der Begegnung mit dem Tod. Claire Applegate berichtet von merkwürdigen Vorkommnissen:

„Dann war ich war an einem neuen Ort, wo die allerschönsten schillernden geometrischen Formen wie Blasen glänzten. Ich war ganz gefesselt von diesen und instinktiv streckte ich meine Hände aus und zog sie in mich hinein. Wie sie in mich hinein und durch mich hindurch gegangen sind, war ich in völliger Wonne. Irgendwie wußte ich, daß diese Formen die Weisheit und die Liebe des Universums enthielten."[63]

Carol Burke aus Texas berichtet von Zahlen, die Träger einer Botschaft waren:

„...zwei Zahlen, die normalerweise auf Nummernschildern oder auf der Uhr sind, schnellten ziemlich in die Höhe und sagten mir, geistige Wesen seien auf eine Weise bei mir, wie es keine Mensch auf Erden sein könnte."

Über die Gefühle nach dem Verlassen des Körpers schreibt Stefan von Jankovich:

„Alles ist Schwingung. Wahrnehmung von harmonischen Farben, Formen, Tönen."

Eine letzte Gruppe von Beobachtungen, die inhaltlich besonders außergewöhnlich sind, stellen Ereignisse dar, die eine ethische oder eine religiöse Richtung einschlagen. Zunächst berichtet Joel aus Vermont von einem Geschehen, das deutliche moralische Forderungen aufweist:

„Ich bekam einen Rückblick auf die Erd- und Menschheitsgeschichte gezeigt. Ich sah viele Kriege und Konflikte, primitive Krieger, versessen darauf, sich gegenseitig zu zerstören, viel Mann-zu-Mann-Kampf. Mir wurde die Nutzlosigkeit und Torheit von Kriegen gezeigt. Ich war dort bei jedem Krieg, als ein Beobachter von einer Stelle oberhalb jedes Konflikts."

Yolande Eck beschreibt ein Erlebnis, das mystisch und fremdartig anmutet. Im Hintergrund steht die Kreuzigung Jesu, eine der bedeutsamsten Stationen christlichen Glaubens:

„Ich war auf Golgotha, und zwar auf der Ebene des Herzens. Das bedeutet, daß ich mich in der Liebesalchemie des Herzens befand, die sich bei der Kreuzigung vollzog. Ich sah, wie Christus die gesamte Vergangenheit der Menschen in sich trug, so als wollte er die ganze Welt von den Dummheiten der Menschen reinigen. Er legte in jeden Menschen einen Liebessamen hinein. So verstand ich das Eine in dem All und das All in dem Einen. Mit Worten kann ich das nicht erklären. Ich sah also, daß Christus die Vergangenheit reinigte und jeden Menschen individuell liebte."[64]

Die Rückkehr und das Leben danach

Alle Nahtoderfahrungen erreichen irgendwann den Punkt, an dem der Besucher wieder in seinen Körper zurückkehrt. Die Art und Weise, wie dies geschieht ist freilich unterschiedlich: Manche Experiencer wünschen selbst, wieder ins gewohnte Leben einzutreten, andere weigern sich strikt, jenen angenehmen Ort zu verlassen, den sie gerade erst kennengelernt haben. In manchen Fällen fordert das Lichtwesen zur Rückkehr auf, hin und wieder geschieht dies auch durch die angetroffenen Verwandten oder durch andere Gestalten. Bob Manrodt erinnert sich:

„Das Wesen sagte mir, es sei noch nicht Zeit zu gehen (also zu sterben) und ich solle zur Erde zurückkehren."

Auch bei Joseph McMoneagle war es das Licht, aus dem die Anordnung der Rückkehr erfolgte:

„Die Stimme im Licht sprach in meine Gedanken: `Gehe zurück. Du wirst nicht sterben'. Ich hatte Einwände dagegen. Es war so überaus angenehm und in guten Umständen in meinem neuen Bewußtseinszustand, so daß ich mich am liebsten selbst in das Licht eingebettet hätte und für den Rest der Ewigkeit einfach dort geblieben

wäre. Genau dort, in der Gemeinschaft des Lichts, war es, wo ich sein wollte. Aber das war nicht der Fall."

Shirley Ann Underwood aus Virginia gab selbst Gründe an, weswegen sie noch einmal in das gewohnte Leben treten müßte:

„Als das Lichtwesen und mein Engel mich fragten, ob ich bereit sei, zurückzukehren, sagte ich ihnen, ich wäre bereit, und daß ich mich noch um einige unerledigte Angelegenheiten kümmern müsse."

Ganz und gar unerbittlich war dagegen der Ton, den Virginia aus Michigan noch heute in Erinnerung hat:

„...und ich hörte Gott, wie er mir mit zwei Worten befahl: `GEHE ZURÜCK!´. Es war die befehlende Stimme eines Vaters, der sein Kind zurechtwies."

Manche Experiencer betrachten ihr weiteres Leben als einen Zeitraum, den sie nutzen müssen. Sie glauben, hierfür eine bestimmte Aufgabe oder einen Auftrag erhalten zu haben. Andere Personen haben einen Rat für die weitere Zukunft erhalten. Mehr noch als die angenehmen Erfahrungen in der neuen Welt wirken sich diese direkten Botschaften auf das nachfolgende Leben aus. Dorothea versucht ihr Gefühl in Worte zu fassen:

„Seither habe ich in mir das Gefühl, daß ich eine Aufgabe im Leben zu bewältigen habe. Vorher hatte ich nach dem Motto gelebt: Ich mache, was ich will, und alles bestimme ich. Aber diese Lebenshaltung ist mir in dem Licht kräftig abhanden gekommen. Seitdem hat das Leben für mich Aufgabencharakter, und ich weiß, daß es irgend etwas gibt, was größer und stärker ist als ich."[65]

Überrascht von ihrem Auftrag zeigt sich auch Yolande:

„Das Wesen sagte mir, daß ich eine Mission hätte und daß ich mit dieser Mission auf Erden noch nicht begonnen hätte. Das Wort Mission war zunächst sehr problematisch für mich, ich konnte damit überhaupt nichts anfangen. Aber es blieb mir nichts übrig, als zu gehorchen."[66]

Dagegen war die Anweisung, die Helen Bakkensen aus Oregon erhalten hat, recht eindeutig:

„Ich bekam von Jesus gesagt, ich sollte eine Zuflucht für Jugendliche einrichten."

Pat Clarks Erlebnis wurde im schönsten Augenblick jäh beendet:

„Gerade dann, als ich spürte, daß ich das Gefühl von völliger Liebe, Verständnis, Frieden und Ruhe gefunden hatte fühlte ich, daß mir gesagt wurde, zurückzukehren, weil noch Dinge zu erledigen waren.

Ganz plötzlich stieß ich zurück in den bereits verlassenen Körper zurück, plumpsend wie ein Fisch."

Das Vertrauen auf göttliches Wirken war es, was Elaine Holyoak mitgebracht hat:

„Ich dachte, der Rat war ziemlich speziell. Ich dachte, ich hätte einen Weg zu finden, um meine Kinder zu unterstützen. Gott sagte, ich solle Ihm vertrauen und Ihn sich um uns kümmern lassen."

Vom Gefühl der Verbundenheit war schon weiter oben die Rede. Bei Bill Taylor aus Clarksville folgten daraus die Regeln für den Umgang mit den Mitmenschen:

„Die Botschaft war, daß wir alle gleich sind. Als ob wir alle verbunden wären. Wenn irgend jemand einen anderen verletzt, fügt er in gewisser Weise jedem einen Schmerz zu. Wir müssen uns gegenseitig wie uns selbst behandeln. Denn jeder bezieht sich in geistiger Weise auf jemand anderen durch eine sehr starke Verbindung."

Phyllis Atwater, deren Nahtoderfahrung uns schon begegnet ist, will gar den Auftrag erhalten haben, über jedes ihrer insgesamt drei Erlebnisse jeweils ein Buch zu schreiben.

Die erhaltenen Anweisungen und Ratschläge beziehen sich allesamt auf das Leben nach der Rückkehr in den Körper. Dieses ändert sich nach Auskunft der Mehrzahl von Personen mit Nahtoderfahrungen nun ganz erheblich. Die kurze Begegnung mit einer anderen Welt hinterläßt deutliche Spuren. Es handelt sich dabei um eine der wichtigsten Kennzeichen für NTE. Die Nachwirkungen, die im Englischen als *aftereffects* bekannt gewordenen sind, beziehen sich auf verschiedene Bereiche des Lebens. Eine veränderte Einstellung zum Tod gilt oft als selbstverständlich, wie Dorothea bestätigt:

„Vor meiner Nahtoderfahrung wußte ich auf fast alle Fragen eine Antwort, hinterher kaum noch eine. Und stark abgenommen hat sicherlich meine Angst vor dem Tod!"

Guy aus Belgien ist sich sicher:

„Es gibt ein Leben nach dem Tod...Ich fürchte mich nicht mehr vor dem Übergang von einer Lebensform zur anderen. Ich glaube auch, daß wenn man das Glück, in die andere Welt zu gehen, hat, man dort ewig verbleibt. Das Leben geht nach dem Tod weiter."

Bill Bingham bestätigt:

„Ganz sicher wurde ich verwandelt. Ich hatte – und habe – keinen Zweifel, daß es ein höheres Bewußtsein gibt, daß zumindest mit dem Bewußtsein ewig ist, und daß der Tod nichts ist, vor dem man Angst haben müßte."[67]

Nicht den Schimmer eines Zweifels hat Bill Taylor:

„Es ist nicht mehr nur Glaube. Es ist Gott, den Himmel, das Paradies zu kennen. Wenn man stirbt, stirbt man nicht, sondern man geht an einen anderen Ort (Himmel)."

Die Veränderungen, die sich bei den verschiedenen Personen in Beruf und Familie bemerkbar machen, sind recht vielfältig. Meist liegt ihnen eine grundsätzliche Neubewertung des Lebens und seiner Ziele zugrunde. Sharon aus Houston berichtet von einer ganzen Reihe von Veränderungen:

„Mein Leben hat sich völlig geändert. Nach meinem Erlebnis habe ich entdeckt, daß ich zeichnen kann.... und seither bin ich ein Künstler, der in Handarbeit Kunstdecken herstellt. Ich kann fast alles zeichnen. Meine Blumen sind so groß wie in meinem Erlebnis, na ja, fast. Ich bin ein Laiengeistlicher geworden. Ich belüge, bestehle, betrüge und verletze niemanden mehr, ich habe mein Leben und meine Karriere völlig geändert. Ich habe mich von meinem schmähenden Mann scheiden lassen und meine Kinder aus einem schrecklichen Leben geholt und in eines gebracht, das wunderbar war."

Veränderungen betreffen auch ganz grundsätzliche Charaktereigenschaften, wie Bill bekennt:

„Ich war eine `denkende´ Person. Nun bin ich eine `fühlende´, mitleidigere Person."

Mary aus Virginia beschreibt, wie sie die Welt um sich herum auf einmal ganz anders wahrgenommen hat. Scheinbar alltägliche Eindrücke haben eine neue Bedeutung bekommen:

„Es gab eine Veränderung meiner Prioritäten von einem `Bewahren der Welt´ bis zu ihrem Auskosten hin. Als ich das erste Mal seit dem Krankenhaus nach draußen gehen konnte, erfuhr ich eine Intensität des Schauens und Fühlens. Das Gras schien wie Smaragde. Die frische Luft war euphorisch. Ich habe zu viel als selbstverständlich betrachtet."

Die veränderte Lebenseinstellung, die Anne McAvoy aus New York bei sich festgestellt hatte, hat bald zu einer Reihe neuer Gewohnheiten geführt:

„Meine Einstellung zu Leuten und der Welt im allgemeinen hat sich geändert. Nun mag ich wirklich die meisten Leute...ich habe mich aktiv für Politik zu interessieren begonnen....habe viel mehr gelesen...stellte weniger Ansprüche an das Leben; ich erfreute mich an vielen Dingen des Lebens, die ich zuvor nicht bemerkt habe... be-

gann, zur Kirche zu gehen, wenn auch nur gelegentlich...und manchmal fühle ich mich einfach näher bei Gott."

Wenn grundsätzliche Einstellungen im Leben einer Person sich ändern, dann hat dies nicht selten auch Auswirkungen auf die religiöse Haltung haben. Die tatsächlichen Konsequenzen sind von Experiencer zu Experiencer recht unterschiedlich. Guy meint:

„Ich glaube an nichts mehr von meiner religiösen Erziehung. Für mich ist nur mehr ein wichtiger Satz übriggeblieben: `GOTT EXISTIERT'. Das ist meine Wirklichkeit!"

Bill Binghams neue Sicht der Dinge paßt nicht mehr in die bisher gewohnte Auffassung von Religion und Glaube. Er schreibt:

„Obwohl meine Religiosität nicht zugenommen hat, ist mein Interesse an einem spirituellen Leben explodiert und ich habe viel mehr Zeit in Kirche und Tempel verbracht..."[68]

Bills Aktivitäten erstreckten sich dabei auf verschiedene Glaubensgemeinschaften. Daß es auf die Details nicht so sehr ankomme, meint auch Sharon:

„Ich glaube wirklich, daß es nicht darauf ankommt, welche Religion wir haben, solange wir glauben, daß es einen Gott gibt."

Cynthia Cooper aus Australien hält ihr Erlebnis für real. Sie glaubt aber, eine Bestätigung für ihre Sicht erhalten zu haben, nach der es einen jenseitigen Gott nicht gibt:

„Ich kam von meinem Erlebnis als Atheist zurück. Es ist ein sehr angenehmer Glaube für mich und ich bin glücklich damit. Da ist kein Gott."

Dagegen glaubt Marianne aus Lüdenscheid, auch nach ihrer Nahtoderfahrung die ständige Anwesenheit des Lichtwesens zu bemerken:

„Das Gefühl, seelisch allein zu sein, kenne ich nicht mehr. Seine Liebe spüre ich ständig."

Einen „`Saulus/Paulus Effekt'" erkennt Stefan von Jankovich in seiner Erfahrung mit dem Tod. Seither, so sagt er trage er eine „grundsätzliche philosophische-religiöse-tiefgläubige Einstellung" in sich.

Ein religiöses Erlebnis?

Nahtoderfahrungen sind eindrucksvolle Erlebnisse, die in unterschiedlicher Weise berichtet werden. So vielgestaltig und sonderbar sie auch manchmal sein mögen, so sehr zeigen sie aber auch die Übereinstimmung in vielen ihrer Inhalte und Gefühlseindrücke, doch vor allem: die erstaunlichen Auswirkungen auf das weitere Leben.

Am Ende unseres Überblicks über verschiedene Stationen des NTE fällt auf, daß manche Beschreibungen von persönlichen Hintergründen geprägt sind. Die „Färbung" der Nahtoderfahrung, von der schon eingangs die Rede war, macht sich in vielerlei Hinsicht bemerkbar: Bei der wahrgenommenen Landschaft und Architektur ebenso wie bei den sozialen Rollen der angetroffenen Personen. Die Kultur und die Umgebung in der ein Mensch lebt, scheint einen erheblichen Einfluß auf die Wahrnehmung beim NTE zu haben.

Ähnlich ist dies bei Beschreibungen, die oft merkliche religiöse Züge tragen. Besonders deutlich wird dies bei der Begegnung mit dem Lichtwesen und anderen Gestalten: Die Rede ist dann von Gott, Jesus, einem Boten oder von Engeln und geistigen Begleitern. Auch die Beschreibung der vorgefundenen Umgebung erinnert an religiöse Schilderungen: Das Durchgangsstadium gleicht einer Phase des Übergangs und der Läuterung, die vorgefundenen Landschaft erinnert meist an ein jenseitiges Paradies. Nicht nur die bloße Beschreibung mit Worten vermittelt diesen Eindruck, überzeugend wirkt auch die Schilderung der eigenen Gefühle. Die Ausdrücke, welche die betroffenen Personen dabei benutzten, finden sich meist auch in deren eigenem Glauben wieder. Darum hat man angenommen, daß das NTE bei gläubigen Menschen durch die eigene religiöse Einstellung geprägt wird. Dieser Einfluß würde sich beispielsweise bei der Deutung und Wahrnehmung des Lichtwesens bemerkbar machen.

Nahtoderfahrungen beschränken sich jedoch nicht auf Menschen eines bestimmten Glaubens. Bekanntlich finden sie auch bei Personen statt, die keinem religiösen Bekenntnis angehören oder Religion grundsätzlich ablehnen. Die Erlebnisse dieser Menschen unterscheidet sich allerdings in keiner Weise von denen anderer Experiencer: Alle Stationen der Nahtoderfahrung werden hier wie dort berichtet, so auch die Begegnung mit einem Lichtwesen und die dabei erlebten Gefühle. Auf den ersten Blick überrascht es, daß auch bei den Schilderungen nichtgläubiger Menschen Ausdrücke auftauchen, die religiöse Züge tragen. Von ihrer Art stammen sie aus dem Glauben, in dessen Umgebung die jeweilige Person aufgewachsen ist oder sich gerade befindet. Auf diese Weise kann man sich auch den Einfluß auf das Erlebnisgeschehen erklären.

Übereinstimmend berichten die betroffenen Personen, daß der normale Wortschatz der Sprache nicht ausreicht, das Erlebte gebührend zu beschreiben. Die fremde Welt, so heißt es oft, sei so andersartig, daß man sie nur andeutungsweise umschreiben könne. Jeder Experiencer versucht dies mit dem Werkzeug seiner eigenen, vertrauten Sprache und schon daraus können sich gewisse Unterschiede ergeben. Gleichwohl weichen die Schilderungen der verschiedenen Personen nicht so sehr voneinander ab, wie man es vielleicht vermuten könnte. Schließlich könnte man annehmen, daß ein sehr gläubiger Mensch das Lichtwesen als Gott wahrnimmt, ein musikbegeisterter Jugendlicher könnte jedoch eine angehimmelte Sängerin darin erkennen und ein frisch verliebtes Mädchen vielleicht ihren Freund. Dies ist aber ganz offensichtlich nicht der Fall. Statt dessen scheinen religiöse Ausdrücke oftmals am besten zur Umschreibung des Erlebten geeignet zu sein – egal ob die betroffene Person sich nun als gläubig bezeichnet oder nicht. Die *Bedeutung* der gewählten Worte scheint das tatsächlich Erlebte am besten auszudrücken. Andere Deutungen, die ja auch denkbar wären, passen ganz offenbar weniger gut als jene mit religiösem Charakter. Ein interessanter Umstand, der in Erinnerung behalten werden sollte.

Welcher Experiencer hat recht?

Für viele Forscher steht fest, daß Nahtoderfahrungen durch den religiösen Lebenshintergrund des jeweiligen Experiencers gefärbt sind. Bei religiösen Menschen ist dies der eigene Glaube, bei anderen Personen, der Glaube ihres Lebensumfelds.

Ähnlich meint Elaine Holyoak aus Indianapolis: „Wir sehen, wen wir als Gott anerkennen." Sie erzählt, wie sie das Lichtwesen erkannt hat:

„Ich sagte zu mir: Ich wette, wenn ich Buddhist wäre, würde dieses Wesen wie Buddha aussehen, oder, wenn ich Moslem wäre, dann würde diese Person wie Mohammed aussehen, und die Antwort die ich erhielt war: `Das ist richtig'."

Kanon Michael Perry ergänzt:

„Der Umstand, daß das im NTE wahrgenommene Lichtwesen nicht überall in christlichen Ausdrücken beschreiben wird, bedeutet nicht viel. Die Erfahrung selbst ist nonverbal [d.h. nicht auf Worte gestützt, Anm. d. Autors] und nachdem sie vorüber ist, muß der Experiencer einen wörtlichen Sinn daraus machen. Notwendigerweise wird er dazu Ausdrücke benutzen, die für seinen Glauben kulturell geeignet sind. Anzunehmen, daß dies bedeutet, die ganze Erfahrung sei nichts anderes als eine kulturell festgelegte Erfindung der Phantasie, ist, nach den Worten von Dr. Oliver Nichelson, `ähnlich wie zu sagen, daß die rote Frucht, die auf Bäumen wächst ein Produkt der Einbildung ist, weil sie von Amerikanern „Apfel" genannt wird und von den Franzosen „pomme".'"[69]

Mit dieser Deutung werden kaum alle Experiencer einverstanden sein. Denn es würde bedeuten, daß auch abweichende Deutungen des Lichtwesens (sowie anderer Inhalte) berechtigt sind. Jede der Interpretationen wäre jedoch nur bedingt richtig, weil sie von der religiösen Überzeugung bzw. dem Hintergrund der betreffenden Person abhängt. Das gilt natürlich auch und ganz besonders für die jeweils eigene Erfahrung.

Die meisten Personen, die ein Nahtoderlebnis hatten, betonen aber, alles an dem, was sie wahrgenommen hätten, sei ganz und gar wirklich gewesen. Eine Art Färbung, wie es viele Forscher behaupten, habe nicht stattgefunden. Sie sind von der Begegnung so sehr beeindruckt, daß sie den Gedanken energisch zurückweisen würden, ihre Schilderungen seien nur Versuche und Symbole, das Geschehen zu deuten.

Insbesondere jene Personen, die in ihrer Erfahrung religiöse Inhalte erlebt haben, welche sie nun als Beweis oder Bestätigung für den eigenen Glaubens ansehen werden sich weigern, den Inhalt ihrer Erfahrung zu relativieren. Allenfalls würden sie sich bereiterklären, die Schilderungen *anderer* Experiencer zu hinterfragen. Bei mehreren, einander widersprechenden Berichten ergibt sich jedoch unweigerlich die Frage, welche Person am Ende Recht hat. Kaum jemand wird nämlich annehmen, daß sämtliche Erlebnisberichte wahr sind – und dies in allen Punkten. Es ergäben sich sonst eine Reihe von Widersprüchen und logischen Problemen, aufgrund derer dann ein Großteil der Nahtodforschung sinnlos wäre. Der Streit um die Wahrheit des Erlebten ähnelt im übrigen ganz deutlich dem Anspruch der verschiedenen Religionen auf Gültigkeit ihres Glaubens. Dieser Punkt wird uns später noch einmal begegnen.

4. Die Hoffnung der Religionen

Nahtoderfahrungen enthalten eine hoffnungsvolle Botschaft. Menschen, die selbst ein Erlebnis gehabt haben, geben fast immer an, die Angst vor dem Tod verloren zu haben. Die Furcht vor dem Ende des Lebens – das ist eine der zentralen Ängste, ja vielleicht die einzig wirklich herausfordernde Angst des Menschen überhaupt. Sie stellt den Sinn des Daseins in Frage, berührt den Kern unserer Existenz.

Seit jeher ist es die Religion, die dem Menschen Hoffnung vermittelt. Schon aus der Frühzeit unserer Vorfahren sind uns Kulte und Orte bekannt, die der Verehrung von Göttern und fremden Mächten gedient haben. In einer Welt, die durch eine ständige Angst vor Hunger und Krankheit, vor Feinden, wilden Tieren und nicht zuletzt auch vor den Gewalten der Natur geprägt war, suchte der Mensch nach Sicherheit und Beistand. Mit Opfergaben, magischen Handlungen und Gebeten sollten die Götter und Geister günstig gestimmt werden. In späterer Zeit, so lassen die uns überlieferten Zeugnisse vermuten, hat sich die Hoffnung auf ein Leben im Jenseits breit gemacht – in ganz unterschiedlicher Weise, wie noch gezeigt wird.

Die Anfänge des religiösen Denkens sind eng verbunden mit dem Hineintreten des Menschen in die Welt. Dort beginnt auch das Denken, wie wir es heute kennen, seinen Lauf zu nehmen, hier beginnt Geschichte.

Erfahrungen in den Religionen

Das vorhergehende Kapitel hat sich den Stationen des Nahtoderlebnisses gewidmet, und dabei einen wie auch immer gearteten religiösen Einfluß gezeigt. Nun soll auch die umgekehrte Seite betrachtet werden: Gibt es entsprechende Erfahrungen, die vielleicht weit zurückliegen und die eine Spur in den Religionen hinterlassen haben? Und wenn ja, wie sollte man dies feststellen können?

Der Ausgangspunkt für unsere Reise in die Welt des Glaubens ist die Vermutung, daß NTE nicht eine neuartige Erscheinung sind, sondern ein allgemein-menschliches Erleben: ein Erleben, das in allen Zeiten und Kulturen zu finden ist. Auch die zeitgenössischen Erlebnisse beschränken sich nicht auf einen bestimmten Zeitabschnitt, auf bestimmte Kulturen oder irgendwelche Personengruppen. Sie sind – heute – eine universelle Erscheinung.

Ob dies auch für zurückliegende Zeiten gilt, muß erst noch erwiesen werden. Das allerdings wird nicht leicht sein: Anders als bei zeitgenössischen NTE können wir nicht auf eine Vielzahl von Berichten hoffen, die irgend jemand gesammelt hätte. Die Materiallage ist vielmehr äußerst schlecht, und je weiter der Rückblick in die

Geschichte reicht, um so weniger Zeugnisse sind uns erhalten geblieben. Die ältesten Schriftquellen, die gefunden wurden, sind religiöse Texte, daneben gibt es Zeichnungen und Kunstgegenstände. Vom Anfang des Menschseins zeugen sich schließlich nur mehr archäologische Fundstücke. Dennoch wollen wir die Suche wagen, allein schon der interessanten Reise wegen. Einige Überlegungen und Erwartungen können schon im Voraus angestellt werden:

- Außergewöhnliche Erfahrungen und Ereignisse werden aus verschiedenen Kulturen berichtet. Wenn diese einen Bezug zu jenseitigem Leben haben oder wenn das Erlebte religiöse Züge zeigt, dann sollte es eine Möglichkeit geben, gerade solche Begebenheiten in religiösem Schriftgut wiederzufinden.

- Eine Person, die von einer Begegnung mit dem Tod, mit verstorbenen Angehörigen, einem Lichtwesen und einer paradiesischen Umgebung berichtet hat, könnte innerhalb einer Religion oder in der Gesellschaft eine besondere Rolle erlangt haben. Die offensichtliche Furchtlosigkeit vor dem Tod und der teilweise religiöse Charakter einer Erfahrung wären ein berechtigter Grund hierfür. Das oftmals auftretende Gefühl des Experiencers, ins Leben zurückgeschickt worden zu sein, um eine Aufgabe zu erfüllen, trägt mitunter religiöse Züge. In früheren Zeiten, als die Bedeutung und der Einfluß des Glaubens noch größer waren, könnte die betreffende Person eine Art Missionsgefühl in sich entdeckt haben. Wenn das Erlebnis dann auch von religiöser oder gesellschaftlicher Seite als göttliches Zeichen interpretiert oder akzeptiert wurde, hat es vielleicht seine Spuren hinterlassen.

- Von besonderem Interesse sind die Jenseitserwartungen der einzelnen Religionen. Sofort stellt sich die Frage, ob sie nicht vielleicht den Schilderung eines Experiencers entstammen oder entsprechend solchen Berichten umgestaltet worden sind. Das gleiche gilt für Begegnungen mit göttlichen Mächten, die bestimmte heilige Personen oder Propheten während ihres Lebens hier auf Erden gehabt haben sollen. Ganz gleich, ob es sich um eine Reise in jenseitige Welten handelt, oder um ein Erscheinen jenseitiger Welten im Diesseits: Jene Begebenheiten verdienen unsere Aufmerksamkeit.

- Bei einer ersten Betrachtung der Quellen ist die Versuchung groß, bestimmte Ereignisse und Funde als Hinweis für eine Art Nahtod-Erfahrung zu deuten. Die Abgrenzung unsicherer Andeutungen von Anzeichen mit größerer Wahrscheinlichkeit bereitet nach so langer Zeit erhebliche Probleme: Ganz zweifelsfrei beweisen läßt sich heute kaum, ob tatsächlich ein Erlebnis der vermuteten Art stattgefunden hat; selbst bei zeitgenössischen Nahtoderfahrungen fehlt diese letzte Klarheit. Auch das Gegenteil läßt sich hier nicht feststellen.

Mit ausreichend Phantasie läßt sich die Zahl der in Frage kommenden Text- und Materialfunde fast beliebig erweitern. Mit einer Fülle höchst vager Vermutungen ist allerdings nichts gewonnen. Schon von daher muß die Suche auf einige wenige, markante Merkmale begrenzt werden, die üblicherweise Nahtoderfahrungen auszeichnen:

Um nicht jedes Wort und jeden Absatz grundsätzlich in Frage zu stellen empfiehlt sich die Beschränkung auf einige wesentliche Elemente des NTE: Außerkörperliche Wahrnehmungen, das Antreffen von Verstorbenen, die Begegnung mit einem Lichtwesen, die Beobachtung paradiesischer oder höllenartiger Umgebung, starke Persönlichkeitsveränderungen nach einem Erlebnis.

Auch nach dieser Eingrenzung bleiben die in Frage kommenden Fundstellen äußerst zahlreich. Die gleichzeitige Erwähnung glaubhafter äußerer Umstände, die zu einer Jenseitserfahrung geführt haben sollen, deutet aber am ehesten auf die Echtheit eines Erlebnisses hin. Hierzu können beispielsweise die Nähe zum Tod, gefährliche Verletzungen, meditative Praktiken oder die Einnahme von berauschenden Mitteln gezählt werden. Sind solche Bedingungen nicht gegeben, so bleibt nur die Möglichkeit, die verfügbaren Schilderungen einer eingehenden Betrachtung zu unterziehen. Weil aber die vermeintlichen Schlüsselworte – Licht, Sonne, Helligkeit, Glanz, Strahlen – auch im Alltag oder als Symbol verwendet werden, ist der Bereich der Spekulation schnell erreicht.

Auch Jenseitsreisen und -beschreibungen müssen keineswegs auf ein NTE hindeuten. Die Ursprünge solcher Schilderungen können vielfältig sein: Einerseits könnte es sich um Dichtung handeln, ohne daß den Berichte tatsächlich eine persönliche Erfahrung zugrundeliegt. Andererseits könnten derlei Erlebnisse gezielt erfunden worden sein, um damit alte Überlieferungen auszuschmücken oder die religiöse Unterweisung zu veranschaulichen.

Auch bei vermeintlich deutlicher Materiallage sind die jeweiligen Funde mit Vorbehalt zu betrachten: Eine wirklich zweifelsfreie Zuordnung ist im nachhinein nicht möglich; stets findet sich eine alternative Erklärung – bei Textquellen im Zweifelsfall die Feder des Autors.

Erfahrung von Transzendenz

Je weiter der Blick in die Geschichte zurückreicht, um so unwahrscheinlicher ist es, daß die vermeintlichen Experiencer an der Schwelle zum Tod waren. Eine Ausnahme bilden Erlebnisse, die von Sterbenden auf dem Totenbett berichtet wurden. Insgesamt aber verliert die Bezeichnung Nahtoderfahrung ihren Sinn. Der Ausdruck, der in den siebziger Jahren zur Charakterisierung von Ereignissen geprägt wurde, die unter schwierigen körperlichen Situationen und zum Teil im klinischen Tod stattgefunden haben, ist zur Beurteilung weit zurückliegender Begebenheiten nicht mehr angemessen.

Eine neue Bezeichnung scheint daher notwendig. Sie sollte sowohl die bekannten, „typischen" Nahtod-Erlebnisse umfassen, wie auch andere, mit ihnen verwandte und von der Art her vergleichbare Begegnungen. Hierzu bietet sich die Rede von Jenseits- bzw. Tanszendenz-Erfahrungen an. Das lateinische Wort *trans-scendere* bedeutet soviel wie *hinüberschreiten* oder *übersteigen* und wird in der Philosophie oft verwendet.

Im Zusammenhang mit den hier untersuchten Erlebnissen meint eine Tanszendenz-Erfahrung, daß die betroffene Person einer Wirklichkeit jenseits des alltäglichen Lebens begegnet. Die genaue Situation mag bei verschiedenen Menschen in jeweils anderer Weise zu finden sein, sie muß aber inhaltlich und von der Qualität her dem Nahtod-Erlebnis entsprechen. Dieselbe Bedeutung soll auch der Ausdruck Jenseits-Erfahrung haben.

5. Naturverbundene Religionen

Der Ursprung des Menschen liegt in der Natur. Was unsere frühen Vorfahren empfanden, dachten und glaubten, hing ganz besonders von ihren alltäglichen Erfahrungen ab. Der Kampf ums Überleben und die Angst vor der unberechenbaren Natur bestimmte den Tagesablauf und die Sorge frühen Menschen.

Nicht nur die äußeren Lebensbedingungen sind mit den heutigen Möglichkeiten nicht vergleichbar, dasselbe gilt auch für die Art und Weise, wie unsere Vorfahren dachten. Ihr Denken, so darf man vermuten, ist noch wenig entwickelt und gleicht in mancher Hinsicht der Wahrnehmung eines Kleinkinds. In dieser Phase der Entwicklung unterscheidet der Mensch noch nicht zwischen seinen Beobachtungen, Gedanken, Gefühlen, Vorstellungen und Träumen. Die Aufgliederung des Erlebens in eine Wahrnehmungen der Außenwelt auf der einen Seite und die Welt der Gedanken und des Bewußtseins auf der anderen Seite fehlt hier noch. Alles Erlebte hat eine gleiche Berechtigung, es wird unmittelbar empfunden und als gleich wirklich behandelt.

Für den heutigen Menschen erscheint diese Art des Wahrnehmens fremd. Ein heilloses Durcheinander würde sich ergeben, wenn wir unseren Träumen die gleiche Bedeutung einräumen würden wie unserer normalen Beobachtung. In dieser Weise erscheint auch das Denken, das noch vereinzelt bei eingeborenen Völkern vorzufinden ist. Der französische Soziologe Lévy-Bruhl hat sich ausgiebig mit der geistigen Welt der Naturvölker befaßt. In einem seiner Werke findet sich ein Bericht über die Vorstellungen im Stamm der Tscherokesen:

„Wenn bei den Tscherokesen ein Mann träumt, er sei von einer Schlange gebissen worden, so muß er sich einer solchen Behandlung unterwerfen, als ob er wirklich gebissen worden wäre; es ist ein 'Schlangengeist', der ihn gebissen hat; unterließe er die Kur, so würden sich Geschwulste und Geschwüre wie nach einem gewöhnlichen Biß bilden, vielleicht erst nach Ablauf mehrerer Jahre."

Der frühe Mensch nahm nicht nur seine Umwelt, sondern auch sich selbst als unteilbares und unmittelbares Ganzes wahr. Die Vorstellung einer vom Körper verschiedenen oder gar abtrennbaren Seele war unseren ersten Vorfahren völlig fremd. Leib und Geist wurden als Einheit erlebt, zusammen mit all den anderen Eindrücken. Erst allmählich veränderte sich die Art und Weise, in der die Welt wahrgenommen wurde.

Erst in späterer Zeit, als der Mensch seine Eindrücke zu ordnen beginnt, findet sich bei ihm die Vorstellung von einer Seele, die seinen Körper bewohnt. Ähnlich betrachtet er auch die ihn umgebenden Natur: Hinter allen Erscheinungen und Gewalten sieht er einen Geist, eine geheimnisvolle Macht, die sich dahinter verbirgt. Blitz und Donner, Wind und Wetter, Tiere und Pflanzen – sie alle gelten als lebende Wesen. Mit Magie und Zauber wurde versucht, diese scheinbar übermächtigen Gewalten zu beeinflussen und zu bändigen.

Bei der Untersuchung der vorgeschichtlichen Jenseitsvorstellungen und Transzendenz-Erfahrungen verengt sich das verfügbare Material auf archäologische Fundstücke. Doch selbst diese Quellen sind reich an Hinweisen:

- Schon beim Pekingmenschen, auch *homo erectus* genannt, wurden bemerkenswerte Beobachtungen gemacht. Der Vorfahre des heutigen Menschen, der nach seinem Fundort im Nordosten Chinas benannt wurde, kannte bereits das Feuer und fertigte sich Steinwerkzeuge an. Wie Ausgrabungen zeigen, haben diese Urmenschen bereits vor etwa einer halben Million Jahren ihren Toten die Schädel abgetrennt. Der Grund für dieses Verhalten liegt zwar im Dunklen, es scheint jedoch die Annahme gerechtfertigt, der Pekingmensch habe den Übergang vom Leben in den Tod mit dem Kopf des Menschen in Zusammenhang gebracht.

- Weiteres Material, das die Vermutung nährt, schon der frühe Mensch habe an eine ihm innewohnende Seelengestalt geglaubt, reicht bis in die Altsteinzeit zurück: So hat man vom Leib getrennte und mitunter auch bestattete Schädel- und Unterkiefer gefunden. Zum Teil waren diese Körperteile besonders angeordnet oder mit Beigaben versehen. Dies ist gerade für die Frühzeit des Menschen eine äußerst bemerkenswerte Verhaltensweise, weil es in dieser Epoche ansonsten keinerlei Bestattungen gibt. Auch bei manchen Naturvölkern hat man ein vergleichbares Verhalten vorgefunden.

- Einen noch deutlicheren Beleg für die vorgeschichtliche Annahme einer Seele stellen die sogenannten Schädeltrepanationen dar: Hierbei handelt es sich um Öffnungen des menschlichen Schädelknochens, die schon zu Lebzeiten erfolgt sind und die nicht etwa einer medizinische Behandlung gedient haben. Die künstliche Öffnung sollte vielmehr ein Durchgang für die vermutete Seele sein, deren Sitz man ganz offensichtlich mit dem Kopf in Verbindung gebracht hat. Eine ähnliche Absicht dürfte der Schaffung von runden Löchern in Steinkistengräbern zugrundegelegen haben: Die als „Seelenlöcher" bekannten Öffnungen sollten vermutlich den Seelen der Toten den Zugang zu ihren Skeletten ermöglichen.

Die Vorstellung von einer aus dem Körper fortziehenden Seelengestalt ist vermutlich entstanden, als sich das menschliche Denken aus seinem ursprünglichen, unmittelbaren Erleben weiterentwickelt hat. Langsam begannen unsere Vorfahren zwischen sich selbst und ihrer Umwelt zu unterscheiden, später dann auch zwischen ihrem Körper und ihrem Bewußtsein, zwischen Leib und Geist.

Die frühe Form von Religiosität wurde in der letzten Eiszeit durch den Schamanismus abgelöst. Bei den Schamanen handelt es sich um eine Art Zauberer oder Priester, die eine Verbindung mit Geistern zu erreichen suchen. Hierfür muß dieser sich in Ekstase versetzen, sei es durch lang andauernden Tanz oder durch die Einnahme berauschender Mittel. In Nordasien hat sich diese Kultform bis in die ersten Jahrzehnte des 20. Jahrhunderts erhalten. Aufgrund von Befragungen hat man schließlich die Denkweise des Schamanen erforscht und so einen Einblick in das Erleben des frühen Menschen gewonnen. Jakob Ozols, Professor für Vor- und Frühgeschichte, faßt diese Sichtweise zusammen:

„Nach dem Tode trennt sich die Seelengestalt von dem Körper und führt ihr eigenes, weitgehend vom Körper gesondertes Leben weiter. Sie kehrt jedoch immer wieder zu dem Skelett und insbesondere zu dem Schädel zurück, um sich auszuruhen. Bei Lebenden verläßt sie den Kopf nur nachts oder in außerordentlichen Situationen, wie plötzlichem Erschrecken, schwerer Krankheit oder bei besonderen Zuständen wie in der Trance und Ekstase. Die Seelengestalt darf aber nicht lange ausbleiben. Wenn sie nicht bald zurückkehrt, wird der Mensch krank, er ist vielen Gefahren ausgesetzt, und bei längerer Abwesenheit der Seelengestalt muß er sogar sterben."[70]

Der rumänische Schriftsteller und Indologe Mircea Eliade verweist zudem auf die religiöse Bedeutung des Schamanen:

„Der Schamane ist vor allem ein Spezialist in Ekstase. Aufgrund seiner Fähigkeit zur Ekstase – das heißt, weil er fähig ist, allein durch seinen Willen seinen Körper zu verlassen und mystische Reisen durch alle kosmischen Regionen zu unternehmen – ist der Schamane Helfender und Meister der Seelen ebenso wie Mystiker und Visionär. Nur der Schamane kann die wandernde Seele eines Kranken verfolgen, sie fangen und in den Körper zurückbringen; es ist der Schamane, der die Seelen der Toten in ihre neuen Wohnstätten begleitet, und er ist es auch, der sich auf lange ekstatische Reisen in den Himmel begibt, um die Seele des geopferten Tieres den Göttern zum Geschenk zu bringen und ihren göttlichen Segen zu erhalten."[71]

Das Verlassen des Körpers bedeutet zugleich die Aufhebung der im alltäglichen Leben geltenden Grenzen. Professor Ozols schildert die Möglichkeit der Seele, auf Reisen zu gehen:

„Sie kann mühelos große Entfernungen überwinden und an unbekannte oder nicht mehr zu der diesseitigen Welt gehörende Orte gelangen. Sie ist auch nicht mehr an eine bestimmte Zeit gebunden und sie kann wie das Vergangene so auch das Zu-

künftige erleben. Sie kann ferner die Seelengestalten längst verstorbener Menschen treffen, Geistern begegnen und ungewöhnliche Abenteuer bestehen."[72]

Zu den Zeugnissen des vorgeschichtlichen Menschen gehören neben Werkzeugen und Knochenfunden vor allem Höhlenmalereien. In diesen Zeichnungen kann er seine Gedanken, Gefühle und Vorstellungen zum Ausdruck bringen. Darunter finden sich auch Zeichnungen, die seine Jenseitsvorstellungen erkennen lassen. Der Ort dieses Schaffens, ein Höhlengang, liegt fernab vom alltäglichen Leben. Um an diesen Ort zu gelangen, der auch damals nur durch mitgeführte Lichtquellen erhellt wurde, muß zunächst ein enger Zugang passiert werden. Die Schilderungen eines Forschers müssen Berichte und Überlieferungen aus früheren Zeiten ersetzen:

„Dieses Hinabsteigen kommt einer Grenzüberschreitung gleich. Man läßt den Tag und das Licht der Sonne hinter sich und begibt sich in eine nie endende Nacht hinein. Der nächste Eindruck ist das eigenartig veränderte Raumgefühl. Wenn man nicht gerade einen schmalen Durchgang passiert oder durch einen niedrigen Gang geht, sieht man in dem schwachen Lichtkegel der Lampe nur den Boden unter den Füßen und einen kleinen Ausschnitt der nahestehenden Wand. Alles andere ist von der undurchdringlichen Finsternis verschluckt. Der dadurch hervorgerufene Eindruck einer unerkennbaren Weite hebt zeitweilig das Raumgefühl völlig auf. Ähnlich ist es mit dem Zeitsinn. Auch der ist gestört. Die in der Höhle verbrachte Zeitspanne kann entweder unmerklich zusammenschrumpfen oder sehr lang erscheinen."[73]

Die Geister, die in dieser außeralltäglichen Umgebung anwesend sind, hat der steinzeitliche Besucher selbst gestaltet. Ein oft wiederkehrendes Motiv ist die „Wiederbelebung" von Tieren mit denselben Waffen, durch die sie getötet wurden. Die Darstellung dieser Szenen läßt erkennen, daß die Vorstellung einer im Körper innewohnenden Seele nicht auf den Menschen beschränkt war, sondern auch für die Tierwelt galt.

Die Darstellungen in den Höhlen veränderten sich im Laufe der Entwicklung. Der Mensch, der anfangs als Jäger und Sammler sein tägliches Brot gesucht hat, wurde schließlich seßhaft und ging zu Ackerbau und Viehzucht über. Die alten Geister, die für die kreislaufartige „Wiederbelebung" der jagdbaren Tiere verantwortlich waren, wurden entbehrlich. Dagegen erlangten jene Gottheiten eine große Bedeutung, die für bestimmte Wettererscheinungen und somit auch für Wachstum und Ernte zuständig waren. Ihnen galten nun Opfer und Gebete.

Schon in vorgeschichtlicher Zeit könnten Jenseitserfahrungen aufgetreten sein. Als Ursachen kommen eine Reihe äußerer Einwirkungen in Betracht: Verletzungen vom Kampf mit Feinden und wilden Tieren, akuter Nahrungsmangel und dadurch der Zusammenbruch wichtiger Körperfunktionen sowie eine Vergiftung durch Pflanzen.

Auch kultische Handlungen, etwa Einweihungssrituale oder ekstatische Tänze sind als Auslöser für Transzendenzerlebnisse denkbar. Ob die Vorstellung von einer im Kopf sitzenden Seele durch solche Erlebnisse erst genährt wurde, oder aber ob dieser Gedanke durch bewußtes Nachdenken entstanden ist, läßt sich im nachhinein nicht mit Bestimmtheit erweisen. Die Funde von vom Körper abgetrennten Schädeln sprechen jedenfalls deutlich für eine frühzeitige Annahme einer Seelengestalt.

Die vorgefundenen Schädeltrepanationen lassen weiterhin die Vermutung zu, daß ein konkreter Ausstieg der menschlichen Seele aus dem Körper im Schädelbereich angenommen wurde. Daß derartige Öffnungen schon zu Lebzeiten vorgenommen wurden, könnte darauf hinweisen, daß entsprechende Seelenreisen von einigen Personen tatsächlich erlebt und auch berichtet worden sind. Andernfalls hätte es auch genügt, die sicherlich nicht schmerzfreie Öffnung des Schädels erst nach dem Tod zu öffnen. Schließlich erfolgte auch der Bau der Steinkistengräber mitsamt den „Seelenlöchern" erst, wenn bereits ein Mensch verstorben war.

Schamanische Schilderungen, die der vorgeschichtlichen Erlebensweise am nächsten stehen deuten mitunter auf „metaphysische oder parapsychologische Eindrücke" hin, wie es Professor Jakob Ozols ausdrückt. Gemeint sind damit Erfahrungen, die von ihrer Art her mit Jenseitserlebnissen vergleichbar sind. Auch die veränderte Raum- und Zeitwahrnehmung beim Eintritt in eine Höhle weist eine Ähnlichkeit zu Berichten heutiger Nahtoderfahrungen auf. Insbesondere erinnert das häufig geschilderte Tunnelerlebnis an die Umstände eines Abstiegs durch einen engen, dunklen Höhleneingang. Möglicherweise waren Transzendenzerlebnisse für die Auswahl von Höhlen als Ort jenseitsorientierter Malereien ausschlaggebend.

Die Jenseitserwartung bei Naturvölkern

Das Leben des vorgeschichtlichen Menschen bezieht sich auf den Alltag, auf das Hier und Heute. Wohl weiß er noch, was sich gestern ereignet hat, auch plant er schon für morgen vor. Und dennoch hat er kein Gefühl für Geschichte, wie wir es kennen. Von dieser Zeit des frühen Menschen gibt es keine mündliche oder schriftliche Überlieferung. Sein Denken und Handeln muß erst mühsam erschlossen werden, sein religiöses Verhalten orientiert sich am Geschehen der Natur, wie er ihr unmittelbar ausgesetzt ist.

Auch jene Kulturen, die als Naturvölker bezeichnet werden, und die es heute noch gibt, beziehen ihr Leben auf die sie umgebende Umwelt. Mit dieser sind ihr Denken, ihre Religion und sie selbst verbunden, auch wenn die meisten dieser Menschen schon Kontakt mit anderen Zivilisationen hatten. In ihren Überlieferungen erzählen sie von der Entstehung des Menschen und der Natur, von den Göttern und Gewalten und von der heiligen Erde, auf der sie leben und jagen. Praktisch alle Naturvölker haben den Glauben an eine Seele entwickelt, welche nach dem körperlichen Tod weiterlebt. Unterschiede gibt es in der Art und Weise, wie man sich das jenseitige Leben vorstellt, und wer zu ihm Zutritt bekommt.

Die in Mittelamerika angesiedelten Maya, die schon vor der Ankunft Kolumbus' Hochkulturen bildeten, glaubten an ein Totenreich. Beim Übergang in dieses sollte eine Reihe von Hürden überwunden werden. Ähnliche Erwartungen, wie etwa das Überqueren von Flüssen und Strömen finden sich bei den Inkas in Peru, den Menomini-Indianern im Nordosten Wisconsins oder den Guaimi, einem Indianerstamm in Panama. Die Frage nach dem Verbleib der Seele beantworten die genannten Eingeborenenstämme aber unterschiedlich.

Die Azteken, die bis zur spanischen Eroberung Mexiko besiedelten, gingen von drei unterschiedlichen Totenreichen aus: Kranke sollten unabhängig von ihrer sozialen Stellung in eine Region kommen, die *Mictlan* genannt wurde; dort erwartete sie schließlich ihr endgültiges Ende. Opfer bestimmter schwerer Krankheiten oder von Naturgewalten konnten dagegen im *Tlalocan* auf eine paradiesische Umgebung hoffen. Kriegsgefallene und Frauen, die nach der Geburt verstorben waren, sollten schließlich als einzige ins „Haus der Sonne" einziehen, wie es die Azteken nannten:

„Steh auf, mach dich bereit, geh nach dem guten Orte, dem Haus der Sonne – deiner Mutter und deines Vaters – , wo man in Freude und Seligkeit und Fülle des Genusses lebt. Auf, begleite die Sonne; ihre älteren Schwestern, die himmlischen Fürstinnen, sie die immer und ewig in Lust und Freude leben, die unmittelbar mit und neben der Sonne wandeln, sie belustigen und mit Rasselklängen begleiten, nehmen dich an die Hand!...Schon eilst du dahin, um dort selig zu sein. An einem guten, einem schönen Orte lebst du, bei unserem Herrn, dem Sonnengotte. Du siehst ihn schon mit eigenen Augen, sprichst zu ihm mit eigenem Munde..."[74]

Die Delaware-Indianer sind in den USA beheimatet und dort längst mit der modernen Zivilisation verwachsen. Die Vorstellungen, die sie von einem Leben im Jenseits haben, unterscheiden sich auch nicht völlig von den Erwartungen des christlich geprägten Amerika. Diejenigen Menschen, die ein gutes Leben geführt hatten, dürfen nach dem Tod auf ein ewiges Dasein in paradiesischer Umgebung hoffen:

„Sie sagen, daß das Lebensland eine Insel von hinreißender Schönheit und großer Ausdehnung ist. Ein hoher Berg erhebt sich majestätisch im Zentrum, und auf dem Gipfel des Berges befindet sich die Wohnung des Großen Guten Geistes. Von dort überschaut er mit einem Male die ganze Ausdehnung seines weiten Reiches: die Läufe der tausend Ströme und Flüsse, klar wie Kristall, die sich dort hinziehen, wie ebensoviele leuchtende Fäden, die schattigen Wälder, die mit Blumen übersäten Ebenen, die stillen Seen, die ohne Unterlaß die wohltätigen Strahlen einer schönen

Sonne widerspiegeln. Vögel mit schönstem Gefieder erfüllen diese Wälder mit ihren süßen Melodien. Die edelsten Tiere, die Büffel, die Hirsche, die Eichhörnchen, die `cabris´, die großen Kraniche weiden friedlich und in unzählbaren Scharen auf diesen lachenden, schönen, üppigen Ebenen. Die Seen werden niemals gepeitscht, weder von Winden, noch von Stürmen; der Schlamm mengt sich niemals mit den klaren Wassern dieser Flüsse. Die Wasservögel, die Otter, der Biber und Fische von allen Arten sind dort im Überfluß.

Die Sonne erhellt allezeit dieses Land des Lebens; ein ewiger Frühling herrscht dort. Die seligen Seelen, die dort zugelassen sind, erhalten alle ihre Kräfte wieder und sind vor Krankheit bewahrt. Sie fühlen keine Ermüdung, weder bei der Jagd noch bei den anderen angenehmen Übungen, die der große Geist ihnen gewährt, und haben niemals Bedürfnis, Ruhe zu suchen.

Dort lebt die Seele unabsehbar lange in einem wahrhaft glücklichen Jagdgrund, einem schönen Lande ... Dort werden Kinder ihre Eltern wieder treffen und Eltern ihre Kinder...Es gibt keine Sonne dort, sondern ein helles Licht, das der Schöpfer leuchten läßt. Alle Menschen, die auf Erden sterben, ob sie jung oder alt sind, werden hier gleich ausschauen, und die Blinden und Krüppel werden vollkommen gut sein."[75]

Auch das Volk der Mapuche, von dem schon einmal die Rede war, glaubt an ein Leben nach dem Tod. Der zukünftige Leib ist dabei dem irdischen Körper in allen Einzelheiten völlig gleich, auch was die Bedürfnisse der jeweiligen Person betrifft. Die Mapuche, die ab etwa 1850 unter deutscher Kolonialisierung standen, beziehen sich bei ihrem Werdegang nach dem Ableben mit all seinen zu durchlaufenden Phasen nicht auf Götter oder Dämonen. Bei ihnen stehen statt dessen ihre Vorfahren im Mittelpunkt.

Noch einmal soll die Geschichte des alten Fermin erwähnt werden, der zwei Tage für tot gehalten wurde. Der Einfluß der deutschen Verwaltung seiner Heimat wird beim Hören des Berichtes offenbar:

„Hier ist ein alter Mann, Fermin genannt. Er war für zwei Tage tot und man sagt, daß er in den Vulkan gegangen und zurückgekommen ist. Er sagt, daß seine ganze tote Bekanntschaft, seine eigenen Eltern, seine Kinder, seine Frau und andere Kinder, die er nicht kannte dort waren. Dort war auch ein deutscher Herr, der in großen Büchern gelesen und geschrieben hatte. Als der Deutsche ihn sah, fragte er, was er denn wolle."

Nachdem der Mann nach seinem Sohn gefragt hatte, mußte er vier Tore passieren, ehe er mit seinem Sohn sprechen konnte. Die Unterredung wurde schon im dritten

Kapitel beleuchtet. Als Fermin schließlich wieder aus seinem Zustand erwachte, sagte er zu seiner Frau:

„Ich bin lebendig und bin zum Vulkan gegangen. Ich habe all die toten Leute gesehen, die darin zurückgehalten wurden. Ich war bei meinem Sohn und meinen Großeltern. Sie sind alle beisammen und sehr glücklich. Sie warten auf mich, aber es ist noch nicht die Zeit dazu."

Bei den Ewe handelt es sich um ein Volk, das im westafrikanischen Regenwald lebt und sich in über einhundert Stämme aufgliedert. Die Menschen nehmen dort an, daß ihre Seele schon vor ihrem eigenen Leben existiert hat, nämlich in einer entsprechenden Seelenheimat, die der irdischen vergleichbar ist. Mit der Geburt eines Kindes wird gleichzeitig ein verstorbener Vorfahre wiedergeboren.

Bei der angenommenen Seele handelt es sich genaugenommen um zwei Hälften, die zusammen die geistige Seite des Menschen bilden: Der größere Teil hiervon – die sogenannte Lebensseele – entstammt der Seelenheimat und ist für viele Fähigkeiten und Neigungen verantwortlich, die den Menschen auf seinem irdischen Lebensweg begleiten. Der kleinere Teil hingegen wird der Unterwelt zugeordnet. Dorthin geht der Tote, sobald die Trauer um ihn im Gange ist. Während die Lebensseele in die göttliche Seelenheimat zurückkehrt, beginnt für die Totenseele eine Reise zur Unterwelt, wo sie zu ihren Vorfahren stößt. Dieser Ort wird auch *awe gã* – große Heimat – genannt, sowie als *Haus hinter dem Flusse* bezeichnet, da man diese Region hinter einem großen Strom vermutet. Dementsprechend sind auch Vorkehrungen für die kräfteauftreibenden Überquerungen des Wassers und die Anreise in die Totenstadt nötig – sie finden sich als Grabbeigaben. Ein weiteres, vielleicht endgültiges Sterben ist im Reich der Toten nicht mehr möglich. So betrachtet ist das Weiterleben der Seele dort ewig. Die Bewohner der Unterwelt, die unterhalb der Erde vermutet wird, haben die Möglichkeit, Dinge der sichtbaren Welt zu sehen. Wenn bei ihnen die Nahrungsmittel knapp werden, können sie Opfer von den Lebenden einfordern. Jene werden dann Essensstücke auf die Erde werfen.

Eine interessante Begebenheit berichten die Ewe von Personen, die sich noch im Prozeß des Sterbens befinden:

„Viele, die im Sterben liegen, nennen noch Namen von Leuten, die längst verstorben sind. Das wird ihnen dadurch unmöglich gemacht, daß man ihnen ein Kopftuch in den Mund steckt;..."[76]

Der Gedanke an eine zweigeteilte Seele findet sich auch bei den altindonesischen Batak: Während die Lebenskraft, genannt *tondi*, wieder in den himmlischen Seelenvorrat zurückkehrt, um später in andere Menschen einzugehen, bleibt vom Toten nur der Schattenleib, genannt *begu*, übrig. Sein trostloses, von den Nachkommen gefürchtetes Dasein läßt sich unter bestimmten Umständen verbessern: Er kann durch die zurückgelassenen Angehörigen zum *sumangot* ernannt werden. Rückt ein solcher dann zum *somboan* auf – zum „Anbetungswürdigen" –, so gilt er als Mitgenosse Gottes. Er soll dann in Häusern wohnen und Feste feiern. Auch der Kontakt mit der früheren Lebenswelt besteht weiter fort.

Während beim vorgeschichtlichen Menschen die Quellenlage oft dürftig war, so liefern uns die eingeborenen Religionen eine Reihe von Überlieferungen, aus denen ihre Jenseitserwartung hervorgeht. Wie der bekannte Fall aus dem Volk der Mapuche schon vermuten ließ, haben auch Angehörige von Naturvölkern Transzendenzerfahrungen. Die Vorstellung einer nichtmateriellen bzw. feinstofflichen Seele kann nun als sicher gelten. Auch lassen sich gewisse Ähnlichkeiten zwischen den vorherrschenden Jenseitsschilderungen und Berichten von Nahtoderfahrungen feststellen:

Die Maya erzählen von Hürden, die zu passieren seien; ähnliche Zeugnisse finden sich auch in anderen amerikanischen Naturvölkern sowie bei den westafrikanischen Ewe. Solche Begebenheiten erinnern an die Durchgangsstadien, die von heutigen Experiencern erwähnt werden.

Das Antreffen von verstorbenen Verwandten wird bei dem Volk der Ewe geschildert – so, wie es auch vom Sterbebett aus berichtet wird. Das Wiedersehen mit bereits verschiedenen Angehörigen findet sich auch in der Jenseitsvorstellung der Delaware-Indianer wieder.

Nach manchen Überlieferungen erwarten den Toten paradiesische Landschaften: Während bei den Azteken von einem „Haus der Sonne" die Rede ist, wo bestimmte Tote den Sonnengott schauen und mit ihm sprechen, berichten die Delaware-Indianer in ausführlicher Weise von jenseitigen Regionen. Fauna und Flora bieten sich in ihrer Pracht dar, erhellt von göttlichem Licht, eine sorglose, lustvolle Existenz erfreut den dort Ankommenden. Ähnliche Vorstellungen sind von den Maya bekannt. Eine zweigeteilte, je nach den vorhergegangenen Taten des Verstorbenen eingerichtete Welt bildet schließlich die Grundlage für die Jenseitshoffnungen der Inka und der Menomini-Indianer.

Eine Reihe von Anzeichen sprechen dafür, daß sich Jenseitserfahrungen auch bei Angehörigen von Naturvölkern ereignen. Der stärkste Beleg sind freilich zeitgenössische Nahtod-Erlebnisse, die zum Beispiel aus den Vereinigten Staaten berichtet wurden. Dort ist es für interessierte Wissenschaftler vergleichsweise einfach, die betreffenden Personen aufzusuchen. Für einen weiteren Rückblick in die Geschichte bedarf es schon zusätzlicher Anzeichen, um eine Begebenheit tatsächlich als Transzendenzerfahrung auszumachen. Bei den Totenbett-Berichten der Ewe ist dies recht einfach, weil hier ein realer Sterbeprozeß zugrundegelegt werden kann. Bei kranken

Personen, um das Beispiel aus dem Volk der Mapuche noch einmal zu bemühen, kann ebenfalls eine entsprechende Erfahrung vermutet werden. Sicher kann man sich in solchen Einzelfällen freilich niemals sein. Noch weniger Gewißheit bieten die Jenseitserwartungen der verschiedenen Völker. Eine Transzendenzerfahrung kann ihnen zugrundegelegen haben, kann an den jeweiligen Vorstellungen mitgewirkt haben, doch fehlen hier konkrete Anzeichen. Inwiefern freilich solche Erfahrungen Einfluß auf die jeweiligen Jenseitskonzeptionen hatten, bleibt offen. Die deutlichsten Anhaltspunkte für eine tatsächliche Einwirkung sind das dortige Wiedersehen verstorbener Angehöriger, die paradiesische Landschaftsbeschreibung und das göttliche Licht.

Unser Blick auf die verschiedenen Kulturen, deren Lebensweise ganz ursprünglich mit der Natur verbunden ist, muß sich auf einige wenige Beispiele beschränken. Später, wenn es um die Religionen des Ostens, der Antike und um den jüdischen Glauben geht, wird sich zeigen, daß auch dort noch manch altes Gedankengut erhalten geblieben ist, das aus grauer Vorzeit stammt. Die naturverbundene Religiosität, wie sie den frühen Menschen noch kennzeichnet, ist dann jedoch schon vom neuen Glauben überdeckt.

6. Wege des Ostens

Die bekannten Religionen des Ostens sind der Hinduismus und der Buddhismus. Ersterer ist auf dem indischen Subkontinent beheimatet, während buddhistische Schulen vor allem im Südosten Asiens zu finden sind. Neben diesen großen Glaubensrichtungen findet der chinesische Universismus seinen Platz, der durch die Person des Konfuzius auch jenseits der Landesgrenzen bekannt wurde.

Die Rede von *dem* Hinduismus stellt ein weit verbreitetes Mißverständnis dar. Genausowenig kann man von *der* Naturreligion sprechen – die Unterschiede zwischen einzelnen Völkern können trotz der vielen Gemeinsamkeiten nicht einfach geleugnet werden. Was unter dem Sammelnamen Hinduismus verstanden wird, meint in Wirklichkeit die äußerst vielfältige religiöse Welt Indiens. Hier begegnet uns eine lange Geschichte:

Um die Mitte des zweiten Jahrtausends vor unserer Zeitrechnung drangen indogermanische Nomaden in das Tal des Indus ein, einem Fluß an der indisch-pakistanischen Grenze. Mit diesen Einwanderern, die von Nordwesten her über das Gebirge kamen, wurde auch die vedische Religion nach Indien gebracht. Grundlage dieses Glaubens waren die *Veda*-Schriften, was übersetzt bedeutet: *heiliges Wissen*. Die Religiosität der Nomaden läßt sich mit jener von Naturvölkern vergleichen. Im *Rigveda*, einem der ältesten Dokumente dieser Zeit, haben die Opferpriester verschiedene Hymnen gesammelt. Über die vorherrschenden Jenseitsvorstellungen geben sie jedoch nur spärlich Auskunft. Nach dem Verbrennen des Leichnams sollte die Seele einen Zwischenzustand einnehmen, welcher *preta* genannt wurde. In dieser Zeit weilt sie als Geist auf Erden und wartet darauf, in die Welt der Ahnen zu gelangen.

Beim Übertritt ins Totenreich sind Gewässer zu durchqueren, die Hunde des Todesgottes Yama müssen passiert werden. Im Ahnenreich angekommen, erwartet die Ankömmlinge ewiges Leben und die Wiederherstellung ihres Leibes. Es gibt feine Speisen und musikalische Unterhaltung in froher Runde. Im *Rigveda* heißt es dazu:

„Wo das ewige Licht ist, in welche Welt die Sonne gesetzt ist, in diese versetze mich, o Pavamana, in die unsterbliche, unvergängliche Welt! Wo Vivasvats Sohn (Yama) König ist, wo der verschlossene Ort des Himmels ist, wo jene jüngsten Gewässer sind, dort mache mich unsterblich! Wo man nach Lust wandeln darf im dreifachen Firmament, im dreifachen Raume des Himmels, wo die lichtvollen Welten sind, dort mach mich unsterblich! Wo die Wünsche und Neigungen erfüllt werden, wo der Höhepunkt der Sonne ist, wo die Geisterspeise und Sättigung ist, dort mache mich un-

sterblich! Wo Wonnen, Freuden, Lüste und Belustigung wohnen, wo die Wünsche des Wunsches erlangt werden, dort mache mich unsterblich!"[77]

Jenseitige Freuden waren aber nur für jene bestimmt, die ein lauteres Leben geführt hatten. Übeltäter wurden in eine Höllenwelt geworfen, die sich durch tiefschwarze Dunkelheit auszeichnete. Über eine eventuelle Bestrafung der Sünder ist allerdings nichts bekannt.

Etwa um 1000 v. Chr. drangen die Nachfahren der eingewanderten Indogermanen weiter nach Süden und Osten vor. Dort versuchten sie, die ansässige Bevölkerung zu beherrschen, wobei sie das für Indien typische Kastenwesen einführten. Die Zuwanderer beanspruchten für sich die Priesterkaste und behielten die heiligen Schriften und Zeremonien in ihrer Obhut. Die auch als Brahmanen bezeichneten Priester konnten ihre Herrschaft behaupten, wobei der Abstand zwischen ihnen und der übrigen Bevölkerung denkbar groß wurde.

Um diese Zeit entstehen die *Upanishaden*, „Geheimlehren", die an die Opfertexte angehängt oder in diese eingefügt sind. Dort entsteht sich schließlich ein Gedanke, der neben dem Kastenwesen das bekannteste Merkmal hinduistischer Religiosität darstellt, und fortan an Bedeutung gewinnt: Die Lehre von der Wiedergeburt. Sie besagt, daß die Lebensumstände jedes einzelnen Lebewesens vom Wissen und von den Taten seines vorhergehenden Daseins bestimmt werden, von selbst verursachten Folgen, die man *Karma* nennt. In einem schier endlosen Kreislauf wandern die Seelen: Sie verlassen beim Tod den alten Körper und finden sich bald erneut im Leben wieder, freilich ohne sich an ihr vorheriges Dasein zu erinnern. Ausschließlich das frühere Leben bestimmt, welches Lebewesen man wird bzw welcher Kaste man nun angehört. Das sprichwörtlich gewordene Rad der Wiedergeburten dreht sich so lange fort, bis die Seele aus diesem Kreislauf erlöst wird. Durch pflichtbewußtes und selbstloses Handeln kann dies erreicht werden. Dann, so heißt es in den Versen der *Bhagavadgita*, geht sie in den Gott Vishnu ein.

Nur wenigen gelingt freilich die Erlösung aus der Kette der Seelenwanderungen; alle anderen Lebewesen werden nach ihrem Tod erneut geboren. Zuvor befinden sie sich in einer Art Wartestand, einer Umgebung, die den Taten des vergangenen Lebens entspricht. Die Schlechten finden sich in einer von zahlreichen Höllen wieder. Der Wissenschaftler Konrad Meisig beschreibt die Schilderung aus dem *Garuda-Purana*:

„Wie ein Verbrecher von Henkersknechten wird nun der Verstorbene in seinem neuen Leib mit einem Strick um den Hals und in Ketten unter Schlägen mit Folterhämmern und Beschimpfungen auf den weiten, öden Weg ins Totenreich gezerrt. Auf glühendem Sand dörren ihn die Winde aus brennenden Wäldern, Hunger und Durst quälen ihn."[78]

Was mit den Lebewesen geschieht, die ein gutes *Karma* haben, schildert Indiens umfangreichste Dichtung, das *Mahabharata*-Epos:

„Im Süden des Nilaberges und an der Nordflanke des Berges Meru liegen die glücklichen Gefilde der Uttarakurus, die von den Vollendeten bewohnt werden. Dort gibt es Bäume mit süßen Früchten, die ständig Blüten und Früchte tragen; gibt es wohlriechende Blumen und leckere Früchte. Einige Bäume dort tragen alle Früchte, die man sich wünscht; andere Bäume heißen Milchbäume. Sie spenden stets Milch und nektargleiche Nahrung von sechserlei Geschmack, und in den Früchten kommen Kleider und Schmuckstücke zum Vorschein. Der ganze Boden besteht aus Edelsteinen und feinem, goldenen Sand. (...) Sie [die Menschen] sind frei von Krankheit, frei von Schmerz, stets frohen Sinnes... "[79]

Noch bevor die Seele sich in jenseitige Regionen begeben kann, muß sie im Augenblick des Todes den Körper verlassen. Diese Situation beschreibt die *Bhagavadgita*, ein religiöses Lehrgedicht, welches sich im *Mahabharata*-Epos findet. Ihr Rat richtet sich schon an die Lebenden:

„In der Todesstunde, wenn der Mensch den Leib verläßt, muß im Scheiden sein Bewußtsein völlig in mir aufgehen. Dann wird er mit mir vereinigt werden. Dessen sei gewiß. (...)

Mach es zum festen Brauch, das Sich-Versenken zu üben und lasse dabei deinen Sinn nicht schweifen. Auf solche Weise wirst zum Herrn du eingehen, zu ihm der Licht gibt und der Allerhöchste ist. "[80]

Indiens Religiosität ist alles andere als einheitlich. Je nach Landesteil werden andere Götter verehrt, gelten unterschiedliche Glaubensregeln. Während die einen noch nach den alten Gesetzen leben, folgen andere den neueren Vorstellungen. Der Hindu läßt diese Vielfalt im allgemeinen gelten, und so existiert Altes und Neues gleichzeitig und gleichberechtigt nebeneinander.

Die indogermanischen Einwanderer hatten sich schon einige hundert Jahre um die fruchtbare Flußebene des Ganges angesiedelt, als dort um 450 v. Chr. im Ort Kapilawatsu ein Junge geboren wurde, der später Geschichte machen sollte. Der Name des Kindes war Siddharta Gautama. Es stammte aus fürstlichem Hause und wuchs in einem recht wohlhabenden Umfeld auf. Der Reichtum des Hofes erfüllte den jungen Mann jedoch nicht, und so beschloß er im Alter von 29 Jahren, seine Familie zu verlassen und umherzuwandern. Siddharta war auf der Suche nach religiöser Erleuchtung und übte sich im Fasten und in der Meditation. Eines Tages, so heißt es in der Überlieferung, saß Siddharta unter einem heiligen Baum und wurde erleuchtet. Gleichzeitig ergeht an ihn die Bitte, anderen Lebewesen auf der Suche nach Wahrheit und Erlösung behilflich zu sein. Siddharta Gautama trägt fortan den Titel

Buddha („Erleuchteter"), als der er auch über die Grenzen seiner Heimat bekannt wurde.

Buddhas Lehre entsteht vor dem Hintergrund der seinerzeitigen hinduistischen Religion, die durch eine schier endlose Kette von Seelenwanderungen geprägt ist. Nur gering sind die Chancen, aus diesem Zyklus zu entkommen. Buddha lehrt nun, daß sich der Mensch selbst aus dem Kreislauf der Wiedergeburten erlösen könne. Hierzu fordert er bestimmte Verhaltensregeln, die als die vier edlen Weisheiten und der edle achtfache Pfad bezeichnet werden. Weisheit, Disziplin und gerechtes Handeln gehören zu den Pflichten derer, die sich auf die Suche nach Wahrheit begeben.

Zu den Grundüberzeugungen Buddhas gehörte, daß Leben stets mit Leid verbunden ist. Jedes Festhalten an irdischen Dingen erzeugt demzufolge neues Leid und steht der Erlösung entgegen. Die Möglichkeit, selbst zum Buddha zu werden, steht daher nur wenigen Menschen offen. Gelingt dies aber, so geht die Seele des Erleuchteten nach dem Tod ins *Nirwana* ein. Übersetzt bedeutet dieser Ort „Erlöschen" bzw. „Verwehen", womit das Leid und die Verhaftungen des Lebens gemeint sind. Die Erwartung dessen, was sich jenseits des Sterbens befindet, ist damit äußerst abstrakt, denn es soll ja mit dem irdischen Dasein nichts mehr gemein haben. Buddhas Lehre ist entsprechend karg:

„Nach der Aufgabe des Glücks, der Aufgabe des Leids und dem schon früheren Untergang von Wohlbehagen und Mißbehagen erlangt der Mönch die vierte Versenkungsstufe: leidlose, glücklose völlige Reinheit des Gleichmuts und der Achtsamkeit, und verharrt (darin)."[81]

Dieser Endzustand ist jedoch nicht mit einer Vernichtung des Seins gleichzusetzen. Solche Ansichten wurden schon früh zurückgewiesen. Siddharta Gautama äußert sich im *Suttanipata*:

„Den, der zur Ruhe ging, kein Maß mißt ihn.
Von ihm zu sprechen gibt es keine Worte.
Zunichte ward, was Denken könnt' erfassen.
So ward zunicht auch jeder Pfad der Rede."[82]

Der ursprüngliche Buddhismus, wie ihn sein historischer Begründer Gautama Siddharta lehrte, eröffnete nur wenigen Menschen die Möglichkeit, sich selbst aus dem Kreislauf der Wiedergeburten zu erlösen. Man spricht daher vom „kleinen Fahrzeug" oder vom *Hinayana*-Buddhismus. Die neue Religion dehnte sich schon bald in ganz Indien aus.

In der ersten Jahrtausendhälfte unserer Zeitrechnung entstand eine neue Richtung in der buddhistischen Religion: Das „große Fahrzeug", genannt *Mahayana*. Nach seiner Lehre bleibt die Möglichkeit der Erlösung nicht auf wenige Personen beschränkt, sondern sie gilt für eine unermeßlich große Zahl von Lebewesen. Es ist verständlich, daß die neue Lesart bei den meisten Menschen mehr Anklang fand als die abstrakte und exklusive Lehre des Gautama Siddharta. Das „große Fahrzeug" dehnte sich in Folge nach Osten und besonders nach China aus.

Im Mahayana-Buddhismus soll jedes Wesen den anderen auf ihrem Weg zur Erlösung behilflich sein. Besondere Hilfe darf von den sogenannten Bodhisattvas erwartet werden. Diese haben bereits die Buddhawürde erreicht und thronen in höheren Welten, von wo aus sie dem Gläubigen besondere Gnaden spenden können. Nicht nur der religiöse Alltag ist im „großen Fahrzeug" von größerer Lebendigkeit gezeichnet, dasselbe gilt auch für die dort aufgekommenen Jenseitshoffnungen. Das *Sukhavati* („Glücksland"), welches nun allgemein zugänglich ist wird in schillernden Farben gemalt:

„O Ananda, die Welt, genannt Sukhavati...ist blühend, reich, schön darin zu leben, fruchtbar, lieblich und voller Götter und Menschen. Und dann, o Ananda, gibt es in dieser Welt weder Höllen noch grausame Natur (...)

Und weiter, Ananda, diese Welt Sukhavati ist voller zahlreicher, süß duftender Gemüse. Sie ist reich an vielfältigen Blumen und Früchten, geschmückt mit Edelsteinbäumen und voller Schwärme der verschiedensten, lieblich singenden Vögel... Und, o Ananda, es gibt Edelsteinbäume in verschiedenen Farben, in vielen Farben, ja in hunderttausend Farben.

Und dann, o Ananda, von den goldenen Bäumen sind die Blüten, die Blätter, die kleinen Zweige, die Äste, die Stämme und die Wurzeln aus Gold und die Früchte aus Silber. ... An einigen Bäumen sind die Wurzeln aus Gold, die Stämme aus Silber, die Äste aus Beryll, die Zweiglein aus Kristall, die Blätter aus Korallen, die Blüten aus roten Perlen und die Früchte aus Diamanten.(...) Dieses Buddhaland, o Ananda, ist auf allen Seiten von Bäumen umgeben, Bäume aus den sieben Edelsteinen, Reihen von Bananenbäumen, Mengen von Palmen. Gänzlich eingehegt ist dieses Land mit goldenen Netzen, die mit Lotosblumen, aus allen Arten von Edelsteinen, völlig bedeckt sind. ...

Von jedem Edelsteinlotos gehen dreimillionen-sechshunderttausend Lichtstrahlen aus.(...)

Und weiterhin, o Ananda, diejenigen, die in dieser Welt Sukhavati geboren wurden und geboren werden, sind mit Farben, Kraft, Stärke, Höhe, Breite, Gewalt, Tugenden, mit Freuden an Kleidern, Schmuck, Gärten, Palästen und Häusern, mit Vergnügungen der Sinne, kurz mit allen Vergnügungen begabt."[83]

Neben den beiden großen buddhistischen Richtungen gibt es noch ein drittes „Fahrzeug" auf dem Weg, dem Kreislauf der Wiedergeburten und dem damit verbundenen Leid zu entkommen. Hierzu wird das *Tantra* benutzt, eine Sammlung religiöser Schriften mit magischen und mystischen Inhalt. Entsprechend wird diese Form des Buddhismus auch *Tantrayana* genannt. Die *Tantras* versprechen eine schnelle und wirksame Erlösung und sollen wegen ihrer möglichen Gefahren bei der Anwendung nur mit Anleitung eines Lehrers, des *Lama*, benutzt werden. Die wohl bekannteste, keineswegs aber einzige Sammlung tantrischer Texte ist das *Bardo Thödröl*[84], besser bekannt als das Tibetische Totenbuch.[85]

Die Gelegenheit zur Erlösung ergibt sich in besonderen Zwischen- bzw. Grenzsituationen, die beispielsweise im Mutterschoß, im Traum und bei der Meditation vorzufinden sind, den sogenannten Bardos. Auch wenn es mehrere von ihnen gibt, ist der beschriebene Zustand doch in besonderer Weise mit dem Sterben verknüpft.

Im tibetischen Totenbuch beginnt der Tod mit dem Aussetzen der Atmung. Gleich im Anschluß daran ergibt sich die beste Möglichkeiten der Erlösung: das erste Bardo. Sie kann erlangt werden, indem man sich die zu Lebzeiten erlernten Tantras bewußt macht. Jene Texte und Formeln werden dem Sterbenden zusätzlich von einem Geistlichen vorgelesen, oft tage- oder wochenlang. Mitunter geschieht dies auch dann noch, wenn der Leichnam schon beseitigt wurde. Falls der Tote die Chance zu seiner Erlösung im ersten Bardo verstreichen hat lassen, weil er das helle Licht der Buddhas nicht von seinen eigenen, vom *Karma* verursachten Trugbildern und Irrlichtern unterscheiden konnte, so hat er im zweiten Bardo eine weitere Möglichkeit. Der Sterbende macht nun ein bemerkenswertes Erlebnis, das der Tibetforscher Klaus Sagaster so beschreibt:

„...es erscheinen ihm Gestalten, Klänge, Lichter und Strahlen, die ihn erschrecken, bedrohen und ängstigen. Sein Bewußtsein hat sich inzwischen mit einem Geistkörper verbunden, einem Körper, der nicht aus Fleisch und Blut besteht, aber mit allen Sinnesfähigkeiten ausgestattet ist, so mit dem Gesichtssinn, den der Verstorbene besitzt, selbst wenn er während seines Lebens blind war. Der Geistkörper besitzt auch Wunderkräfte und kann z.B. gehen, wohin er will... (...) der Geistkörper ist zugleich unverwundbar. Der Tote sieht nun wie man seinen irdischen Körper entkleidet, die für ihn bestimmte Nahrung wegnimmt und seine Schlafstätte reinigt, und er vernimmt das Weinen und Wehklagen seiner Verwandten und Freunde. Doch er kann sich nicht mehr mit ihnen verständigen. Zwar sieht er sie, doch sie können ihn nicht sehen, und deshalb geht er voller Trauer weg."[86]

Das tibetische Totenbuch bezeichnet die Erfahrungen des Sterbenden als Trugbilder, von denen sich der Tote nicht beeindrucken lassen dürfe. Statt dessen solle er auf eine der weiteren Gelegenheiten warten, zur Erlösung zu gelangen. Die Tatsache, daß diese Möglichkeiten in den als Bardo bezeichneten Zwischenzuständen vermutet wurden, hat dem tibetischen Totenbuch erst seinen eigenwilligen Namen gegeben.

Bardo thrödol bedeutet übersetzt etwa: „Die große Erlösung durch Hören im Zwischenzustand".

Im ersten nachchristlichen Jahrhundert erreichte der Buddhismus China. Nachdem er dort Fuß gefaßt hatte kam er im sechsten Jahrhundert erstmals nach Japan. Im Reich der Mitte haben sich heute buddhistische Traditionen und Naturreligionen mit dem altchinesischen Universismus vermischt. Gläubige können somit mehreren Bekenntnissen gleichzeitig angehören.

Der chinesische Universismus betrachtet Himmel, Erde und Mensch als Teile eines einheitlichen Weltkosmos, die zueinander in Harmonie stehen müssen. Als Symbol für diesen Ausgleich gilt das Yin-Yang-Zeichen, das die einander gegensätzlichen Kräfte darstellt. Große Bekanntheit hat der chinesische Philosoph Konfuzius erlangt, der die überlieferten Schriften überarbeitet und eine Moral- und Staatslehre daraus entwickelt hat. Als Kern des Staates gilt ihm die Familie. Auch der Verehrung der Ahnen und ihrer Werke wird große Bedeutung beigemessen. Sie erstreckt sich nicht nur auf die noch lebenden Eltern und Großeltern, auch über den Tod hinaus genießen die Vorfahren den Respekt der Nachwelt.

Helmuth von Glasenapp nennt die Voraussetzungen für die chinesische Ahnenverehrung:

„Der Brauch, Verstorbene durch Opfergaben zu erfreuen, setzt natürlich die Vorstellung voraus, daß sie, nachdem sie den irdischen Leib verlassen haben, in einer dem menschlichen Dasein ähnlichen, wenn auch subtileren Form weiterexistieren. Man nahm wohl gewöhnlich an, daß sie in der Nähe ihres Hauses oder Grabes weilten und an dem Schicksal ihrer Familie weiterhin teilnähmen, diese auch in gewissem Umfange als Schutzgeister beeinflussen könnten. Der Glaube, daß die Abgeschiedenen in einem Himmel oder einer Hölle für ihre Taten belohnt oder bestraft werden, war den Chinesen anfangs fremd. Sie kannten anscheinend weder einen dauernden Aufenthaltsort der Toten noch eine jenseitige Vergeltung. Nur von den Geistern verstorbener Herrscher oder anderer hervorragender Persönlichkeiten wurde angenommen, daß sie zu den Göttern emporstiegen und diesen bei der Regierung der Welt behilflich wären."[87]

In den östlichen Religionen findet man insgesamt ein gemischtes und uneinheitliches Bild von Jenseitsvorstellungen vor. Dies muß auch bei der Suche nach Transzendenzerfahrungen berücksichtigt werden.

Im frühen Hinduismus und im alten China herrscht die Annahme vor, der Tote halte sich noch eine Zeit lang als Geist im Kreis der Verwandten auf. Ähnliche Traditionen finden sich auch im shintoistischen Japan. Man kann diese Vorstellungen auf verbliebenes Gedankengut aus grauer Vorzeit zurückführen, als noch hinter allen

Erscheinungen Geister vermutet wurden. Hier besteht jedoch auch eine Ähnlichkeit zu Außerkörperlichkeitserfahrungen heutiger NTE.

Wie schon von Naturvölkern bekannt, finden sich auch im *Rigveda* Hindernisse, die überwunden werden müssen, bevor der Tote paradiesische Welten erreicht. Eine licht- und lusterfüllte Welt erwartet schließlich den Besucher, der sich nun wieder im Kreis der Ahnen vorfindet.

Ähnliche Beschreibungen vom Jenseits finden sich auch noch später, als die Lehre von den Wiedergeburt schon Fuß gefaßt hat. Vor diesem Hintergrund kann der geschilderte Zustand nur mehr eine zwischenzeitliche Daseinsform bedeuten, bevor es gilt, erneut ins Leben zu treten. Verbunden mit dem Wiedergeburtsgedanken ist die Vorstellung, daß die Taten aus dem früherer Leben vergolten werden. Entsprechend unterschiedlich sind auch die Schilderungen der jeweiligen (Zwischen)Zustände: Sie können paradiesisch oder auch höllenartig erlebt werden.

Der ursprüngliche *Hinayana*-Buddhismus fällt durch die sparsame Beschreibung des angestrebten Nirwana-Zustandes auf. Die später entstandene Richtung des „Großen Fahrzeugs" übt hier weniger Zurückhaltung: Die ersehnte Erlösung verbindet sich mit den Vorstellungen einer lichtvollen, paradiesischen Lebenswelt, die in schillernden Farben beschrieben wird.

Bei eingehender Betrachtung zeigt sich eine Fülle von Gemeinsamkeiten zwischen den Jenseitsschilderungen in Hinduismus und Buddhismus sowie den Berichten zeitgenössischer Experiencer. Inwieweit man hier ein Transzendenz-Erlebnis zugrundelegen darf, muß dahingestellt bleiben, solange man sich nicht auf einen konkreten Einzelfall beziehen kann.

Interessant sind dagegen Empfehlungen der östlichen Religionen, den Zustand der Erlösung durch körperliche Übungen entweder vorab zu üben – wie die *Bhagavadgita* fordert – oder aber gleich selbst einzuleiten, wie es die ursprüngliche Lehre Buddhas vorgesehen hatte. Zu diesem Zweck werden im japanischen Zen-Buddhismus sogenannte Koane benutzt, das sind Erzählungen und Aussprüche alter ZEN-Meister. Mit diesen solle ein Zustand meditativer Versenkung erreicht werden. Im *kundalini*-Yoga wird versucht, körperliche und geistige Übungen gleichzeitig durchzuführen. Die dabei gemachten Erfahrungen ähneln in mancher Hinsicht heutigen Nahtoderfahrungen, wie die Schilderungen Gopi Krishnas zeigen. Nach langer Übung erlebte er im Jahre 1937 am Ende folgendes:

„Ich war nicht länger ich selbst, oder, um genauer zu sein, nicht länger so, wie ich mich selbst kannte, ein kleiner Lichtpunkt und in einem Bewußtseinszustand, der in einem Körper eingesperrt war. Aber statt dessen war ein weiter Kreis von Bewußt-

sein in dem der Körper nur ein Punkt war, gebadet in Licht und in einem Zustand von Verzückung und Glück, wie es sich nicht beschreiben läßt."[88]

Deutlicher noch als die Versenkungsübungen sprechen die Hinweise aus dem Tibetischen Totenbuch, wo der Sterbende im zweiten *bardo* außerkörperliche Wahrnehmungen macht, einen perfekten – wenngleich immateriellen – Körper annimmt und sich mit diesem umherbewegt. Daneben macht er eine Reihe von Beobachtungen, er kann hören und sehen, darunter auch „Lichter und Strahlen". Es ist nicht verwunderlich, daß das Tibetische Totenbuch diese Erlebnisse zu Trugbildern erklärt. Andernfalls würde der vorgezeichnete Weg der Erlösung ins Wanken geraten, der ja gerade auf der Loslösung von solchen weltlichen Erscheinungen beruht. Daß aber derlei Wahrnehmungen tatsächlich gemacht wurden, liegt nahe: Aufgrund der üblichen Sterbebegleitung war stets eine Person beim Dahinscheidenden anwesend und konnte neben der Verlesung religiöser Texte auch die Äußerungen seines Gegenüber registrieren bzw. eine Unterhaltung führen. Daß Auszüge aus solchen Totenbett-Gesprächen später in die tibetischen Lehren selbst eingeflossen sind, kann zumindest als sehr wahrscheinlich angenommen werden.

7. Das klassische Altertum

Ägypten – Land der Himmelsleitern

Eine der ältesten Hochkulturen der Menschheit liegt in Ägypten. Dort wurden schon im Alten Reich – ab etwa 2610 v. Chr. – die Körper der Könige und ihrer Verwandter einbalsamiert, um den Leichnam vor dem Zerfall zu schützen und den Toten auf das Jenseits vorzubereiten. Die aufwendigen Konservierungsmaßnahmen wurden dabei mit magischen Formeln begleitet, die auch in die Bestattungszeremonie eingegangen sein dürften. Mit Beginn des Neuen Reiches – um 1550 v. Chr. – wurden die mittlerweile zahlreichen Sprüche auf Papyrusrollen gesammelt. Heute sind sie als ägyptisches Totenbuch bekannt. Im Kapitel LXIV der besagten Spruchsammlung heißt es über das Jenseits:

„Ich bin das Heute.
Ich bin das Gestern.
Ich bin das Morgen....
Bleibe ich kraftvoll und jung;
Ich bin dem Geheimnis verwobene göttliche Seele,
Die einstmals, in frühester Zeit
Die Göttergeschlechter erschuf...
Meine Strahlen erleuchten jedes auferstandene Wesen,
Das im finsteren Reiche der Toten
Durch verschiedene Wandlungen schreitet...
Durch seiner Strahlen Licht das Leben erweckt,
Das Keimen bewirkt und das Reifen der Früchte,
Ihr alle, erfahret:
Ra bin ich, wahrlich! ...
Dein Geist ist befriedigt, dein Herz findet Ruhe,
Wenn du des Tages hehre Ordnung betrachtest,
Wenn du zur schönen Stadt Khemenu gelangst,
Die durch die Pforte des Ostens dann du verläßt...
Die dir vorangehn, die Erstgebornen der Götter,
Schreiten entgegen nun dir und grüßen dich freudig."[89]

In Kapitel LXVI des Totenbuchs kommt eine Seele zu Wort, die in diese Lichtwelt eintritt:

> *„Das geheime Wissen, ich hab es erlangt!*
> *Ich weiß, daß Sekhmet Göttin im Schoß mich getragen;*
> *Die Neith-Göttin mich ins Leben gerufen,*
> *Daß ich zugleich die Uadschit-Göttin mit Schlangenkopf bin,*
> *Ausstrahlung auch des göttlichen Auges des Horus;*
> *Seht, wie ich schwebe, den Vögeln des Himmels gleich!*
> *Jetzt steig ich nieder zur Stirne Ra's*
> *Und segele im Frieden auf dem himmlischen Meere*
> *Sitzend im Sonnenboot..."*[90]

Die Religion des frühen Ägyptens gleicht in mancher Hinsicht dem Glauben von Naturvölkern. Verehrt wurden ortsansässige Götter und Mächte – solche, die für Wachstum und Fruchtbarkeit verantwortlich gesehen werden. Einen beträchtlichen Einfluß hierauf hatte die landschaftliche Ausprägung Ägyptens:

Seine Lebensader, der Nil, war umgeben von einem riesigen, lebensfeindlichen Wüstengebiet. Ein gespannter Gegensatz bestand zwischen der Fruchtbarkeit des Flusses auf der einen und seiner unwirtlichen Umgebung auf der anderen Seite. Die regelmäßigen jährlichen Überschwemmungen des Nils trugen fruchtbaren Schlamm an die Ufer und bedeuteten die Grundlage für die Ernte des Landes. Das Wissen um die Abhängigkeit von der Lebenskraft des Flusses prägte das religiöse Verhalten der Menschen.

Im Alten Reich änderten sich die Grundlagen des ägyptischen Glaubensystems. An die Stelle vieler, örtlich zuständiger Mächte traten einige, wenige Gottheiten, deren Reichweite universal war. Dieser Glaube begleitete Ägypten bis zur Islamisierung im siebten nachchristlichen Jahrhundert. Eine vielbeachtete Ausnahme in der Jahrtausende währenden Tradition fand im Neuen Reich statt. Der ägyptische König Amenophis IV. (1364-1347 v. Chr.) setzte die Sonne ins Zentrum seiner religiösen Dichtkunst. Er versuchte zu seiner Zeit, den vorherrschenden Glauben an mehrere Götter durch einen vergeistigten Sonnen-Monotheismus zu ersetzen. In seiner als Sonnengesang bekannt gewordenen religiösen Lyrik hat Echnaton, wie er später genannt wurde, ein unvergängliches Denkmal hinterlassen:

> *„Du erscheinst so schön im Lichtorte des Himmels,*
> *du lebendige Sonne, die zuerst zu leben anfing!*
> *Du bist aufgeleuchtet im östlichen Lichtorte*
> *und hast alle Lande mit deiner Schönheit erfüllt.*
> *Du bist schön und groß, glänzend und hoch über allen Landen.*

*Deine Strahlen umfassen die Länder, bis zum Ende alles dessen, was
du geschaffen hast;
du bist die Sonne und dringst eben deshalb bis an ihr äußerstes Ende.
(...)Du hast den Himmel gemacht fern von der Erde, um an ihm
aufzuleuchten,
um alles was du, einzig und allein du, geschaffen hast, zu sehen,
wenn du aufgeleuchtet bist in deiner Gestalt als lebendige Sonne,
erschienen und glänzend, fern und doch nah."*[91]

Eine Reise in das „Land ohne Rückkehr"

Wenig Trost im Vergleich zum ägyptischen Totenreich bietet die Jenseitsvorstellung in Mesopotamien, dem Land zwischen Euphrat und Tigris. Anhand der wenigen sumerisch-akkadischen Schriftquellen, die erhalten geblieben sind, läßt sich eine grobe Beschreibung der damaligen Erwartung anfertigen. Die Rede war dabei vom „Land ohne Rückkehr", einer altsumerischen Vorstellung, die in der Folge auch von Babyloniern, Assyrern und Semiten übernommen wurde.

Nach dem Tod, so glaubte man, macht sich die Seele auf nach Westen, um in die Unterwelt einzutreten. Im Epos – einer erzählenden Dichtung – vom Abstieg der Liebesgöttin Istar heißt es:

*„Ihren Sinn richtete die Tochter des Sin
zum finsteren Hause, dem Wohnsitz der Göttin von Erkalla,
zum Hause, aus dem niemand herauskommt, der es betrat,
zum Wege, dessen Begehen ohne Rückkehr ist,
zum Hause, (in dem,) der es betrat, des Lichtes entbehrt,
wo Staub ihre Nahrung, Lehm ihre Speise,
sie Licht nicht sehen, im Dunkeln sitzen,
wie Vögel mit einem Flügelkleide bekleidet sind,
auf Tür und Riegel Staub lastet."*[92]

Unter bestimmten Umständen war es den Toten möglich, wieder zur Erde zurückzukehren. Dann etwa, wenn die lebenden Angehörigen versäumten, ihnen Opfer darzubringen, konnten die Toten sie bedrängen. Die Aussicht, nach dem Leben an einen recht trostlosen Ort zu gelangen, galt mit wenigen Ausnahmen für alle Menschen. Auch wenn der jenseitige Aufenthalt zeitlich nicht begrenzt war, ist er mit einem unsterblichen Sein nicht vergleichbar: Leben in diesem Sinne, so läßt eine Passage des Gilgamesch-Epos erkennen, war unerreichbar:

*„Gilgamesch, wohin schweifst du ruhelos?
Das Leben, das du suchst, nie wirst du es finden!
Da die Götter den Menschen schufen, verliehen sie*

ihm den Tod.
Das Leben aber behielten sie für sich."[93]

Gilgamesch war auf der Suche nach der Unsterblichkeit – ohne Erfolg. Schon die Prüfung, sieben Tage lang wach zu bleiben, um wenigstens den Schlaf – den sanften Bruder des Todes zu besiegen – besteht er nicht. Als er dann mit einer Zauberpflanze eine zweite Chance erhält, wird diese von einer Schlange gefressen, während sich Gilgamesch zur Rast setzt. Auch wenn die Auskunft der Erzählung letztlich von Erfolglosigkeit geprägt ist, so gelingt es dem legendären Herrscher von Uruk doch, ins Reich des Todes einzudringen und von dort wieder zurückzukehren:

„Nach einer langen Zeit gelangte er hinter den Meeren am Ende der Welt zum Fluß Chubur, der letzten Grenze vor dem Totenreich. Gilgamesch verließ die Welt und kroch durch einen endlosen dunklen Tunnel. Es war ein langer, unbequemer Weg...aber zum Schluß sah er Licht am Ende der dunklen Röhre. Er kam zum Ausgang des Tunnels und sah einen prächtigen Garten. Die Bäume trugen Perlen und Juwelen und über allem strömte ein wundervolles Licht seine Strahlen aus. Gilgamesch wollte in der anderen Welt bleiben. Aber der Sonnengott schickte ihn durch den Tunnel zurück in sein Leben."[94]

Das Lichtreich Zarathustras

Im alten Iran hat sich schon früh die Gewißheit einer jenseitigen Welt verankert. Nach der Lehre des Propheten und Religionsstifters Zarathustras liegt die Zukunft des Menschen im göttlichen Lichtreich. Damit war eine Welt gemeint, mit deren Aufbau schon im Diesseits begonnen werden muß und die dann schließlich in einem endzeitlichen Kampf ihre Durchsetzung und Vollendung findet. Verbunden mit dieser Erwartung ist auch die Vorstellung von einem jenseitigen Strafgericht, welches die Feinde des Glaubens aburteilt. Schon im Älteren Avesta, einer Schrift die direkt auf den Gründer Zarathustra zurückgehen soll, wurde von einer Auferstehung der Seele wie auch des Leibes gesprochen. In der Jüngeren Avesta findet sich schließlich eine Beschreibung der künftigen Vollendung der Welt:

„Der Ruhmesglanz ist es, der dem Weisen Herren eigen ist, damit der Weise Herr die Geschöpfe erschaffe, die vielen und schönen, die vielen und vortrefflichen, die vielen und wundervollen, die vielen und strahlenden; damit sie das Leben wundervoll machen, nicht alternd, nicht sterbend, nicht verwesend, nicht faulend, ewig lebend, ewig gedeihend, so daß freies Bleiben herrscht. Wenn die Toten wieder auferstehen werden, für die Lebenden Vernichtungslosigkeit kommen wird, dann wird er die Existenz nach seinem Willen erneuern."[95]

Eine weitere Schilderung findet sich in der späteren Pehlevi-Literatur. Der Religionswissenschaftler Hans-Joachim Klimkeit faßt die dort geschilderte Endphase der Auferweckung zusammen:

„Dann folgt eine Reinigung, eine Scheidung der Guten von den Bösen, schließlich die freudige gegenseitige Begrüßung aller guten Menschenseelen, die sich jetzt auch wieder mit ihrem Leib vereinigen können. Sie gehen ins Lichtreich des Weisen Herren zu einem unsterblichen und ewigen Leben ein."[96]

Die Tradition des Zoroastrismus, benannt nach ihrem Gründer, ist in ihrer Erwartung auf die nahende Endzeit bedacht. In ihren Überlieferungen finden sich zahlreiche Berichte über Jenseitsfahrten. Die amerikanische Professorin für Religion und biblische Literatur, Carol Zaleski, schildert in ihrer Arbeit ein klassisches Beispiel, bei dem der Priester Viraz nach Einnahme eines Narkotikums eine derartige Reise selbst hervorruft:

„Nachdem er sieben Tage lang in komatösem Zustand wie leblos darniederlag, kehrt er ins Leben zurück und erzählt von dem, was er gesehen hatte: die Brücke des Separators (wo jede Seele auf ihr Bewußtsein trifft), das Wägen der Taten, die Stätte der „Gemischten" (wo sich diejenigen aufhalten, deren gute Taten die frevlerischen überwiegen), über die himmlischen Orte der Sterne, des Mondes und der Sonne ...; das strahlende Paradies des ewigen Lebens, den reißenden Fluß, der von den Tränen der Trauernden überflutet ist; und die dunklen Höllenverliese, wo die Gottlosen sich in Verzweiflung winden."[97]

Wege in die Unterwelt

Im alten Griechenland gab es bereits in der mykenischen Zeit einen ausgeprägten Ahnenkult. Ab 1200 v. Chr. setzte dann eine Wanderungsbewegung ein, bei der viele Menschen ihre angestammte Heimat verlassen. Die damit verbundene Entfernung von den Grabstätten der Verstorbenen bereitet auch deren Verehrung ein Ende. Obwohl manche Passagen bei Homers Odyssee auf diese Vergangenheit hindeuten, findet die frühere Praxis bei ihm keine Fortsetzung. Die Griechen nahmen an, es gebe neben einem sterblichen Körper und einem Geist, der nach dem Ableben in den Weltgeist zurückkehrt auch eine individuelle Seele, die nach dem Tod in die Unterwelt, den Hades einkehrt. Ein trostloses Schattendasein und eine stete Sehnsucht nach dem früheren Leben bestimmt das Schicksal seiner Bewohner.

Wen allerdings die Götter dazu auserwählt haben, in den „Elysischen Gefilden" zu weilen, kann einer paradiesischen Zukunft entgegenblicken. Homer schreibt:

*„In die elysische Flur zu den Grenzen der Erde entheben
Einst unsterbliche Dich, dorthin, wo der goldengelockte*

> *Held Rhadamanthys weilt, wo in seliger Wonne die Menschheit*
> *Schwelgt: - dort fällt kein Schnee, kein Regen, es fehlen des Winters*
> *Stürme, in stetem Rauschen entsenden zephyrische Lüfte*
> *Von des Okeanos Fluten belebenden Hauch zu den Menschen..."*[98]

Eine andere Art der Begegnung mit dem Jenseits findet sich bei dem berühmten griechischen Philosophen Plato. In seinem staatspolitischen Werk *Politeia* befindet sich die Geschichte des pamphylischen Kriegers *Er*. Plato schildert, wie dieser beim Kampf fällt und anschließend jenseitige Welten durchquert. Erst nach Tagen kommt der scheinbar tote Krieger zu sich, als man ihn schon auf den Scheiterhaufen gelegt hat, um den Leichnam zu verbrennen. Luigi Moraldi faßt die ausführliche Erzählung Platos zusammen:

„Nachdem er den Körper verlassen hatte, gelangte er an einen jenseitigen Ort, der von vier gewaltigen Höhlen durchzogen war...Zwischen ihnen saßen Richter, die jedem sein Urteil verkündeten: den gerecht Befundenen erlaubten sie, nach rechts zum Himmel aufzusteigen, nachdem sie auf ihrer Brust ein Zeichen befestigt hatten, das ihren Urteilsspruch kenntlich machte; die Ungerechten aber wurden dazu verdammt, nach links zu gehen, zum Abgrund, und auf ihrem Rücken befestigten die Richter ein Schandmal ihrer Vergehen.

Die Richter gestatteten Er, näherzukommen. Sie erklärten ihm, `er solle den anderen Menschen verkündigen, was sich hier ereignet hatte´ und forderten ihn auf, genau zu hören und zu beobachten, was sich noch weiter begeben werde. So erblickte er am Ausgang aus der Unterwelt »unreine und besudelte Seelen«, an dem Weg aber, der vom Himmel herabführte, reine und geläuterte Seelen. Sie alle lagerten sich auf einer Wiese und berichteten einander ihre Erlebnisse an dem jeweiligen Ort, von dem sie kamen....[jene,] die vom Himmel herabgestiegen waren sprachen von der unermeßlichen Freude und Glückseligkeit, die ihnen dort zuteil wurde. (...) Die Seelen verweilen nicht länger als sieben Tage auf der Wiese. Am achten Tag brechen sie auf, und nach weiteren vier Tagen erblicken sie ein Lichtbündel von außerordentlicher Helligkeit, vergleichbar dem Regenbogen: die Lichtsäule, die den ganzen Kosmos umspannt und als »Spindel der Notwendigkeit« alle Seelen zur Wiederverkörperung zieht."[99]

Plato greift in seinen Werken zwar die Schilderungen Homers auf, er verändert sie aber nach seinen Vorstellungen. So ersetzt er die trostlose Welt des Hades durch ein und individuelles Schicksal, das an die Taten des früheren Lebens geknüpft ist. Zugleich findet sich der Gedanke an Wiedergeburt – ein Prozeß, der von sehr langer, am Ende aber doch begrenzter Dauer ist und schließlich zur Glückseligkeit führen kann.

Das irdische Leben beschreibt der Philosoph Plato in seinem bekannten Höhlengleichnis:

Es handelt von Menschen, die an diesem Ort gefesselt sind und nur das sehen können, was durch ein Feuer hinter ihrem Rücken erhellt wird. Von allem Geschehen nehmen sie so nur Schatten wahr. Nur wer sich von den Fesseln lösen kann, erkennt das Feuer als den Grund der Schattenbewegungen. Tritt einer der Höhlenbewohner nun ins Freie, so erkennt er sein eigenes Spiegelbild im Wasser und das Sonnenlicht als Ursache dafür. Bei Plato gilt die Sonne zudem als Grund allen Seins wie auch alles Guten. Bei der Rückkehr in die Höhle erfährt der Mensch den Spott der noch gefesselten Bewohner. Selbst aber ist er von der Sonne geblendet und irrt orientierungslos umher.

Der Philosoph Plato vergleicht auf diese Weise das irdische Leben mit einem Schattenereignis, das mit der Wirklichkeit qualitativ nicht gleichgesetzt werden kann und nur deren Abglanz darstellt. Der Körper gilt in diesem Zusammenhang als das Grab der Seele. Schon zu Lebzeiten versuchte man in Griechenland, jenes Seelengrab probehalber zu verlassen. In rituellen Gottesdiensten, die nur eingeweihten Teilnehmern zugänglich waren, welche zudem zum Schweigen verpflichtet waren, wollte man sich auf den Tod vorbereiten. Diese Veranstaltungen wurden als die Eleusinischen Mysterien bekannt. Der Dichter Plutarch soll hierzu gesagt haben:

„Die Seele (zum Zeitpunkt des Todes) macht dieselbe Erfahrung wie diejenigen, die in die großen Mysterien eingeweiht wurden."[100]

Unter dem Einfluß der griechischen Kultur haben sich auch im alten Rom die Vorstellungen vom Jenseits geändert. Ausgehend von einem Totenkult, wie er etwa im Zweistromland zu finden war, finden die Gedanken Homers und Platos schließlich Eingang in die Literatur. Vergils *Aeneis*, in der der Städtegründer Aeneas – begleitet von der Seherin Sibylle von Cumae – ins Totenreich zieht, weist eine starke Ähnlichkeit zu Homers Schilderungen bei der Irrfahrt des Odysseus auf. Gleichzeitig wird auch Platos Wiedergeburtslehre aufgegriffen. Der Dichter Vergil läßt Aeneas zunächst die höllischen Bereiche der Unterwelt besuchen, bevor ihm auch ein Blick ins Elysium gewährt wird, wo die besten Seelen ihre volle Reinheit erlangen:

> *„Sie kamen zum Ort der Freude,*
> *Zu lieblich grünen Auen in dem Haine*
> *Des Paradieses, wo die Sel'gen weilen.*
> *Ätherfülle liegt ob den Gefilden*
> *Und umkleidet sie mit Purpurglanze,*
> *Eigne Sonnen, Sterne strahlen dorten.*

> *Auf den Rasenplätzen übt sich turnend*
> *Eine Gruppe, mühet sich im Wettlauf*
> *Oder ringet in dem gelben Sande;*
> *Andre tanzen Reigen zu Gesängen.*
> *Orpheus im Talare läßt zum Takte*
> *Seine Leier in Akkorden klingen...(...)*
> *Alles was sie einst im Leben liebten,*
> *Durften sie im Erdenschoß.*
> *Da gewahrt' er [Aeneas] rechts und links im Grase*
> *Andre schmausen: Dankeshymnen schallen*
> *Heiter durch des Haines Lorbeerdüfte,*
> *Und zum Himmelslicht empor durch Wälder*
> *Wallt Eridanus, der heil'ge Strom."*[101]

Reisen in nördliche Regionen

Vorstellung von einem Leben nach dem Tod gab es auch in Mittel- und Nordeuropa. Die Sagen und Legenden der dort ansässigen Germanen sind in der Edda festgehalten. Sie besteht aus zwei altisländischen Werken: einem erzählenden und einem dichterischen Teil. Die Zuordnung der Einzelschriften auf die germanischen Siedlungsregionen ist allerdings unsicher.

Nach Auskunft der Edda werden die im Krieg umgekommenen Helden in die *Walhall* einziehen, eine Halle für Gefallene, deren Herr der oberste germanische Gott Wodan ist. Dort dürfen sie sich leiblichen Genüssen hingeben, während sich die anderen Toten zunächst in der Schattenwelt *Hel* einfinden. Sie ist das Totenreich für all jene, die auf dem Land an Krankheit oder Altersschwäche verstorben sind. Später gelangen sie dann nach Niflheim, eine von Finsternis und Kälte durchzogene nördliche Eiswelt.

Im Paradies sind die ehemaligen Krieger mit Übungen beschäftigt, die als Vorbereitung auf einen endzeitlichen Kampf dienten. Im Anschluß an diese Schlacht, die das Ende der Welt bedeutet, sollte schließlich eine neue Welt beginnen und ein goldenes Zeitalter anbrechen. Die ältere Edda schreibt über die verheißene Zukunft:

> *„Da werden unbesät die Äcker tragen,*
> *Alles Böse bessert sich, Baldur kehrt wieder. (...)*
> *Einen Saal seh ich heller als die Sonne,*
> *Mit Gold bedeckt auf Gimils Höhn:*
> *Da werden bewährte Leute wohnen*
>
> *Und ohne Ende der Ehren genießen."*[102]

Auch über Reisen in jenseitige Regionen berichten Quellen aus dem Norden Europas. Hermod, der Götterbote, war auf der Suche nach dem Baldur, dem germanischen Gott des Lichts. Hierzu mußte er eine lange Reise nach Norden unternehmen, die ihn durch dunkle Täler führte. Hermod passierte die goldene Brücke, die über den Jenseitsfluß Gjöll führte und sprang über die große Mauer, welche die Welt der Toten von den Lebenden trennt.

Aus Schottland stammt der Bericht eines Menschen, der bereits tot danieder gelegen hatte, plötzlich aber die Augen öffnete und aufstand: Er sei in ein langes, tiefes Tal geführt worden, in nordöstliche Richtung, wo er gepeinigte Seelen sah, erzählte er. Plötzlich sei es dunkel geworden und die Teufel seien über ihn hergefallen. Sein Schutzengel kam dann zurück, vertrieb sie und führte den Besucher auf einen anderen Weg. Er kam zu einer hohen Mauer, die nicht überwunden werden konnte, doch irgendwie findet er sich auf der anderen Seite vor, inmitten glückseliger Geister. Dann war es auf einmal Zeit, zurückzukehren.

Von Erich dem Norweger gibt es ebenfalls eine Erzählung, die ihn in paradiesische Landschaften führt. Dazu durchquert er einen dunklen Wald, überschreitet eine Brücke und passiert das Maul eines Drachen.

Die Wege der Hoffnung im klassischen Altertum

Viele der Sagen und Geschichten des Altertums mögen erfunden worden sein, ohne daß sich dabei eine konkreter Bezug zu einer Transzendenzerfahrung zeigen würde. Dennoch gibt es auch hier eine Reihe von Anhaltspunkte, die auf entsprechende Erlebnisse hinweisen.

Schon die alten Ägypter sehnten sich nach einer Welt des Friedens, in die sie nach dem Tod einzugehen hofften. Wenn im ägyptischen Totenbuch zudem von einem lichterfüllten Jenseits die Rede ist, so wird man dies zunächst mit der Person des Sonnengottes Ra in Verbindung bringen. Wie Himmelsleitern strecken sich die Pyramiden dem erleuchteten Firmament entgegen. Die Sonne ist es auch, die durch ihre wachstumsfördernden Strahlen sowie als Gegenstück zur finsteren Nacht als Symbol für das Leben gelten kann.

In diesem Zusammenhang könnten allerdings auch Jenseitserfahrungen eine Rolle gespielt haben. So etwa bei der Erwählung des Sonnengottes Ra als oberste Gottheit. Noch bedeutender erscheint der Versuch von Amenophis IV. (1364-1347 v. Chr.), die vorherrschende Göttervielheit durch einen Sonnenmonotheismus zu ersetzen. Sein Ansinnen bedeutet einen Bruch in der religiösen Tradition Ägyptens und hat bis heute tiefe Spuren hinterlassen. Die Frage, was Echnaton zu seinem Schritt bewogen haben könnte, ist heute aktueller denn je.

Im Zweistromland ist die vorherrschende Jenseitserwartung von Trostlosigkeit gekennzeichnet. Ein Leben, welches diesen Namen verdient, kann nach dem Tod nicht erwartet werden. Von diesem Hintergrund heben sich die Erlebnisse, die Gilgamesch bei seiner Reise ins Reich des Todes macht, deutlich ab. Die Schilderungen im Epos zeigen in allen Einzelheiten bemerkenswerte Ähnlichkeiten zu heutigen Nahtoderfahrungen. Der Arzt Michael Schröter-Kunhardt nimmt daher auch an, der Gilgamesch-Erzählung liege ein entsprechendes Erlebnis zugrunde. Daß jenes Ereignis die vorherrschende Jenseitserwartung nicht nachhaltig verändert hat, mag an der Übermacht der traditionellen Vorstellungen gelegen haben. Hier besteht eine Parallele zum tibetischen Buddhismus: Obwohl auch dort entsprechende Transzendenzerfahrungen berichtet werden, hat das Gewicht der religiösen Erlösungslehre die Akzeptanz bzw. Aufnahme der geschilderten Sterbebetterlebnisse verhindert.

Im zoroastrisch geprägten Iran ist der Auferstehungsglaube mit der Einkehr in ein Lichtreich verknüpft. Am deutlichsten wird dies in der späteren Pehlevi-Literatur. Auf diese Vorstellungen könnten die Jenseitsreisen der persischen Priester einen erheblichen Einfluß gehabt haben, zumal sie von diesen selbst hervorgerufen wurden. Die Wahrscheinlichkeit, daß sich hier tatsächlich Transzendenzerfahrungen ereigneten, beruht vor allem auf den geschilderten körperlichen Umständen, die durch Narkotika erreicht wurden.

Um das Hervorrufen bestimmter körperlicher Zustände dürfte es auch den Griechen gegangen sein, als sie im Demetertempel die Eleysinischen Mysterien durchgeführt hatten. Vermutlich wurde dabei die von Homer geschilderte Jenseitsfahrt zum Hades nachgespielt. Schließlich weist schon die vom Dichter berichtete Irrfahrt des Odysseus Elemente auf, die auch bei Jenseitserfahrungen erwähnt werden. Im Rahmen der Nahtodforschung wurde bereits die Möglichkeit erörtert, daß der Homer'schen Dichtung neben altgriechischen Mythen auch Transzendenz-Erfahrungen zugrunde liegen. Dabei müßte es sich freilich nicht um Erlebnisse handeln, die dem Autor selbst widerfahren sind. Denkbar wäre auch, daß es sich um überlieferte Schilderungen handelt, die Homer in seiner Dichtkunst mitverarbeitet hat. Der genaue Ursprung der Jenseitsfahrt zum Hades ist heute wohl nicht mehr feststellbar.

Recht konkrete körperliche Umstände liefert hingegen die Erzählung des Philosophen Plato. Vom Soldaten *Er* wird berichtet, wie er eine paradiesische Umgebung durchquert, und dabei die gute wie schlechte Seite jenseitigen Lebens erfährt. Am Ende seiner Reise begegnet er einem hellen Lichtbündel, welches den Kosmos durchzieht und für die Wiederverkörperung entsprechend der Vorstellung Platos sorgt. Dabei ist eine Ähnlichkeit zum „Lichtwesen" heutiger Nahtoderfahrungen, welches den Jenseitsreisenden wieder zur Rückkehr auffordert, unschwer zu erkennen. Die Art der aufgetretenen körperlichen Umstände weist ebenfalls deutlich in die

Richtung einer Transzendenzerfahrung. Im klinischen Tod, wie dies der Autor Howard Murphet annimmt, dürfte der Soldat jedoch kaum gelegen haben.

Daß der Philosoph Plato die Geschichte des *Er* nur zu Lehrzwecken erfunden und erzählt hat, scheint wenig wahrscheinlich. Wie zufällig hätte er nämlich dabei „geeignete" körperliche Rahmenbedingungen mit einem Jenseitserlebnis verbunden. Die römischen Jenseitsvorstellungen lehnen sich stark an ihre griechischen Originale an. Es ist von daher nicht verwunderlich, wenn sich dort ähnliche, wenn auch etwas veränderte Paradiesbeschreibungen finden lassen. Die geschilderte, lichterfüllte Welt findet sich bei den Germanen in den Schriften der der älteren Edda wieder. Dort wird die Jenseitsvorstellung mit dem Anbruch eines goldenen Zeitalters am Ende der Geschichte verknüpft. Daß auch die nordischen Hoffnungen auf ein Leben nach dem Tod auf entsprechende Transzendenzerfahrungen zurückzuführen sein könnten, legen die überlieferten Berichte von Jenseitsreisen nahe. Auf einen sicheren Anhaltspunkt deutet die körperliche Verfassung jenes Experiencer hin, der schon tot schien, dann aber erwachte und von seinem Erlebnis erzählte.

8. Monotheistische Religionen

Zu den monotheistischen Weltreligionen gehören heute das Judentum, das Christentum und der Islam. Die drei genannten Glaubensbekenntnisse hängen von ihrer Entstehung her zusammen, wobei die jüdische Religion die Ausgang bildet.

Das außerwählte Volk Israel

Das Alten Testament stellt die Grundlage der israelitischen Religion dar; es gliedert sich in einzelne Bücher auf, die verschiedenen Verfassern zugeschrieben werden. Im jüdischen Glauben wird die hebräische Bibel *Thora* genannt. Schon zu Beginn der heiligen Schriften erfährt der Mensch, daß die Begrenztheit des eigenen Lebens und seine Mühsal eine Folge früherer Verfehlungen ist. Die Stammeltern der Menschheit, so berichtet das Alte Testament, hatten göttlicher Verbote mißachtet und wurden deshalb aus dem ursprünglich paradiesischen Lebensraum ausgeschlossen. Der folgenschwere Vorfall ist als „Sündenfall" in die Literatur eingegangen. In der Bibel heißt es:

„Und Gott, der Herr, pflanzte einen Garten in Eden im Osten, und er setzte dorthin den Menschen, den er gebildet hatte. Und Gott der Herr ließ aus dem Erdboden allerlei Bäume wachsen, begehrenswert anzusehen und gut zur Nahrung, und den Baum des Lebens in der Mitte des Gartens, und den Baum der Erkenntnis des Guten und Bösen. Und ein Strom geht von Eden aus, den Garten zu bewässern; und von dort aus teilt er sich und wird zu vier Armen. (...)

Und Gott, der Herr, nahm den Menschen und setzte ihn in den Garten Eden, ihn zu bebauen und ihn zu bewahren. Und Gott, der Herr, gebot dem Menschen und sprach: Von jedem Baum darfst du essen, aber vom Baum der Erkenntnis des Guten und Bösen, davon darfst du nicht essen; denn an dem Tag, an dem du davon ißt, mußt du sterben."[103]

Im Anschluß an diese Ermahnung berichtet die Bibel von der Erschaffung der Frau; sie soll dem Mann zur Seite stehen. Schon bald aber trifft sie im Garten Eden auf eine Schlange, die sie überreden will, vom verbotenen Baum zu essen. Die Frau erliegt der List der Schlange, ißt vom Baum der Erkenntnis des Guten und Bösen, und gibt auch ihrem Mann davon zu essen.

Die Übertretung des göttlichen Verbots hat weitreichende Folgen für alle Beteiligten, wie das Alte Testament verlauten läßt:

„Und Gott, der Herr, sprach zur Schlange: Weil du das getan hast, sollst du verflucht sein unter allem Vieh und unter allen Tieren des Feldes! Auf deinem Bauch sollst du kriechen, und Staub sollst du fressen alle Tage deines Lebens! ... Zu der Frau sprach er: Ich werde sehr vermehren die Mühsal deiner Schwangerschaft, mit Schmerzen sollst du Kinder gebären! Nach deinem Mann wird dein Verlangen sein, er aber wird über dich herrschen! Und zu Adam sprach er: Weil du auf die Stimme deiner Frau gehört hast und gegessen hast von dem Baum, von dem ich dir geboten habe: Du sollst davon nicht essen! - so sei der Erdboden verflucht um deinetwillen: Mit Mühsal sollst du davon essen alle Tage deines Lebens; und Dornen und Disteln wird er dir sprossen lassen, und du wirst das Kraut des Feldes essen!"[104]

Ein hartes, arbeitsreiches und beschwerliches Leben wird dem Menschen verkündet, ein Dasein, an dem er selbst Schuld trägt. Die Bibel versucht, damit die Ursache alltäglicher Mühsal erklären, und die Frage zu beantworten, weshalb das Leben nicht in einer angenehmeren Umgebung stattfindet.

Der „Sündenfall" begrenzt auch das künftige Dasein des Menschen, und dies in einer wenig verheißungsvollen Weise, wie das Alte Testament vom Zorn Gottes weiter berichtet:

„Im Schweiße deines Angesichts wirst du (dein) Brot essen, bis du zurückkehrst zum Erdboden, denn von ihm bist du genommen. Staub bist du, und zum Staub wirst du zurückkehren!"[105]

Nach Auskunft der Bibel wurde der Mensch zunächst aus dem Staub des Erdbodens geformt und ihm dann der Geist eingehaucht. Nun soll er am Ende zu dem werden, was er einmal war. Denn der Weg in den Paradiesgarten Eden wird nun endgültig versperrt, wie es weiter heißt:

„Und Gott, der Herr sprach: Siehe, der Mensch ist geworden, wie einer von uns, zu erkennen Gutes und Böses. Und nun, daß er nicht etwa seine Hand ausstrecke und auch (noch) vom Baum des Lebens nehme und esse und ewig lebe. Und Gott, der Herr schickte ihn aus dem Garten Eden hinaus, den Erdboden zu bebauen, von dem er genommen war. Und er trieb den Menschen aus und ließ östlich vom Garten Eden die Cherubim sich lagern und die Flamme des zuckenden Schwertes, den Weg zum Baum des Lebens zu bewachen."[106]

Schon zu Beginn des Alten Testaments entscheidet sich so die Frage nach einem Leben jenseits des Todes. Im jüdischen Glauben entwickelt sich daraufhin die Vorstellung von einer Unterwelt, in das der Menschen nach seinem Ableben einkehrt. Das Dasein in jenem Schattenreich, welches man Sche*o*l nannte, war vom irdischen Leben grundverschieden, es war genau sein Gegenstück. Im Laufe der Zeit hat sich die trostlose Erwartungshaltung etwas geändert. Dies zeigt ein späterer Abschnitt des Alten Testaments, in dem Mose zum Gehorsam gegenüber Gott aufruft:

„Ich rufe heute den Himmel und die Erde als Zeugen gegen euch auf: das Leben und den Tod habe ich euch vorgelegt, den Segen und den Fluch! So wähle das Leben, damit du lebst, du und deine Nachkommen, indem du den Herrn, deinen Gott liebst und seiner Stimme gehorchst und ihm anhängst!"[107]

Im Alten Testament finden sich manche Bemerkungen, die ein Überleben des Todes andeuten. Doch war damit nicht das Weiterleben des einzelnen nach seinem Sterben gemeint, sondern das Überleben des Volkes Israel als solches. So ist denn auch die Klage Hiobs zu verstehen, der die ihm auferlegten Prüfungen Gottes verzweifelt beklagt:

„Sind meine Tage nicht (nur noch) wenige? Er lasse (doch) ab, wende sich von mir, daß ich ein wenig fröhlich werde, ehe ich hingehe – und nicht wiederkomme – in das Land der Finsternis und des Todesschattens, in das Land, schwarz wie die Dunkelheit, (das Land) der Finsternis – (da ist) keine Ordnung – und (selbst) das Hellwerden ist (dort) wie Dunkelheit."[108]

Im Buch Daniel verdichten sich dann die Hoffnungen der Menschen auf eine individuelle Auferstehung. Während die Schrift von künftigen Ereignissen spricht, heißt es:

„Und es wird eine Zeit der Bedrängnis sein, wie sie (noch) nie gewesen ist, seitdem (irgendeine) Nation entstand bis zu jener Zeit. Und in jener Zeit wird dein Volk errettet werden, jeder, den man im Buch aufgeschrieben findet. Und viele von denen, die im Staub der Erde schlafen, werden erwachen: die einen zu ewigem Leben, die anderen zur Schande, zu ewigem Abscheu. Und die Verständigen werden leuchten wie der Glanz der Himmelsfeste; und die, welche die vielen zur Gerechtigkeit gewiesen haben, (leuchten) wie Sterne immer und ewig."[109]

Während die jüdische Religion am Anfang noch von einem trostlosen Schattenreich ausging, welches den Menschen nach seinem Ableben erwartet, entwickelte sich im Laufe der Zeit die Hoffnung auf ein lichtvolles Weiterleben im Jenseits.

Mose gilt als der eigentliche Begründer des Judentums, man spricht daher auch von der mosaischen Religion. Im Alten Testament wird von ihm berichtet, er habe sein Volk Israel aus ägyptischer Gefangenschaft befreit und ins gelobte Land geführt. Immer wieder gab es Zweifel an seiner Person, weil man nicht sicher war, ob Mose tatsächlich gelebt hatte oder ob sein Wirken nur Legende war. Schon sein Name gibt Rätsel auf: Nach Aussage der Bibel wurde er drei Monate nach seiner Geburt im Nil ausgesetzt und dann von der Tochter des Pharao aus dem Wasser gezogen. Von daher, so heißt es, hat Mose seinen Namen bekommen: Der aus dem Wasser gezogene.

Neben der Erklärung des Alten Testaments wird oft noch eine andere Möglichkeit angeführt: Im Ägyptischen steht das Wort *mose* für *Kind*. So bedeutet etwa der Name Ramses nichts anderes als Ra-mose, Kind des Ra, welcher uns weiter oben schon als Sonnengott begegnet ist.

Ungeachtet der Namensgebung und des genauen Werdegangs sind sich die meisten Wissenschaftler einig, daß Mose tatsächlich gelebt hat. Wie später noch zu sehen sein wird, bedeutet sein Wirken einen der bedeutsamsten Einschnitte in der Geschichte der Religionen. Der Begründer der israelitischen Religion findet seine Berufung zum religiösen und politischen Führer seines Volkes, während er am Berg Horeb seine Schafe weidet. Dort kommt es zu einer außergewöhnlichen Begegnung:

„Mose aber weidete die Herde Jetros, seines Schwiegervaters, des Priesters von Midian. Und er trieb die Herde über die Wüste hinaus und kam an den Berg Gottes, den Horeb. Da erschien ihm der Engel des Herrn[110] in einer Feuerflamme mitten aus einem Dornbusch. Und er sah (hin), und siehe der Dornbusch brannte im Feuer, und der Dornbusch wurde nicht verzehrt. Und Mose sagte (sich): Ich will doch hinzutreten und dieses große Gesicht[111] sehen, warum der Dornbusch nicht verbrennt. Als aber der Herr sah, daß er herzutrat, um zu sehen, da rief ihm Gott mitten aus dem Dornbusch zu und sprach: Mose! Mose! Er antwortete: Hier bin ich. Und er sprach: Tritt nicht näher heran, denn die Stätte, auf der du stehst, ist heiliger Boden! Dann sprach er: Ich bin der Gott deines Vaters, der Gott Abrahams, der Gott Isaaks und der Gott Jakobs. Da verhüllte Mose sein Gesicht, denn er fürchtete sich, Gott anzuschauen."[112]

Die Gotteserfahrung des Moses markiert eine der bedeutendsten Begebenheiten des Alten Testaments, welches ansonsten eher nüchtern wirkt. Lebendigere Darstellungen von außergewöhnlichen Erlebnissen finden sich sonst nur in Schriften, die zwar als fromme religiöse Dichtung gelten, jedoch nicht mehr zur Grundlage des jüdischen Glaubens gehören. In den sogenannten Apokryphen, was übersetzt soviel bedeutet wie „verborgene Bücher", finden sich interessante Stellen. Schriften dieser Art findet man auch im christlichen Glauben und im Islam.

Henoch war ein Enkel des Adam, jenes legendären ersten Menschen, der nach dem Sündenfall den Garten Eden verlassen mußte. Als einer von ganz wenigen Ausnahmen wurde er am Ende seines Lebens ins Jenseits aufgenommen, ohne vorher gestorben zu sein. Das äthiopische Buch Henoch, ein apokrypher Text, berichtet darüber hinaus von einer sagenhaften Reise:

„Sie nahmen mich fort und versetzten mich an einen Ort, wo die dort befindlichen Dinge wie flammendes Feuer sind, und wenn sie wollen, erscheinen sie wie Menschen. Sie führten mich an einen Ort des Sturmwinds und auf einen Berg, dessen

äußerste Spitze in den Himmel reicht. Ich sah die Örter der Lichter, die Vorratskammern der Blitze und des Donners und in der äußersten Tiefe einen feurigen Bogen, Pfeile samt ihrem Köcher, ein feuriges Schwert und sämtliche Blitze. Sie versetzten mich an die lebendigen Wasser und an das Feuer des Westens, das die jedesmal untergehende Sonne empfängt. Ich kam bis zu einem Feuerstrome, dessen Feuer wie Wasser fließt und der sich in ein großes Meer im Westen ergießt. Ich sah die großen Ströme und gelangte bis zu dem großen Fluß und bis zu der großen Finsternis und ging dahin, wohin alles Fleisch wandert."

Henoch wirft auch einen Blick in die vier Abteilungen der Unterwelt, wo die Toten auf das kommende Gericht warten:

„Diese Plätze hat man zu Aufenthaltsorten für die gemacht bis zum Tag ihres Gerichts, bis zu einer gewissen Frist und festgesetzten Zeit, zu der das große Gericht über sie stattfinden wird. Ich sah den Geist eines verstorbenen Menschenkindes klagen, und seine Stimme klang bis zum Himmel und klagte. (...) Da fragte ich den Engel in betreff all der Hohlräume und sagte: Weshalb ist einer vom andern getrennt? Er antwortete mir und sagte: Diese drei Räume sind gemacht, um die Geister der Toten zu trennen; und so ist eine besondere Abteilung gemacht für die Geister der Gerechten da, wo eine helle Wasserquelle ist."[113]

Ebenfalls als eine apokryphe Schrift gilt die Erzählung von der „Himmelfahrt des Jesaja". Dort geht Reise durch die sieben Himmel, von denen jeder lichtvoller ist als der vorherige:

„Und dann, als ich im sechsten Himmel war, hielt ich für Finsternis jenes Licht, das ich in den fünf Himmeln gesehen habe. Und ich freute mich und pries den, der solches Licht denen, die seine Verheißung erwarten, geschenkt hat. Und ich flehte den Engel, der mich führte, an, daß er mich von nun an nicht mehr in die Welt des Fleisches zurückführen solle .... Und der Engel, der mich führte, fühlte, was ich dachte, und sprach: Wenn du dich schon über dieses Licht freust, wie vielmehr, wenn im siebentem Himmel du das Licht sehen wirst, wo Gott und sein Geliebter ist, woher ich gesandt worden bin, der in der Welt Sohn genannt werden soll. (...) Denn das Licht daselbst ist groß und wunderbar. (...)

Und er ließ mich aufsteigen in den siebenten Himmel, und daselbst sah ich ein wunderbares Licht und Engel ohne Zahl. Und daselbst sah ich den heiligen Abel und alle Gerechten. Und daselbst sah ich Henoch und alle, die mit ihm waren, entkleidet des fleischlichen Gewands, und ich sah sie in ihren höheren Gewändern, und sie waren wie die Engel, die daselbst in großer Herrlichkeit stehen."[114]

Der israelitische Glaube beinhaltet die Erwartung, daß das Reich Gottes eines Tages anbricht. Um dieses zu errichten bzw. zu verkünden erscheint dann ein Messias. In

Talmud und *Midraschim*, Quellen, in denen die heiligen Schriften ausgelegt werden, finden sich Beschreibungen der ersehnten neuen Zeit. Sie lehnen sich stark an jene Schilderungen an, die der Prophet Jesaja einst verkündet hat:

„Gerechtigkeit wird der Schurz seiner Hüften sein und die Treue der Schurz seiner Lenden. - Und der Wolf wird beim Lamm weilen und der Leopard beim Böckchen lagern. Das Kalb und der Junglöwe und das Mastvieh werden zusammen sein, und ein kleiner Junge wird sie treiben. Kuh und Bärin werden (miteinander) weiden, ihre Jungen werden zusammen lagern. Und der Löwe wird Stroh fressen wie das Rind. Und der Säugling wird spielen an dem Loch der Viper und das entwöhnte Kind seine Hand ausstrecken nach der Höhle der Otter. Man wird nichts Böses tun noch verderblich handeln auf meinem ganzen heiligen Berg. Denn das Land wird voll von Erkenntnis des HERRN sein, wie von Wassern, die das Meer bedecken."[115]

Christus – Licht der Welt

Als Jesus von Nazareth in Palästina geboren wurde, war das Land unter römischer Besatzung. Manche Juden leisteten den fremden Truppen Widerstand, andere arbeiteten mit ihnen zusammen. Die Sehnsucht nach einer Befreiung aus der Fremdbestimmung wuchs, und dieser Wunsch hatte auch religiöse Züge. Zahlreiche Menschen haben damals angenommen, daß es schon bald zum Weltuntergang kommen werde. Johannes der Täufer, ein Wanderprediger, rief zur Umkehr auf und predigte das Heranbrechen des Reichs Gottes.

Jesus, der einer jüdischen Handwerkerfamilie entstammte, beschäftigte sich schon früh mit religiösen Schriften. Er schloß sich der Täuferbewegung des Johannes an und suchte die Stille der Wüste, um zu fasten und zu meditieren. Die einzigen Schriften, die über das Leben Jesu Auskunft geben sind die Berichte der vier Evangelisten, Anhänger Jesu, die seine Worte und sein Werk lange nach seinem Tod niederschreiben. Die vorhandenen apokryphen Quellen sind ausschließlich dichterischer Natur, so daß man sich letztendlich auf die Schilderungen der vier Evangelisten stützen muß. Drei von ihnen – Matthäus, Lukas und Markus – sind sich in ihrer Beschreibung recht ähnlich und werden daher als die Synoptiker bezeichnet. Johannes hingegen, der vierte der Schreiber, weicht in seinem Bericht von den andern dreien ab. Zusammen bilden die Schriften den Hauptteil des Neuen Testaments.

Jesus ist fest verwurzelt im jüdischen Glauben, sein Wirken wird im christlichen Glauben als Fortsetzung und Erneuerung der israelitischen Tradition betrachtet. Die drei Synoptiker berichten von einem Ereignis, welches diesen Zusammenhang verdeutlicht. Bei Matthäus heißt es:

„Und nach sechs Tagen nimmt Jesus den Petrus und Jakobus und Johannes, seinen Bruder, mit und führt sie abseits auf einen hohen Berg. Und er wurde vor ihnen umgestaltet. Und sein Angesicht leuchtete wie die Sonne, seine Kleider aber wurden weiß wie das Licht; und siehe, Mose und Elia erschienen ihnen und unterredeten sich mit ihm."[116]

Die Begebenheit wird als Verklärung Jesu bezeichnet, mit ihr soll eine Brücke in das Alte Testament geschlagen werden. Noch bevor die Jünger Jesu auf das Ereignis reagieren können, verändert sich die Situation. Weiter heißt es:

„Petrus aber begann und sprach zu Jesus: Herr, es ist gut, daß wir hier sind. Wenn Du willst, werde ich hier drei Hütten machen, dir eine und Mose eine und Elia eine. Während er noch redete, siehe da überschattete sie eine lichte Wolke, und siehe, eine Stimme (kam) aus der Wolke, welche sprach: Dieser ist mein geliebter Sohn, an dem ich Wohlgefallen gefunden habe. Ihn hört! Und als die Jünger es hörten, fielen sie auf ihr Angesicht und fürchteten sich sehr. Und Jesus trat herbei, rührte sie an und sprach: Steht auf und fürchtet euch nicht! Als sie aber ihre Augen aufhoben, sahen sie niemand als Jesus allein."

Im Zentrum der Botschaft Jesu steht die Liebe zu Gott und zum Nächsten. Wenn es um diesen Grundsatz geht, dann dürfen die Regeln des Glaubens dem nicht im Wege stehen. Am Ende ist es der Konflikt mit den Gesetzen der israelitischen Religion und der römischen Besatzungsmacht, die zu seiner Ermordung führen. Das herannahende Reich Gottes, von dem Jesus zu Lebzeiten gepredigt hat, ist ausgeblieben.

Gleichwohl haben sich die Gedanken und Werke Jesu mit einer atemberaubenden Geschwindigkeit herumgesprochen und zur Verbreitung des christlichen Glaubens geführt. Einen großen Anteil hieran hatte Paulus, der wegen seines missionarischen Einsatzes auch als Völkerapostel bezeichnet wird. Die Reisen, die er unternahm führten ihn unter anderem nach Griechenland, Kleinasien und Rom. Wie das Neue Testament berichtet, war Paulus keineswegs von Anfang an ein begeisterter Anhänger Jesu. Vielmehr war er einer derjenigen Juden, die sich die Verfolgung der Christen zum Ziel gesetzt haben. Saulus, wie er vor seiner Bekehrung hieß, hatte Jesus nie persönlich erlebt. Worauf er sich beruft, ist ein Erlebnis, das ihn eines Tages überraschte. In der Apostelgeschichte heißt es:

„Als er aber hinzog, geschah es daß er Damaskus nahte. Und plötzlich umstrahlte ihn ein Licht aus dem Himmel, und er fiel auf die Erde und hörte eine Stimme, die zu ihm sprach: Saul, Saul, was verfolgst du mich? Er aber sprach: Wer bist du, Herr? Er aber (sagte): Ich bin Jesus, den du verfolgst. Doch steh auf und geh in die Stadt, und es wird dir gesagt werden, was du tun sollst. Die Männer aber, die mit ihm des Weges zogen, standen sprachlos, da sie wohl die Stimme hörten, aber niemand sahen."[117]

Nach der Apostelgeschichte erzählt Paulus später erneut von dieser Begebenheit und vertauscht dabei die Wahrnehmungen, die nur er gemacht hatte mit den Beobachtungen, die auch die umstehenden Personen machen konnten:

„Die aber bei mir waren, sahen zwar das Licht, aber die Stimme dessen, der mit mir redete, hörten sie nicht."

Im zweiten Brief an die Gemeinde der Korinther spricht Paulus von einem anderen Erlebnis. Er beschreibt dieses jedoch nicht, sondern deutet es nur an:

„Ich weiß von einem Menschen in Christus, daß er vor vierzehn Jahren – ob im Leib, weiß ich nicht, oder außer dem Leib, weiß ich nicht; Gott weiß es –, daß dieser in den dritten Himmel entrückt wurde. Und ich weiß von dem betreffenden Menschen – ob im Leib oder außer dem Leib, weiß ich nicht; Gott weiß es –; daß er in das Paradies entrückt wurde und unaussprechliche Worte hörte, die auszusprechen einem Menschen nicht zusteht."[118]

Die Andeutungen des Paulus sind nicht folgenlos geblieben: Schon im dritten Jahrhundert nach Christus gab es Erzählungen über eine Jenseitsreise. Die Kirche selbst hat Berichte über jenes Ereignis stets zurückgewiesen. Wie Carol Zaleski feststellte, erinnern die Quellen an apykryphe Erzählungen wie etwa die Himmelfahrt Henochs. Bezüglich Paulus schreibt die Religionswissenschaftlerin:

„...sie beschreiben ihn als prophetischen Seher, der, in der Tradition des Henoch und Elias, körperlich in den Himmel aufstieg, um Gottes Auftrag zu empfangen, und körperlich zur Hölle fuhr, um Zeitaufschub für die gequälten Seelen zu erlangen."[119]

Am Ende des Neuen Testament befindet sich die Offenbarung des Johannes. Sie kündet vom Ende der Welt und die der Schaffung des künftigen Gottesreiches. In einer außergewöhnlichen Vision will Johannes diese Begebenheiten erfahren haben. Eingangs erwähnt er, wie es dazu gekommen ist:

„Und ich wandte mich um, die Stimme zu sehen, die mit mir redete, und als ich mich umwandte, sah ich sieben goldene Leuchter, und inmitten der Leuchter (einen) gleich einem Menschensohn, bekleidet mit einem bis zu den Füßen reichenden Gewand und an der Brust umgürtet mit einem goldenen Gürtel; sein Haupt aber und die Haare (waren) weiß wie weiße Wolle, wie Schnee, und seine Augen wie eine Feuerflamme...sein Angesicht (war), wie die Sonne leuchtet in ihrer Kraft. Und als ich ihn sah, fiel ich zu seinen Füßen wie tot."[120]

Mit dem Ende der alten Welt wird eine neue Erde geschaffen: das himmlische Jerusalem. Großzügig in ihrer Dimension und prachtvoll an Bau ist die Stadt von der Gegenwart Gottes durchdrungen:

"Und die Stadt ist viereckig angelegt, und ihre Länge ist so groß wie die Breite. Und er maß die Stadt mit dem Rohr auf zwölftausend Stadien; ihre Länge und Breite und Höhe sind gleich....Und der Bau ihrer Mauer war Jaspis und die Stadt reines Gold, gleich reinem Glas. Die Grundsteine der Mauer der Stadt waren mit jeder (Art) Edelstein geschmückt... Und die zwölf Tore waren zwölf Perlen, je eines der Tore war aus einer Perle, und die Straße der Stadt reines Gold, wie durchsichtiges Glas. (...)

Und Nacht wird nicht mehr sein, und sie bedürfen nicht des Lichtes einer Lampe und des Lichtes der Sonne, denn der Herr, Gott, wird über ihnen leuchten, und sie werden herrschen in alle Ewigkeit."[121]

Weitaus überschwenglichere Berichte von Einblicken in jenseitige Regionen finden sich in den apokryphen Schriften zum Neuen Testament. Eine davon ist das sogenannte Nikodemus-Evangelium. In dessen dritten Teil wird von den beiden verstorbenen Söhnen des greisen Simeon berichtet, die wiederauferstehen, um der Ratsversammlung von ihren Erfahrungen im Jenseits Zeugnis zu geben:

"Wir waren also im Hades[122] *zusammen mit allen denen, die von Urzeiten her entschlafen sind. In der Stunde aber der Mitternacht strahlte es in jener Finsternis auf wie Sonnenlicht und leuchtete, und wir wurden allesamt beschienen und sahen einer den anderen. Und sogleich tat sich unser Vater Abraham mit den Patriarchen und Propheten zusammen, und miteinander von Freude erfüllt sagten sie einer zum anderen: Das ist das Licht vom Vater und vom Sohn und vom heiligen Geist! Über das habe ich, als ich noch lebte gesagt: Land Sebulon und Land Naphthali, das Volk, das in Finsternis sitzt, siehe, ein großes Licht erstrahlt ihm."*[123]

Die Zeit der Christenverfolgung geht im vierten Jahrhundert zu Ende. Im Jahr 313 wird der christliche Glaube offiziell anerkannt, knapp 90 Jahre später wird er schon zur Staatsreligion des römischen Reichs. In Europa beginnt schließlich eine Zeit, die später als Mittelalter bezeichnet wird. Und auch aus dieser Epoche werden außergewöhnliche Erfahrungen gemeldet. Vom heiligen Patrick heißt es, er habe in einer Höhle Jenseitsreisen veranstaltet, um dadurch die heidnischen Iren zu bekehren. Den eingeschlossenen Besuchern soll es möglich gewesen sein, die Freuden der guten Seelen und die Pein der Verdammten zu erleben. Orte wie diese, die der Reinigung von Sünde und Schuld dienen, werden auch als Purgatorium bezeichnet. Im Laufe der Zeit besuchten zahlreiche Pilger die besagte Höhle um eine Läuterung ihre Seele zu erreichen.

Carol Zaleski hat sich der Untersuchung mittelalterlicher Jenseitsreisen gewidmet und diese mit zeitgenössischen Nahtoderfahrungen verglichen. In ihrer Darstellung berichtet sie vom Ritter Owen, der im Krieg große Schuld auf sich geladen hatte. Zur

Sühne seiner Taten läßt er sich freiwillig ins Purgatorium des heiligen Patrick einschließen. Zaleski faßt zusammen, was ihn dort erwartet:

„Zögernd begibt sich Owen auf den Weg durch einen langen dunklen Gang, einem entfernten Lichtschein folgend, der ihn schließlich zu einem ausgedehnten offenen Kreuzgang bringt. Hier trifft er zwölf in Weiß gekleidete und kahlgeschorene Männer, die wie Mönche aussehen....Im selben Moment erbebt die Höhle in grauenerregendem Gebrüll; es ist als seien die gesamte Menschheit und alle Tiere in einen einzigen mörderischen Schrei ausgebrochen. Nur das Anrufen des göttlichen Namens bewahrt Owen davor, den Verstand zu verlieren. Dann wird er zu einer infernalischen Besichtigungsreise hinweggetragen.

Owen besucht vier Stätten der Bestrafung. Wie in früheren visionären und apokalyptischen Berichten werden die Seelen der Verdammten von Drachen verschlungen, von Schlangen und Kröten angefallen, mit rotglühenden Nägeln am Boden festgenagelt, in Öfen gebraten, in Kessel mit kochendem Wasser getaucht und auf ein brennendes ixionisches Rad geflochten."

Anschließend überquert der Ritter Owen eine Brücke, die über einen Fluß aus Feuer und Schwefel führt. Schließlich gelangt er in eine wunderbare Umgebung:

„Nach den Stätten der Pein wandert Owen weiter, einem mit Edelsteinen geschmückten Tore entgegen, das sich ihm zur Begrüßung öffnet und ihn in einen lichtdurchfluteten Bereich führt, strahlender noch als die Sonne. Er begegnet einer Prozession von Geistlichen, die Kreuze, Banner, Kerzen und goldene Palmzweige tragen und himmlische Chöre singen. Zwei Erzbischöfe führen Owen auf herrliche Auen mit üppigen Blumen, Früchten und Bäumen, `von deren Duft er sich für immer nähren könnte´. Es gibt keine Nacht, keine Finsternis, keine Hitze, keine Kälte... doch ist dies nur das irdische Paradies, ein Zwischenreich;...

Die Erzbischöfe führen Owen nun auf einen Berggipfel und gebieten ihm, in den Himmel zu schauen, der in ein leuchtend goldenes Licht getaucht ist. Hier, am Eingang zum himmlischen Paradies, erhält Owen einen Vorgeschmack des Himmels."

Im Originaltext ist von einer Flamme die Rede, die vom Himmel herab leuchtet:

„Sie fiel auf den Kopf des Ritters und durchdrang ihn ebenso wie die anderen Dann empfand er ein süßes Gefühl der Freude in seinem Körper und seinem Herzen, so daß er vor Entzücken kaum zu sagen wußte, ob er noch lebte oder bereits tot war; doch die Zeit verging in einem Augenblick."[24]

Doch Owen muß den himmlischen Ort verlassen, so sehr er sich auch dagegen sträubt. Sein Leben verändert der einstige Ritter nun grundlegend: Er wird Übersetzer in einem Zisterzienserorden.

Auch im Leben der heiligen Katharina von Genua, einer religiösen Schriftstellerin des späten Mittelalters, hat eine außergewöhnliche Begegnung einen bleibenden Eindruck hinterlassen. In einer mystischen Gotteserfahrung gewinnt sie einen Einblick in das Fegefeuer, jenen Ort, in dem die Seelen nach dem Tod auf ihre Reinigung von Schuld warten. Über dieses Erlebnis heißt es:

„Diese heilige Seele (nämlich Katharina von Genua) befand sich noch im Fleische, als sie in das Fegfeuer der Läuterung feueriger Gottesliebe versetzt wurde. Dieses Feuer versengte in jener Seele alles und läuterte alles, was sich in ihr noch im Zustand, geläutert werden zu können, befand. Es sollte dies dazu geschehen, damit sie sogleich beim Austritt aus dem irdischen Leben vor das Angesicht dieses süßen Gottes geführt werden könne. Sie begriff mittels dieses Liebesfeuers in ihrer Seele, wie es um dies Seelen jener Gläubigen am Ort des Fegefeuers steht, die von jenem `Rost' der Sündenmakel, von dem sie in diesem Erdenleben noch nicht gereinigt worden sind, geläutert werden. "[125]

Erfahrungen wie diese wurden nicht selten zur religiösen Unterweisung benutzt. Vor den Qualen der Hölle sollte dadurch gewarnt, und zu einem gerechten Leben im Glauben aufgerufen werden. Schon Papst Gregor der Große widmete sich der Sammlung solcher Erlebnisse und er befragte auch selbst die entsprechenden Personen. Die Berichte wurden dann von ihm so bearbeitet, daß sie den gewünschten belehrenden Charakter erhielten, ohne den Inhalt wesentlich zu verändern. Reichhaltig sind die Schilderungen eines Soldaten, von dessen Schicksal Gregor berichtet:

„Er sagte – und die Sache ist seitdem Vielen bekannt geworden, – es sei eine Brücke dagewesen, unter welcher ein schwarzer, düsterer Strom dahinfloß, der einen Nebel von unerträglichem Gestank ausdünstete. Über der Brücke waren freundliche, grünende Wiesen, mit wohlriechenden Blumengebüschen geziert, auf welchen weißgekleidete Menschen beisammen zu stehen schienen. Solcher Wohlgeruch herrschte an jenem Ort, daß die da selbst Lustwandelnden und Wohnenden ganz davon erfüllt waren. Dort hatte jeder seine Wohnung von herrlichem Licht durchglänzt. "[126]

Auch dieser Soldat erlebt im Jenseits, was mit den Personen geschieht, die ihre schlechten Taten im hiesigen Zwischenreich noch abzubüßen haben. Diesen Punkt stellt Papst Gregor ganz deutlich heraus.

Nicht nur ins Mittelalter, sondern bis in die Neuzeit reichen die zahlreichen Berichte von Visionen und Jenseitserfahrungen, die dabei von mehr oder minder religiösem Inhalt geprägt sind. Einige von ihnen stehen in einem konkreten Zusammenhang mit dem Sterben, wie bei einem gewissen Drythelm aus England. Dieser war einer schweren Krankheit erlegen und, wie es heißt, bereits verstorben, als er sich am nächsten Tag vom Totenbett erhob und von einem Besuch im Jenseits berichtete.

Dort soll er einen Mann von leuchtendem Angesicht und heller Kleidung getroffen haben, und von diesem in ein langes Tal geführt worden sein. Auch Drythelms Erfahrung hat zwei Seiten, wie sie Carol Zaleski zusammenfaßt:

„Angesichts der unzähligen mißgebildeten Seelen, die hier zwischen Feuer und Eis hin- und hergeworfen werden, meint Drythelm, sich in der Hölle zu befinden, doch sein Führer erklärt ihm, daß dies lediglich die Stätte der vorübergehenden Qualen für diejenigen sei, die auf dem Sterbebett bereuen und durch Messen, Gebete, Almosen und Fasten der Trauergemeinde noch erlöst werden können. Um zur Höllenpforte zu gelangen, wird Drythelm durch ein Land der Finsternis geführt, das er nur durchqueren kann, solange er den Blick auf die leuchtende Silhouette seines Begleiters gerichtet hält. ... Drythelm erblickt furchterregende Geister, die drei unglückliche Seelen in den Abgrund zerren und auch ihn selbst mit ihren Zangen in den Abgrund stoßen wollen. Im letzten Moment werden sie von seinem Führer verscheucht, der ihm in Gestalt eines leuchtenden Sterns erscheint.

Sie reisen nach Südosten in einen lichtdurchfluteten Bereich, bis sie auf eine riesige Mauer stoßen. Plötzlich, ohne zu wissen wie, findet sich Drythelm jenseits der Mauer inmitten einer leuchtenden Blumenwiese wieder. Er begegnet ʻeiner Gesellschaft von vielen glücklichen Menschenʼ und glaubt, im Himmel zu sein. Sein Führer belehrt ihn indes, daß dies nur die Vorkammer für die noch nicht ganz Vollkommenen sei. Endlich nähert er sich dem himmlischen Königreich; die süßesten Gesänge erklingen, berauschende Düfte umhüllen ihn, und er erblickt ein Licht, so hell wie er es noch nie zuvor gesehen hatte."

Obwohl Drythelm in der neuen Umgebung bleiben möchte, muß er wieder ins Leben zurückkehren. Dort angelangt erklärt er seiner Frau:

„Hab keine Angst, ich bin tatsächlich vom Tode, der mich hielt, auferstanden und es wurde mir erlaubt, wieder unter den Menschen zu leben; doch von heute an darf ich nicht mehr wie früher leben, sondern muß ein ganz neues Leben beginnen."[127]

Islam – Hingabe an Gott

Im siebten Jahrhundert nach Christus war das Leben auf der arabischen Halbinsel, dem heutigen Saudi-Arabien, vom Glauben an viele Gottheiten geprägt. In Mekka befand sich die Kaaba, ein Meteorit, der als Kultstätte für zahlreiche Götter diente. Die Sippe der Koraisch verwaltete dieses Heiligtum, zu dem damals zahlreiche Menschen strömten, um Gebete und Opfer darzubringen. Auch fremdes Gedankengut drang in die religiöse Welt der damals lebenden Beduinenstämme. Sie stammten aus Persien, wo die Lehre Zarathustras weit verbreitet war, und aus der heutigen Türkei, wo der christlich-byzantinische Glaube beheimatet war. Hierdurch wurden auch die Vorstellungen der Juden bekannt.

Kaufleute, die weit umhergereist waren, und in Mekka ihre Geschäfte führten, waren mit den Gebräuchen der umliegenden Länder besonders vertraut. Aus einer solchen Familie stammte ein junger Mann, der den Namen Mohammed trug. Er sollte später zum Begründer der letzten großen Weltreligion werden. Mit 25 Jahren heiratete Mohammed die Kaufmannswitwe Chadidscha und widmete sich selbst dem Handel. Zusätzlich machte sich der junge Mann Gedanken über die religiöse und gesellschaftliche Situation seiner Zeit. Zur Meditation zieht er sich in eine Höhle des Berges Hira zurück, wo er schließlich außergewöhnliche Erlebnisse hat. In der Überlieferung des Al-Buchari heißt es:

"Die erste Offenbarung, die der Prophet erhielt, begann mit guten Traumgesichten im Schlaf; jeder Traum, den er sah, pflegte ihm so deutlich wie der Anbruch des Morgens zu kommen. Dann empfand er Liebe zur Einsamkeit und pflegte sich in die Höhle des Berges Hira zurückzuziehen, sich in ihr eine bestimmte Anzahl von Nächten religiösen Übungen zu widmen, bevor er zu seiner Familie zurückkehrte...bis die Wahrheit zu ihm kam, während er in der Höhle des Hira war. Da kam der Engel zu ihm und sagte: Rezitiere! Er aber antwortete: Ich kann nicht rezitieren!"[128]

Doch der Engel läßt nicht nach, und am Ende wird Mohammed gewaltsam zum Rezitieren genötigt. Von Furcht gepackt läßt er sich zu Hause einwickeln, bis sich sein Zustand gebessert hat. Später aber setzen sich die Offenbarungen aber fort:

"Während ich einherging, hörte ich eine Stimme vom Himmel; da blickte ich auf, und da saß der Engel, der auf dem Hira zu mir gekommen war, auf einem Thron zwischen Himmel und Erde. Da fürchtete ich mich vor ihm, kehrte zurück und sagte: Wickelt mich ein!"[129]

Die Eingebungen, die Mohammed in der nachfolgenden Zeit empfängt, werden zur Grundlage des islamischen Glaubens: dem Koran. Dieser gliedert sich in 114 Abschnitte, die als Suren bezeichnet werden. Jede der Suren enthält wiederum eine bestimmte Anzahl an Versen. Der Koran gilt den Moslems als heiliges Buch, er enthält eine Vielzahl religiöser und gesellschaftlicher Verhaltensregeln. Auch biblische Überlieferungen haben Eingang in diese Schrift gefunden. Nicht ohne Grund betrachtet sich die islamische Religion als die Vollendung und Erfüllung der jüdisch-christlichen Tradition.

Der Koran ist ganz besonders mit der Person des Mohammed verbunden. Nachdem er sich anfangs den Erscheinungen des Engels entzogen hat, wird er erneut aufgefordert, aufzustehen. In der 74. Sure heißt es:

> „O du (mit deinem Mantel) Bedeckter
> Steh auf und warne,
> Und deinen Herrn, verherrliche (ihn)
> Und deine Kleider, reinige (sie)
> Und den Greuel, flieh (ihn,)
> Und spende nicht um mehr zu empfahn,
> Und harr auf deinen Herrn in Geduld."[130]

Allmählich erst schwinden Furcht und Zweifel an der Echtheit der Offenbarungen. Mohammed tut, wie ihm geheißen wird. Unter den Eingebungen, die er empfängt, findet sich auch ein Hinweis auf das Schicksal, welches den Menschen nach seinem Tod erwartet. Hierüber gibt die 52. Sure Auskunft:

> „Wehe an jenem Tage denen, die (die Gesandten) der Lüge ziehen,
> Sie, die zum Zeitvertreib schwatzten!
> An jenem Tage sollen sie in Dschehannams Feuer gestoßen werden.
> `Das ist das Feuer, das ihr für Lüge erklärtet.
> Ist dies etwa Zauberei oder sehet ihr nicht?
> Brennet in ihm und haltet aus oder haltet nicht aus, es ist gleich für euch,
> ihr werdet nur für euer Tun belohnt.´
> Siehe, die Gottesfürchtigen kommen in Gärten und Wonne,
> Genießend, was ihr Herr ihnen gegeben hat.
> Und befreit hat sie ihr Herr von der Strafe des Höllenpfuhls.
> `Esset und trinket und wohl bekomm´s – für euer Tun!´
> Gelehnt auf Polstern in Reihen, und wir vermählen sie
> mit großäugigen Hûris.
> Und diejenigen, welche glauben und deren Sprößlinge im Glauben folgen
> die wollen wir mit ihren Sprößlingen vereinigen
> Und wir wollen sie reichlich mit Früchten und Fleisch versorgen,
> wie sie es nur wünschen."[131]

Wie schon das Alte und Neue Testament, so gibt auch der Koran nur spärlich Auskunft über ein jenseitiges Leben. Ausführlichere Schilderungen finden sich dagegen in volkstümlichen Erzählungen, wie etwa im „Buch über die Umstände bei der Auferstehung". Dort heißt es:

„Wenn sie zu ihrem Höllenhofe gelangen, kommen ihnen die Höllengeister mit Halseisen und Ketten entgegen. Eine solche Kette wird in den Mund des Menschen gesteckt und aus seinem Hintern wieder hervorgezogen; seine linke Hand wird an seinen Hals gefesselt, seine rechte ins Innere des Herzens gedrängt und dann zwischen den Schultern herausgezogen. Er wird nun gefesselt, und (das geschieht so), daß sie immer einen Menschen mit einem Satan an einer Kette zusammenkoppeln.

Jenseits der Höllenbrücke sind weit ausgedehnte Felder, auf denen anmutige Bäume wachsen. Unter einem jeden Baum sind zwei Wasserquellen, die aus dem Paradies hervorfließen: eine zur Rechten, eine zur Linken. Wenn nun die Gläubigen, nachdem sie aus den Gräbern auferstanden und, der Hitze der Sonne preisgegeben, zur Rechenschaft gezogen worden, über die Höllenbrücke geschritten sind, so kommen sie durstig daselbst an. Sie trinken dann aus einer der Quellen, und wenn das Wasser bis zur Brust gedrungen, so schwindet alles, was von Haß, Falschheit und Neid darin ist; wenn aber das Wasser in den Bauch gekommen, geht alles, was von Unrat, Blut und Urin sich darin befindet, fort, so daß ihr Äußeres und Inneres rein wird."

Der Prozeß der Läuterung, der hier auch auf äußere Eigenschaften bezogen wird, ist ein bekanntes Motiv aus den mittelalterlichen Jenseitsreisen. Eine bemerkenswerte Ähnlichkeit stellt auch die Höllenbrücke dar. Hier wie in den christlichen Erzählungen muß sie der Ankommende im Rahmen einer Prüfung überschreiten. Nach der Reinigung geht es dann zur Vervollkommnung:

„Dann kommen sie zu einem anderen Wasserbehälter und waschen darin ihren Kopf und den ganzen Körper, und es wird ihr Angesicht glänzend wie der Mond in der Vollmondnacht; ihr Körper wird weich und geschmeidig wie eine knospende Dattel, und ihr Leib duftet wie Moschus. Sie kommen zur Pforte des Paradieses, und sieh! diese ist aus rotem Hyazinth gebildet. Sie klopfen mit lautem Ruf an; die Huris, die schon versammelt sind, treten heraus und umarmen ihre Gatten. (...) Das Haar der Frauen der Paradiesbewohner (ist so glänzend), daß, wenn ein Haar davon auf die Erde fiele, es über alle Bewohner derselben helles Licht verbreiten würde."[132]

Nach Mohammeds Tod kam es zu verschiedenen Auffassungen, wodurch das persönliche Schicksal des Verstorbenen bestimmt würde. Während einige meinten, daß hierfür nur die entsprechenden Taten im Leben als Ursache in Frage kämen, gab es andere, die zusätzlich auf die Fürsprache des Propheten und der verstorbenen Geistlichen vertrauten. Keinen Zweifel läßt der Koran daran, daß es am Ende ein Jüngsten Gerichts geben wird, bei dem die guten und schlechten Handlungen gegeneinander aufgewogen werden. Schon die recht früh entstandene 83. Sure verkündet diese Erwartung.

Während sich noch einige Verse der Beschreibung des Jenseits widmen, verbietet es der Koran gänzlich, sich ein Bild von Allah zu machen. Damit widerspricht diese Anweisung der in Mekka sonst üblichen Praxis, Götterstatuen zu verehren und anzubeten. Wegen des strikten Bilderverbots mußten sich islamische Künstler schließlich darauf beschränken, die Größe Gottes symbolisch darzustellen: Zahlreiche Koranverse und verschiedene Anordnungen von Mustern zieren deshalb die Wände der prachtvollen Moscheen, Bilder findet man in den Gebetshäusern jedoch nicht.

Einzig und allein die 24. Sure macht eine Ausnahme von der sonst gebotenen Zurückhaltung bei der Umschreibung Gottes. Von ihrem gleichwohl vagen Inhalt haben sich seit jeher Dichter und Mystiker angezogen gefühlt. Die Sure mit dem bezeichnenden Titel „Das Licht" beschreibt Allah im 35. Vers:

„Allah ist das Licht der Himmel und der Erde. Sein Licht ist gleich einer Nische, in der sich eine Lampe befindet; die Lampe ist in einem Glase, und das Glas gleich einem flimmernden Stern. Es wird angezündet von einem gesegneten Baum, einem Ölbaum, weder vom Osten noch vom Westen, dessen Öl fast leuchtete, auch wenn es kein Feuer berührte – Licht über Licht! Allah leitet zu seinem Licht, wen er will, und Allah macht Gleichnisse für die Menschen und Allah kennt alle Dinge."[133]

Die Eingebungen, die Mohammed erhält, kommen als göttliche Offenbarung vom Himmel, um vom Propheten weitergegeben zu werden. Doch auch der umgekehrte Weg wird im Koran beschrieben: In der 17. Sure wird Mohammed auf eine Reise von Mekka nach Jerusalem, und schließlich in den Himmel geführt. Über die Umstände selbst heißt es knapp:

„Preis dem, der seinen Diener des Nachts entführte von der heiligen Moschee zur fernsten Moschee, deren Umgebung wir gesegnet haben, um ihm unsre Zeichen zu zeigen. Siehe, er ist der Hörende, der Schauende."[134]

Mit der fernsten Moschee ist der Tempel in Jerusalem gemeint. Dort soll Mohammed durch die sieben Himmel zum Thron Allahs geführt worden sein. Während sich der Koran dazu kaum äußert, bietet das apokryphe „Buch der Leiter" einen guten Ersatz. Gottfried Hierzenberger hat sich den Jenseitserfahrungen der Religionen gewidmet; er beschreibt was im „Buch der Leiter" über die Reise des Propheten geschrieben steht:

„Sie kommen nach Jerusalem, zum Tempel. Dort zeigt ihm Gabriel eine goldene Leiter, die sich vom Himmel auf die Erde herabsenkt. Von Gabriel begleitet, steigt Muhammad auf dieser Leiter durch die sieben Himmel und erhält dabei wichtige Aufschlüsse über jenseitige Geheimnisse und Zusammenhänge. Er begegnet dem `Engel des Todes´, dem `Engel des Gebetes´ und anderen himmlischen Wesen, die bestimmte Bereiche der Wirklichkeit `betreuen´. Dann kommen sie zur Pforte des Himmels, durchschreiten sie und haben in jedem Himmel symbolische Begegnungen: Im ersten begegnet Muhammad Johannes dem Täufer und Jesus, im zweiten dem `ägyptischen Josef´, im dritten Henoch und Elija, im vierten dem Aaron, im fünften dem Mose, im sechsten dem Abraham, im siebten Adam.

Mit jedem führt Muhammad ein Gespräch. Im siebten Himmel ist er auf der Suche nach Gabriel, der sich für eine Weile zurückgezogen hatte, und durchforscht allein die Paradieswelten, nachher die sieben Höllensphären, ehe er wieder die Leiter hinabsteigt und auf al-Burak heim nach Mekka reitet."[135]

Al-Burak ist ein Fabeltier, das im „Buch der Leiter" so beschrieben wird: „Größer als ein Esel, kleiner als ein Maultier, mit menschlichem Antlitz, einer Mähne aus Perlen, einem Schweif aus einem Rubin, Augen, die heller strahlen als die Sonne, Beinen und Hufen wie ein Kamel."

Das Bild der Himmelsreise ist in der späteren islamischen Tradition neu belebt worden. So versuchen etwa die Angehörigen der mystischen Sufi-Orden durch versenkende Übungen, Gebete und ekstatische Tänze, dem Ziel einer Vereinigung mit Gott näherzukommen. Die Jenseitsreise des Propheten sollte zu diesem Zweck nachgeahmt werden.

Das verheißene Reich Gottes

Die großen monotheistischen Bekenntnisse unterscheiden sich in mancher Hinsicht von den anderen Religionen. Dieser Umstand muß bei der Suche nach Jenseitserlebnissen und Transzendenzerfahrungen berücksichtigt werden.

Deutlich wird der Unterschied vor allem im Vergleich mit den großen Glaubenssystemen des Ostens. Hinduismus und Buddhismus nehmen an, der Lauf der Welt sei durch ein ewiges Weltgesetz bestimmt, welchem nicht nur die Menschen, sondern auch die Götter unterliegen. Einen davon unabhängigen, allmächtigen Gott, dem sich der einzelne anvertrauen könnte, gibt es nicht. Ebensowenig folgt die Geschichte einem übergeordneten Sinn oder Ziel. Alles Leben und Sein vollzieht sich in wiederkehrenden Kreisläufen, ist bestimmt durch ein Werden und Vergehen. Gefangen darin ist auch das Dasein des einzelnen: Es wird ausschließlich durch das Rad der Wiedergeburten und die damit verbundene Seelenwanderung bestimmt. Erlösung kann nur bedeuten, diesem unbarmherzigen Kreislauf aus eigener Kraft zu entkommen.

Ganz anders ist die Perspektive der monotheistischen Religionen. Die Welt und ihre Gesetze gelten als das Werk eines allmächtigen, allwissenden und vor allem persönlichen Gottes. Auch wenn dieser gelegentlich in den Lauf der Geschichte eingreift, so befindet er sich doch außerhalb seiner Schöpfung. Die Geschichte des Menschen und der Erde sind weder zufällig, noch unendlich: Gottgewollt ist die Erschaffung der Welt, in den Händen des Schöpfers liegt auch ihr Ende. Die Geschichte hat einen Anfang und sie erreicht ihr Ziel in einem jenseitigen Reich Gottes. In der Zeitspanne zwischen Anfang und Ende bleibt der Mensch nicht auf sich allein gestellt: Gott offenbart sich im Laufe der Geschichte, er gibt sich zu erkennen und zeigt den Menschen die Wege des Heils.

Vom verheißenen Reich Gottes berichten die heiligen Schriften ebenso wie apokryphe Quellen in erwartungsvoller Weise:

Die jüdische Vorstellung vom Leben nach dem Tod, die anfangs nur ein Schattenreich beinhaltete, wie es ähnlich bei den Sumerern zu finden war, wandelte sich mit der Zeit. Während die Überwindung des Todes in den frühen Quellen nur das gemeinsame Überleben des Volkes Israel als solches bedeutete, hat sich später die Auffassung durchgesetzt, daß auch der einzelne Mensch Heil erwarten könne. Das Alte Testament wie auch die apokryphen Schriften beschreiben ein friedliches und lichtvolles Jenseits. Besonders beeindruckend sind die Verheißungen des Propheten Jesaja, der eine Welt vorhersagt, in der sich Menschen und Tiere in vollkommener Harmonie befinden und die von der Erkenntnis Gottes durchdrungen ist.

Im Neuen Testament finden sich solche Beschreibungen nur in der Offenbarung des Johannes. Er schildert die Pracht der neu gewordenen Welt und die Gegenwart Gottes in der lichterfüllten Umgebung des himmlischen Jerusalem. Mit dieser Vision schließt das Neue Testament.

Die Frage, ob den biblischen Verheißungen tatsächlich auch Jenseitserfahrungen zugrundegelegen haben, muß weitgehend offen bleiben. Die apokryphe Schilderung der „Himmelfahrt Jesajas" ist zwar ein Hinweis auf ein solches Erlebnis, jedoch kein konkreter Anhaltspunkt. Ein ebenfalls vages Anzeichen findet sich in der Offenbarung des Johannes: Bevor der Autor berichtet, von hellem Licht umstrahlt worden zu sein, fällt er nach eigenen Angaben zu Boden. Möglicherweise deutet dies auf äußere Umstände hin, wie sie für NTE typisch sind: Meditative Versenkung, vielleicht auch ein Unfall. Ähnliche Umstände nennt schon Paulus, der seine Wandlung auf einer Reise erlebte und dabei vom Pferd stürzte. Am Ende fehlt jedoch die nötige Gewißheit.

Ein höheres Maß an Zuverlässigkeit bieten die mittelalterlichen Berichte von Jenseitsfahrten. Statt religiöser Figuren rücken nun ganz gewöhnliche Menschen in den Mittelpunkt des Interesses. Was jene erlebt haben, steht den biblischen Berichten in nichts nach: Eine prachtvolle Welt eröffnet sich dem Besucher, der dieses Paradies nur ungern wieder verläßt. Wenn hier gleichwohl vermehrt von negativen Eindrücken die Rede ist, so nicht zuletzt weil die berichteten Erlebnisse für religiöse Zwecke verwendet wurden: Andere Gläubige sollten dadurch zu einem Leben im Sinne der kirchlichen Lehre angehalten werden. Die hierfür gewollte Abschreckung wurde ganz offensichtlich in die Erlebnisberichte eingefügt. Daß es sich ansonsten um wirkliche Erfahrungen handelt, steht jedoch außer Zweifel.

Zu den außergewöhnlichen Begebenheiten, die im Koran geschildert werden, gehört die nächtliche Reise Mohammeds nach Jerusalem, der sich eine Reise in jenseitige

Regionen anschließt. Am lebhaftesten berichtet davon die apokryphe Literatur. Im Hinblick auf mystische und paranormale Erlebnisse bedeutsamer scheint aber die Beschreibung Gottes in der 24. Sure zu sein. Die mehrfache Anlehnung Allahs an Licht könnte darauf hindeuten, daß Mohammeds Gotteserfahrungen in dieser Weise geprägt waren. Die Ähnlichkeit mit dem „Lichtwesen" zeitgenössischen Nahtoderfahrungen ist hier wie schon bei Mose unübersehbar.

Gottessuche und Berufung

Bei Judentum, Christentum und Islam handelt es sich um gestiftete Religionen. Mose, Jesus und Mohammed haben sich jeweils als gottgesandte Begründer bzw. Erneuerer des Glaubens verstanden. Wie und unter welchen Umständen sie die Berufung zu ihrem Auftrag erfahren haben, geht aus den heiligen Schriften hervor. Stets ist dabei die Rede von göttlichen Zeichen, die das Ereignis begleitet haben. Nicht zuletzt deshalb verdienen sie besondere Aufmerksamkeit.

Die Begründer der drei monotheistischen Weltreligionen haben eine Gemeinsamkeit, die ihr Leben entscheidend beeinflußt hat. Sie zeigen große Anteilnahme an der religiösen und gesellschaftlichen Situation ihrer Zeit:

Schon bei Mose steht fest, daß ihn die Probleme seines unterdrückten Volks schon in jungen Jahren stark berührt haben. Das Alte Testament berichtet von einem folgenschweren Vorfall:

„Und es geschah in jenen Tagen, als Mose groß geworden war, da ging er zu seinen Brüdern hinaus und sah bei ihren Lastarbeiten zu. Da sah er, wie ein ägyptischer Mann einen hebräischen Mann, (einen) von seinen Brüdern, schlug. Und er wandte sich hierin und dorthin, und als er sah, daß niemand (in der Nähe) war, erschlug er den Ägypter und verscharrte ihn im Sand. .... Und der Pharao hörte diese Sache und suchte, Mose umzubringen. Mose aber floh vor dem Pharao und hielt sich im Lande Midian auf."[136]

Daran anschließend wird von Mose' Berufung erzählt: In einem brennenden, oder besser: hell leuchtenden Dornbusch begegnet Gott dem Religionsstifter. Was die Bibel hier als rätselhafte äußerliche Erscheinung beschreibt, dürfte in Wirklichkeit eine tiefe, innere Erfahrung gewesen sein, von der Mose sehr ergriffen war. Der Dornbusch bedeutet jedoch ein Symbol, mit dem die göttliche Offenbarung in der Überlieferung „dingfest" gemacht wurde. Schließlich wird Mose dazu auswählt, sein Volk aus der Knechtschaft Ägyptens zu befreien. Im Alten Testament heißt es dazu:

„Der Herr aber sprach: Gesehen habe ich das Elend meines Volkes in Ägypten, und sein Geschrei wegen seiner Antreiber habe ich gehört. Darum bin ich herabgekommen, um es aus der Gewalt der Ägypter zu erretten und es aus diesem Land hinauf-

zuführen in ein Land, das von Milch und Honig überfließt.... Nun aber geh hin, denn ich will dich zum Pharao senden, damit du mein Volk, die Söhne Israel, aus Ägypten herausführst! Mose aber antwortete Gott: Wer bin ich, daß ich zum Pharao gehen und die Söhne Israels aus Ägypten herausführen sollte? Da sprach er: Ich werde ja mit dir sein."[137]

Auch bei Jesus kann davon ausgegangen werden, daß ihm die Lage in den von Rom besetzten Gebieten Palästinas zu Herzen gegangen ist. Seine Teilnahme an der Taufaktion des Wanderpredigers Johannes des Täufers zeigt auch, daß er an einer Erneuerung des Glaubens seiner Zeit interessiert war. Die Taufe Jesu wird von den Evangelisten als wundersames Ereignis geschildert. Matthäus schreibt darüber:

„Und als Jesus getauft war, stieg er sogleich aus dem Wasser herauf; und siehe, die Himmel wurden (ihm) aufgetan, und er sah den Geist Gottes wie eine Taube herabfahren und auf ihn kommen. Und siehe, eine Stimme (kommt) aus den Himmeln, welche spricht: Dieser ist mein geliebter Sohn, an dem ich Wohlgefallen habe."[138]

In Wirklichkeit dürfte dieses Ereignis weit weniger spektakulär gewesen sein. Vielleicht aber war es der erste Kontakt des jungen Jesus mit den religiösen Bewegungen seiner Zeit. Jedenfalls scheint die Begegnung einen tiefen Eindruck hinterlassen zu haben, denn wie die Synoptiker berichten, zog er danach in die Wüste, um zu fasten. Er tat es dabei dem Johannes gleich, der sich ebenfalls in dieser Umgebung aufzuhalten pflegte.

Während Jesus in der Abgeschiedenheit der Wüste lebte, muß er seine Berufung erfahren haben, denn im Anschluß an die Zeit des Fastens und Meditierens machte er sich nach Galiläa auf um dort zu predigen. Die als „Verklärung Jesu" bekannte Begebenheit nennt Begleiter als Zeugen für dieses Ereignis. Darum wird es in der Bibel erst später erwähnt, als Jesus schon Anhänger um sich versammelt hatte.

Ähnlich wie bei der Begegnung mit Johannes dem Täufer bemühen sich die Evangelisten um Zeugen, die die göttliche Berufung Jesus bestätigen können. Damit sollen Zweifel an der Rechtmäßigkeit seines Auftrags ausgeräumt werden. In Wirklichkeit dürfte es sich bei der Berufung Jesu – wie schon bei Mose – um eine persönliche, innere Erfahrung gehandelt haben. Von außen beobachtbar war freilich, wie sehr der Mann aus Nazareth von dem Erlebten ergriffen war.

Von Paulus steht geschrieben, daß er sich vor seiner Wandlung aktiv an der Verfolgung der Christen beteiligt hat. So soll er sich unter anderem an der Steinigung des ersten Märtyrers, Stephanus, beteiligt haben. Das Neue Testament beschreibt den späteren Völkerapostel als eine Person, die mit großer Leidenschaft gegen die christliche Gemeinde vorging. Möglicherweise hat er aber auch über die Richtigkeit seiner Handlungen nachgedacht und ist in Gewissenszweifel geraten.

Mit einiger Wahrscheinlichkeit befand sich Paulus in einer angespannten psychischen Situation, bevor er eine sonderbare Wandlung erfuhr. Das Engagement des Christenverfolgers schlug sich jedenfalls in sein Gegenteil um, wie sein späterer missionarischer Einsatz für den Glauben zeigt. Für derartig tiefgreifende Persönlichkeitsveränderungen bedarf es einer schwerwiegenden Erfahrung, die nicht allein durch bloßes Nachsinnen über die eigenen Taten erreicht wird.

Mohammeds Beschäftigung gilt schon früh dem religiösen Leben seiner Zeit. Dazu trug sicher der Umstand bei, daß sein Stamm – die Koreisch – das Kaaba-Heiligtum in Mekka verwaltet hat. Der Umstand, daß Mohammed als Waise aufgewachsen war, mag seine Suche nach Orientierung in religiösen Dingen noch zusätzlich beflügelt haben. Mohammed wurde von seinem Onkel, Abu Talib, großgezogen, der sich dem Handel widmete und war danach Kameltreiber bei der Kaufmannswitwe Chadidscha, welche er später heiratete. Auf diesem Weg hat er wahrscheinlich von den monotheistischen Religionen des Alten und Neuen Testaments gehört und sich für diese interessiert. Es scheint, daß Mohammed schon früh Gefallen an den „Buchreligionen", wie er den jüdischen und christlichen Glauben nennt, fand, während er die Vielgötterei seiner Zeit vehement ablehnte. Im 116. Vers der vierten Sure heißt es:

„Siehe, Allah vergißt es nicht, daß ihm Götter zur Seite gesetzt werden, doch vergibt er alles außer diesem, wem er will. Wer Allah Götter zur Seite setzt, der ist weit abgeirrt."

Die Begründer der drei monotheistischen Weltreligionen haben sich zum Zeitpunkt ihrer Berufungserfahrung an Orten aufgehalten, die auch der Meditation und der religiösen Übung dienen:

Mohammed hat sich in eine Höhle des Berges Hira zur Meditation begeben. Von Jesus wird berichtet, er sei zum Fasten in die Wüste gezogen – auch seine „Verklärung" findet auf einem Berg statt. Mose schließlich hat sich ebenfalls in der Wüste aufgehalten: Sein Erlebnis hat sich auf dem „Berg Gottes" ereignet, einem Ort, den Mose vielleicht zum Zweck religiöser Versenkung aufgesucht hatte. Wenn das Alte Testament an dieser Stelle davon dennoch nichts berichtet, so wohl deshalb, um die einseitig an Mose gerichtete Berufung zu betonen: Nicht Mose war es, der sich um einen göttlichen Auftrag bemüht hat, sondern es war Gott selbst, der sich ohne fremdes Zutun als Gott der Israeliten zu erkennen gab und Mose seinen Heilsplan offenbarte. Der Berg als ein Symbol für Heiligkeit und Nähe zum Himmel verbindet die Begründer der drei monotheistischen Weltreligionen.

Eine weitere Gemeinsamkeit, ja fast eine Selbstverständlichkeit, teilen die drei Glaubensstifter und auch Paulus: Sie werden in ihrem Auftreten als charismatische oder gar missionarische Persönlichkeiten geschildert, die für ihre Sache Anerkennung fanden. Auch von Paulus, der den christlichen Glauben nicht begründet, wohl aber entscheidend verbreitet hat, läßt sich dieses behaupten. Für dieses Urteil muß man auch nicht einmal die heiligen Schriften stützen: Das Leben und Wirken der genannte Personen hat eine ausreichend deutliche Spur in der Weltgeschichte hinterlassen. Immer wieder taucht daher die Frage auf: Was hat diese Menschen bewegt?

Betrachtet man die genauen Umstände, unter denen sich die Berufung der Religionsstifter und -verkünder ereignet hat, so findet man eine Reihe von Hinweisen, die diese Erlebnisse als Transzendenzerfahrung auszeichnen:

- Auffallend ist der enorme Eifer, den Mose, Jesus, Paulus und Mohammed ihrer Sache beimessen. Ähnliches ist von Menschen bekannt, die eine Nahtoderfahrung hatten: Dort gelten die als *aftereffects* bekannten Persönlichkeitsveränderungen als wichtiger Bestandteil des Erlebnisses. Nicht selten glauben die betroffenen Personen, noch eine Aufgabe im Leben erfüllen zu müssen und deshalb zurückgesandt worden zu sein.

- Wie von heutigen Experiencern bekannt ist, prägt der persönliche und religiöse Lebenshintergrund oftmals den Inhalt einer NTE. Die Rede ist dann von einer „Färbung" des Erlebnisses. Ähnlich könnte es bei den Glaubensstiftern und -verkündern gewesen sein: Ihre Beschäftigung mit den religiösen und gesellschaftlichen Problemen der Zeit könnte sich in ihrer Berufungserfahrung verstärkend ausgewirkt haben. Noch klarer und deutlicher haben sie ihren Auftrag gespürt.

- Die äußeren Umstände, unter denen sich die Berufungserfahrungen ereignet haben, deuten ebenfalls auf eine Transzendenzerfahrung hin:

Mose, Jesus und Mohammed hatten sich bereits mit den religiösen und gesellschaftlichen Fragen ihrer Zeit beschäftigt und waren aktiv darin verwickelt. Mose soll einen Ägypter ermordet haben, Jesus hatte sich Johannes dem Täufer angeschlossen und in der Abgeschiedenheit gefastet. Beide waren vom Geschehen tief berührt und waren auf der Suche nach religiösen Antworten für die Probleme der Zeit. In solchen, das Gefühl und die Gedanken aufwühlenden Momenten kann es bekanntlich zu Nahtod-Erlebnissen kommen.

Da solche Erfahrungen gerade keine tatsächliche Nähe zum Tod voraussetzen, sondern auch durch psychische Krisensituationen hervorgerufen werden können ist es besser, von Transzendenzerlebnissen zu sprechen. Die Wandlung des Saulus dürfte unter diesen Vorzeichen erfolgt sein. Das Engagement des einstigen Christenverfolgers schlug sich dabei in sein Gegenteil um.

Die Berufung des Propheten Mohammed kündigt sich an einem Ort der Meditation an; dennoch ist seine Erwählung nicht ganz freiwillig: Mit mehr oder minder sanfter Gewalt wird er zu seinem Auftrag bewegt, erst allmählich scheint er das Erlebte in dem Sinn zu akzeptieren und zu interpretieren, wie es von ihm gefordert wird. Diese Umstände sprechen dafür, daß die Erfahrungen Mohammeds nachdrücklich und nicht etwa nur flüchtig waren. Möglicherweise waren auch die Eingebungen, die Mohammed erhielt nicht freiwilliger Natur. Der Religionswissenschaftler Helmuth von Glasenapp mutmaßt über die äußeren Umstände:

„Bei diesen Inspirationen unterlag er bestimmten körperlichen Zuständen. Er sank wie von einer Zentnerlast zu Boden geworfen auf die Erde nieder, ein Zittern befiel seine Glieder, Schweiß bedeckte seine Stirn, Schaum trat vor seinen Mund, und er glaubte ein Brummen oder ein anderes Geräusch zu hören. Während diese eigenartigen psychischen Erscheinungen ursprünglich ohne sein Zutun auftraten, scheint er in späterer Zeit in der Lage gewesen zu sein, sie willkürlich, wenn auch unterbewußt herbeiführen zu können."[139]

Die genannten Anhaltspunkte legen nahe, daß es sich bei den Berufungserlebnissen der Religionsstifter und -verkünder tatsächlich um Transzendenzerfahrungen gehandelt hat. Für diese Annahme finden sich auch in den heiligen Schriften ausreichend Hinweise. Gleichwohl darf nicht übersehen werden, daß weder die Bibel noch der Koran ein unabhängiges Geschichtsbuch sind. Bei beiden handelt es sich um religiöse Zeugnisse, niedergeschrieben von Anhängern des jeweiligen Glaubens. Manche Schilderungen enthalten deshalb nicht nur das tatsächliche Geschehen, sondern gleichzeitig dessen Interpretation. Doch auch dann ist der Blick in die heiligen Schriften aufschlußreich:

- Auch ohne die biblischen Quellen müßte die Suche nach Moses Beweggrund in einer tiefen religiösen Ergriffenheit enden. Sein missionarisches Wirken ist durch andere Ursachen kaum zu erklären. Im Alten Testament finden sich schließlich Spuren von jener Berufungserfahrung des Moses. Der hell leuchtende Dornbusches, der die lichte Erscheinung Gottes symbolisieren soll, spricht deutlich zugunsten einer Transzendenzerfahrung; aus Forscherkreisen kamen den auch schon derlei Vermutungen. Ähnliche Erlebnisse werden auch von zeitgenössischen Experiencern berichtet.

- Bei Jesus gestaltet sich die Untersuchung seiner Berufung schwieriger als bei den anderen Personen. Er gilt in der christlichen Tradition nicht nur als Glaubenserneuerer und Prophet, sondern darüber hinaus als Messias und Gottessohn. Als solchen deuten ihn auch die Evangelisten, und sie bemühen sich um entsprechende Beweise.

Bei der „Verklärung Jesu" auf dem Berg ist es daher auch nicht Jesus, der – wie Mose – eine helle Erscheinung als Gott deutet und seinen Auftrag findet. Die Schreiber des Neuen Testaments geben vielmehr an, Jesu *Angesicht leuchtete wie die Sonne, seine Kleider aber wurden weiß wie das Licht.* Auch das Hinzutreten der alttestamentlichen Persönlichkeiten Mose und Elia wird als äußerlich beobachtbares Ereignis beschrieben.

Mit großer Wahrscheinlichkeit hat Jesus jedoch zeit seines Lebens von einem inneren Erlebnis berichtet, in dem er seine Berufung gefunden hat. Die Umstände sprechen deutlich für eine Transzendenzerfahrung, wie sie schon von Mose berichtet wird. Erst später, bei der Abfassung des Neuen Testaments ist dieses Erlebnis dann zu einem äußeren geschehen gemacht worden, gleichsam als Beweis für die göttliche Herkunft Jesu.

Versucht man jedoch, die literarische Bearbeitung der Berufungserfahrung wieder rückgängig zu machen, so ergibt sich eine lichterfüllte Erscheinung, die der junge Mann aus Nazareth vermutlich erlebt hat. Was die Gestalten aus dem Alten Testament angeht, so kann es sein, daß auch sie nur erwähnt wurden, um die Sendung Jesu zu beglaubigen. Daneben könnte er tatsächlich vom Antreffen der alttestamentlichen Gestalten erzählt haben, und hierdurch seine Bestätigung gesehen haben. Schließlich ist auch denkbar, daß Jesus ursprünglich von der Begegnung mit verstorbenen Verwandten berichtet hat und diese später zu religiösen Gestalten umgedichtet worden sind. In diesem Punkt gibt es keine Gewißheit.

Unübersehbar war jedoch das Engagement, das der junge Jesus nach seiner Berufungserfahrung an den Tag legte. Auch die drohende Hinrichtung konnte ihn von seinem Auftreten nicht abhalten.

Am klarsten liegt die Sache bei Paulus, dem eifrigsten Verkünder des christlichen Glaubens. Sein Wandlungserlebnis hat schon in der Frühzeit der Nahtodforschung für Vergleiche mit NTE gesorgt. Bereits Moodys erstes Buch erwähnt eine mögliche Ähnlichkeit. Auffallend ist zunächst die von Paulus berichtete Lichterscheinung, die ja für viele NTE typisch ist, dann aber auch seine offensichtliche Persönlichkeitsveränderung. Sie ist wohl das deutlichste Anzeichen für das Vorliegen einer Transzendenzerfahrung.

Auch im Falle des Völkerapostels wurde versucht, seine Berufung durch das Hinzuziehen von Zeugen zu beglaubigen. Dabei hat man bei der Abfassung des Neuen Testaments offenbar verwechselt, ob Außenstehende das Ereignis nun gehört oder gesehen hatten.

9. Außergewöhnliche Erfahrungen in Kunst und Literatur

Nicht nur im nahen Umfeld der Religionen sind Berichte über Jenseitserfahrungen entstanden. Auch in Kunst und Literatur finden sich solche Beschreibungen und Darstellungen. Grundsätzlich ist es freilich schwierig, zwischen Erlebnissen zu unterscheiden, die sich innerhalb oder außerhalb eines religiösen Umfelds ereignen. Der Mensch lebt nie völlig isoliert von seinen kulturellen und gesellschaftlichen Hintergrund. Eine Unterscheidung kann aber zwischen Erfahrungen getroffen werden, die noch zur Entstehung einer Religion gehören und solchen, die erst später aufgetreten sind. Zu letzteren lassen etwa die Jenseitsreisen des Mittelalters zählen, wie sie Papst Gregor gesammelt hat. Erst recht gilt das für die heutigen Nahtod-Erfahrungen.

Literaturbeispiele

Dante Alighieri (1265-1321) ist bekannt als Italiens größter Dichter. In seinem Hauptwerk, der *Göttlichen Komödie* beschreibt er eine Reise ins Jenseits. Sie führt ihn durch Regionen der Hölle, der Läuterung und des Himmels, die in ihrer Art das mittelalterliche Weltbild beschreiben. Jeder der Bereiche hat neun Stufen, nur an die letzte Stufe des Paradieses schließt sich noch ein zehnter, göttlicher Himmel an. Dante findet schließlich kaum mehr Worte, um den Ort der Freude zu beschreiben:

> *„Denn mein Gesicht, das plötzlich hell und klar,*
> *Lief immer weiter auf der Strahlenstraße*
> *Des hehren Lichtes, das in sich ist wahr.*
> *Mein Schauen übertraf fortan die Maße*
> *Der Sprache, die vor solcher Schauung flieht;*
> *Auch das Gedächtnis weicht dem Übermaße. (...)*
>
> *Die Kraft der hohen Phantasie hier spleißt!*
> *Doch folgte mein Wunsch und Wille gerne,*
> *So wie ein Rad, das ebenmäßig kreist,*
> *Der Liebe, die bewegt die Sonn und Sterne!"*[140]

Die Schilderungen des Dichters versuchen eine Situation zu beschreiben, die ganz und gar unbeschreiblich ist. Carol Zaleski hat die Schilderungen Dantes in ihre Sammlung von Jenseitsreisen des Mittelalters aufgenommen. Es erscheint daher durchaus möglich zu sein, daß sich der Dichter auf die seinerzeit gesammelten Berichte gestützt hat. Auch daß er selbst eine entsprechende Erfahrung gemacht hat oder sich andere Personen ihm anvertraut haben, ist nicht auszuschließen. Hinweise dafür fehlen jedoch bislang.

Schon früh ist die Nahtodforschung auf Emanuel Swedenborg (1688-1772) gestoßen, einen Naturwissenschaftler aus Stockholm. In späteren Jahren berichtet er von mystischen Erlebnissen und widmet sich religiösen Fragen. Tod und Jenseits waren häufige Themen seiner Werke, und es gibt Hinweise, daß er sich dabei auch auf eigene Erfahrungen bezog. So schreibt Swedenborg:

„Ich versank in einen Zustand der Fühllosigkeit aller meiner leiblichen Sinneswerkzeuge, also beinahe in den Zustand der Sterbenden. Doch blieb mein Innenleben und Denken erhalten, so daß ich wahrnehmen konnte und im Gedächtnis zu behalten verstand die Dinge, die da geschahen und wie sie denen geschehen, die wieder erweckt werden von den Toten ... Besonders dessen ward ich gewahr, daß da war ein Ziehen und Zerren des Geistes, desgleichen meiner Seele, aus dem Leib heraus."[141]

Die Erfahrung bleibt aber nicht auf außerkörperliche Wahrnehmungen beschränkt:

„Das innere Gedächtnis ist also, daß alle einzelnen Dinge niedergeschrieben sind, die der Mensch zu irgendeiner Zeit gedacht, gesprochen und getan hat von frühester Kindheit bis ins höchste Alter. Der Mensch hat bei sich das Gedächtnis an alle diese Dinge, wenn er in ein anderes Leben gelangt, und wird Schritt um Schritt dahin gebracht, ihrer aller zu gedenken ... Alles, das er gesagt und getan hat ...wird offenbar vor den Engeln in einem Licht so klar wie der helle Tag...Wie in einem Bilde geschaut, wenn der Geist angesehen wird in dem Lichte des Himmels."[142]

Unübersehbar ist die Fülle von Jenseitsschilderungen, die uns in der Literatur begegnet. Sie reicht von Göttermythen und Heldensagen aus alter Zeit bis hin zur modernen Science-Fiction-Erzählung. Die Unterscheidung zwischen Erfahrung und Erfindung ist denkbar schwer, aber sie ist einen Versuch wert. Die Ergebnisse, auf die wir bisher gestoßen sind, lasen denn auch weitreichende Schlußfolgerungen zu.

Künstlerische Darstellungen

Älter noch als schriftliche Quellen sind Zeichnungen und Kunstwerke. Schon die Höhlenmalerei des frühen Menschen zeigte Szenen, die mit Tod, Leben und Wiederbelebung zu tun hatten. Seither ist die gesamte Geschichte von Darstellungen mit Motiven aus jenseitigen Welten begleitet worden. Viele von ihnen erinnern an Beschreibungen von Jenseitsreisen. Der holländische Maler Hieronymus Bosch (1450-1516) widmete sich zeitlebens religiösen Bildern. Eines davon stellt den Eingang der Seele ins Reich Gottes dar, indem sie einen langen Tunnel durchquert, dessen Ende bereits durch helles Licht erleuchtet wird [Abb.1].[143]

Abb.1: *Zeichnung von Hieronymus Bosch*

Das Motiv der heimkehrenden Seele wurde durch den französischen Zeichner Gustave Doré (1832-1883) in einem Kupferstich etwas verändert: Ein von Engelsscharen gesäumter, röhrenartig gestalteter Durchgang führt dort auf ein hell strahlendes Ziel zu. Die Darstellung soll die Visionen Dantes illustrieren [Abb.2] [144]

Abb.2: *Kupferstich von Gustave Dore*

Bei der Suche nach Jenseitserfahrungen, die nicht in unmittelbarer Nähe zu religiösem Geschehen stehen, finden sich zahlreiche Beispiele aus Kunst und Dichtung. Auch die mittelalterlichen Reiseberichte können in diese Gruppe hinzugenommen werden. Die freilich größte Sammlung außerreligiöser Transzendenzerfahrungen sind die zeitgenössischen Berichte von Personen mit NTE. Hier ist die Bezeichnung „außerreligiös" schon durch den Umstand gerechtfertigt, daß solche Erlebnisse auch von Personen geschildert werden, die keine oder nur geringe religiöse Aktivitäten zeigen, oder die sich als ungläubig oder antireligiös bezeichnen. Mittlerweile können die in allen Kulturkreisen auftretenden Nahtoderfahrungen als außerreligiöse Erlebnisse betrachtet werden.

10. Die Geschichte der Religionen

Transzendenzerfahrungen sind ein allgemeines Kennzeichen menschlichen Lebens. In jedem Kulturkreis, in jeder Religion, in jedem Zeitalter ist von solchen Erlebnissen die Rede. Sie werden in heiligen Schriften, in Literatur und in Kunstwerken angesprochen. Einst wie heute sind solche Erfahrungen im Gespräch der Leute, sie verändern das Leben des einzelnen und haben die Geschichte der Religionen entscheidend geprägt.

Die Verläßlichkeit der Hinweise

Daß der religiöse Glaube das Nahtod-Erlebnis eines Menschen beeinflußt, gilt als sicher. Die Vielzahl gesammelter Berichte spricht eine deutliche Sprache. Doch wie sicher ist der der Einfluß in die andere Richtung? Nach der Durchsicht der vielen Quellen und Fundstücke ergibt sich die Frage, wie man nun zwischen vermeintlich echten Fundstellen und lediglich ausdeutbaren Quellen zu unterscheiden hat. Der Spekulation sind kaum Grenzen gesetzt, doch wo gibt es Sicherheit?

Schon beim vorgeschichtlichen Menschen ergibt sich diese Schwierigkeit: Die bei ihm vorgefundenen Schädeltrepanationen können, insbesondere weil sie schon zu Lebzeiten durchgeführt wurden, als Anzeichen dafür gewertet werden, daß auch die Erfahrung, die Seele verlasse den Körper, schon zu Lebzeiten gemacht wurde. Schließlich wurden ähnliche Erfahrungen auch im tibetischen Buddhismus vom Sterbebett her berichtet. Ebensogut aber könnten die Schädelöffnungen deshalb zu Lebzeiten erfolgt sein, um erst später dem – vielleicht überraschenden – Tod gut vorbereitet entgegenzutreten. Die Vorstellung einer nichtmateriellen, dem Körper entweichenden Seele könnte auch ohne Transzendenzerfahrungen aufgekommen sein.

Archäologische Grabungen aus der Gegend um München brachten sogenannte Hockergräber zum Vorschein, in denen die Toten mit angewinkelten Beinen und Blick in Richtung der aufgehenden Sonne begraben waren. Diese Bestattungsweise könnte ein Anzeichen dafür sein, daß man damals bereits von lichtvollen Erfahrungen wußte und diese mit dem Tod in Verbindung brachte. Vielleicht vermutete man, die Seele des Verstorbenen würde nach dem Dunkel des Todes dem Sonnenaufgang entgegengehen. Letztlich braucht es aber keine transzendenten Erfahrungen, um zu solchen annahmen zu kommen.

Die beiden genannten Beispiele zeigen, wie unsicher die Deutung einzelner Funde sein kann, wenn man allein auf Deutungen angewiesen bleibt. Weniger Schwierigkeiten bedeutet die Einordnung schriftlicher Quellen, und je mehr man die Umstände ihrer Entstehung und ihres Zweckes in Erfahrung bringen kann, um so sicherer kann ihre Bedeutung erfaßt werden. Wie aber schon in den vorangegangenen Kapiteln gezeigt wurde, gibt es nur bei einigen Stellen eine hohe Sicherheit, was das Vorkommen von Jenseitserfahrungen anbelangt.

Das Verbindungsstück der Religionen

Trotz bestehender Schwierigkeiten zeigen die zahlreichen aufgeführten Stellen, daß es auch in früheren Kulturen und religiösen Umfeldern Transzendenzerfahrungen gab. Als Träger von mystischer Erlebnissen, Gottes- und Jenseitserfahrungen und nicht zuletzt eines ausgeprägten Sendungsbewußtseins haben die genannten Erfahrungen einen erheblichen Einfluß auf die Entwicklung und Ausprägung religiösen Glaubens ausgeübt. Wirft man einen Blick auf die Gesamtheit der Religionen, so zeigt sich eine interessante Entwicklungsgeschichte. Von ihr handelt dieses Kapitel.

Schon der bisherige Blick auf die Welt des Glaubens hat jedoch einige Ergebnisse zutage gefördert:

- Weil Jenseitserfahrungen in allen Kulturkreisen und Religionen universell vorkommen, sind sie deren gemeinsame Basis für die Erfahrung anderer Wirklichkeiten.

Schon eingangs wurden Argumente dafür genannt, daß in Transzendenz-Erlebnissen eine andere, vielleicht jenseitige Wirklichkeit erfahren wird, wenngleich die Berichte davon persönlich geprägt sind. Mit dieser Annahme erlangen die besagten Erlebnisse eine außerordentliche Bedeutung: Sie werden damit zu einem gemeinsamen Verbindungsstück aller Religionen, die verschiedenen Glaubensbekenntnisse erhalten dadurch einen Zugang zur Wirklichkeit jenseits des unmittelbar Erfahrbaren.

- Tritt die gegenseitige Einwirkung in entsprechend kurzen Abständen auf, so kann man sogar von einer wechselseitigen Beeinflussung – einer Interaktion – zwischen transzendenten Erfahrungen und religiöser Entwicklung sprechen.

- Der Einfluß von Transzendenzerfahrungen auf das religiöse Leben hat grundsätzlich nichts mit der Qualität der besagten Erlebnisse zu tun. Die Frage, wie man den eventuellen Einfluß bewertet, hängt freilich davon ab, wie man zu Jenseitserfahrungen und zu den jeweiligen Religionen steht. An der Tatsache der gegenseitigen Einwirkung ändert die persönliche Haltung jedoch nichts.

Der unterschiedliche Einfluß

Der Einfluß von Jenseitserfahrungen auf die religiöse Entwicklung fällt je nach Kulturkreis unterschiedlich aus. Die vielen, verschiedenartigen Religionen lassen sich jedoch grob in drei Gruppen einteilen, in denen sich jeweils ein ungefähr vergleichbarer Einfluß von Transzendenzerfahrungen feststellen läßt.

Die getroffene Unterteilung bedeutet freilich eine gewisse Vereinfachung. Nur so aber lassen sich verschiedene Religionen, die allesamt selbst Veränderungen unterworfen sind, noch einigermaßen übersichtlich nebeneinander stellen. Je mehr Einzelheiten und Ausnahmen bei einem Vergleich berücksichtigt werden, um so komplizierter und unübersichtlicher wird das Ergebnis. Doch verbietet es schon die oftmals dürftige Materiallage, noch weiter ins Detail zu gehen, ohne sich dabei auf Spekulationen zu verlassen. Um einen besseren und dabei verläßlicheren Überblick zu gewinnen, wurde die Einteilung der Religionen deshalb auf drei Gruppen beschränkt.

Naturverbundene Religionen

Sowohl die vorgeschichtlichen Religionen als auch die Glaubensbekenntnisse der Eingeborenen sind durch ganz ursprüngliche Naturverbundenheit gekennzeichnet. Ein wichtiges Merkmal des frühen Menschen war die unmittelbare Wahrnehmung, die mangelhafte Unterscheidung des Erlebten. Noch bei den alten Griechen finden sich Reste dieser Denkweise im allgemeinen Sprachgebrauch: Sie bezeichnen körperliche und geistige Eigenschaften mit dem selben Ausdrucken bezeichnet. Der Begriff für körperliche Schwäche ist zum Beispiel derselbe, mit dem man auch von geistiger Schwäche, wie etwa Feigheit spricht. Auch für leibliche Stärke und geistige Festigkeit: Mut wird derselbe Ausdruck benutzt.

Ebenso wie die naturverbundenen Religionen besitzen auch die altorientalischen, antiken und östlichen Glaubensrichtungen einen reichen Schatz an Mythen und Legenden, die sie zur Grundlage ihres Bekenntnisses gemacht haben. Wegen dieser und anderer Gemeinsamkeiten wurden sie oftmals allesamt als Religionen mit mythischer Weltsicht zusammengefaßt. Was jedoch ihre Beziehung zu Transzendenzerfahrungen anbetrifft, müssen die naturverbundenen Religionen gesondert betrachten.

Die Wahrnehmung des frühen Menschen ist von animistischer Sichtweise gekennzichnet: Jede Erscheinung der Natur ist belebt, verbirgt einen Geist oder eine fremde Macht. Entwicklungsgeschichtlich findet in dieser Phase die allmähliche Auftrennung des Erlebens in subjektive, innere Erfahrungen und objektive, die Außenwelt betreffende Wahrnehmungen statt. In diesem Zeitraum dürfte auch die Vorstellung von einer aus dem Körper entweichenden Seele erfolgt sein. Wie diese seelische Substanz nun genau aussehen soll, wird unterschiedlich beantwortet.

Der Einfluß von Jenseitserfahrungen dürfte sich bei naturverbundenen Religionen vor allem bei der Entstehung des Seelengedankens ausgewirkt haben. Schon das Vorkommen von Außerkörperlichkeitserfahrungen genügt, um solche Vorstellungen zu unterstützen. Bekanntlich ereignet sich diese Art von Erlebnissen besonders in Situationen, die noch keine körperliche Notlage darstellen, wie etwa bei Streß- und Angstzuständen. Außerkörperlichkeitserfahrungen können schon von daher grundsätzlich überlebt werden, ohne irgendeinen medizinischen Eingriff vorauszusetzen. Dies ist bei der Mehrzahl der zeitgenössischen NTE nicht der Fall.

In dieser ersten Phase der Einwirkung von Transzendenzerfahrungen ist in den naturverbundenen Religionen die Vorstellung vom unsichtbaren Verweilen der Verstorbenen unter den Lebenden oder deren Eingehen ins Schattendasein eines Totenreichs entstanden. Entsprechende Schilderungen finden sich bei den Maya, den Inkas und den Batak. Überbleibsel dieser Konzeptionen finden sich auch im frühen Hinduismus: Dort verweilt der Tote vor dem Eingang in die – allerdings lichtvolle – Welt der Ahnen ein Jahr im *preta*-Zustand im Diesseits verweilt. Im chinesischen Universismus verbleiben die verstorbenen Angehörigen gar im Kreise ihrer Verwandten. Ähnliche Erwartungen finden sich auch bei anderen Völkern – ganz gleich wo sie beheimatet sind: Das Volk der Mapuche aus Chile und die westafrikanischen Ewe nehmen gleichermaßen an, nach dem Tod zu ihren Angehörigen hinzuzustoßen. Ein gemeinsames, kulturübergreifendes Kennzeichen dieser Religionen ist ein ausgeprägter Ahnenkult.

Während die meisten naturverbundenen Glaubenssysteme nicht über ein Schattendasein im Totenreich hinausgehen und einige, wie die Azteken oder die Batak, nur für besonders ausgezeichnete Verstorbene ein paradiesisches Jenseits annehmen, finden sich auch Vorstellungen von einem Leben nach dem Tod, auf das alle Menschen hoffen dürfen. Meist handelt es sich dabei aber um Völker, die schon den Rang einer Hochreligion erreicht haben oder Kontakt mit fremden Kulturen hatten, wie etwa die Maya, die Inka oder die Delaware-Indianer. Kulturen, die diesen Entwicklungsstand bereits erreicht haben, gehören eigentlich schon in die nächste Gruppe von Religionen.

Im Umfeld naturverbundener Religionen hat es sicherlich auch Erfahrungen gegeben, die die „typischen" Inhalte eines NTE aufgewiesen haben. Wirft man einen Blick auf die Berichte von Schamanen und auf Schilderungen aus solchen Kulturkreisen, so wird man Anzeichen für diese Vermutung finden. Im Vergleich zu Außerkörperlichkeits-Erlebnissen dürften diese Erfahrungen jedoch in der Minderzahl geblieben sein.

Ein abschließender Blick auf die naturverbundenen Religionen zeigt, daß sich der Einfluß von Transzendenz-Erlebnissen eher in Grenzen gehalten hat. Vielleicht hat der damals aufkommende Gedanke an eine im Körper wohnende Seele durch sie Unterstützung erfahren. Weil aber die Wahrnehmung der naturverbundenen Menschen vor allem durch die Erscheinungen und Notwendigkeiten des Alltags wie Nahrungssuche und Abwehr äußerer Gefahren geprägt war, haben mögliche Jenseitsberichte kein übermäßiges Gewicht erlangt. Zusammenfassend läßt sich ihre Bedeutung auf die Mitgestaltung der Seelenvorstellung beschränken.

Religionen der mythischen Weltsicht

Am Beginn aller Kulturen und Religionen steht ein naturverbundenes Leben. Die Sorgen der Menschen drehen sich um die Ernährung seiner Sippe, die Verteidigung der Jagdgebiete und um die Sicherheit seines Stammes. Schließlich gibt der Mensch sein Dasein als umherziehender Jäger und Sammler auf und wird seßhaft. Mit Akkerbau und Viehzucht sichert er nun seinen Lebensunterhalt, und es entstehen neue Berufe wie etwa Handwerker, Mediziner und Priester. Nach und nach wachsen die Dorfgemeinschaften an, aus ihnen werden größere Ansiedlungen und schließlich Städte und Staaten. Es entsteht die Schrift, mit der sich das gesprochene Wort festhalten läßt, und damit eine Voraussetzung für Dichtkunst, Wissenschaft und die Verwaltung einer Gemeinschaft.

Auch das religiöse Leben verändert sich in dieser Epoche des Umbruchs. Die noch aus früher Zeit überlieferten Sagen und Legenden werden gesammelt und finden Eingang in Dichtkunst und heiliges Schriftgut. Diese Erzählungen, die als Mythen bezeichnet werden, berichten von der Entstehung der Welt, der Götter und Helden sowie der Menschen. Sie versuchen, die Erscheinungen der Natur zu erklären und geben Aufschluß über das Ziel menschlichen Lebens. Moralische Regeln und Normen finden sich ebenso wie der Gedanke an eine wie auch immer geartete Seele.

In Kulturen, die durch solche Eigenschaften gekennzeichnet sind findet man die Religionen der mythischen Weltsicht vor. In diese Gruppe gehören die Glaubenssysteme des Alten Orients, der Antike und des Ostens. Die entwicklungsgeschichtlichen Anfänge dieser Religionen zählen freilich nicht hierzu; sie gehören noch in die vorhergehende Gruppe.

Transzendenz-Erlebnisse werden nunmehr auch im Zusammenhang mit körperlichen Umständen berichtet. Dies trifft auf die Totenbetterfahrungen im tibetischen Buddhismus ebenso zu wie für den Soldaten *Er*, von dem der Philosoph Plato erzählt. Bei den meisten Textstellen liegen die Ursachen allerdings im Dunklen.

Jenseitserfahrungen sind innerhalb der Religionen mit mythischer Weltsicht nicht mehr auf unfreiwillige Erlebnisse beschränkt. Vielmehr versucht man jetzt aktiv, einen Bewußtseinszustand zu erreichen, der sich von der Welt des Alltags abhebt. In dieser Zielsetzung gleichen sich die meditativen Praktiken der östlichen Religionen und die – durch Narkotika oder Mysterienkulte – hervorgerufenen Jenseitsreisen in Griechenland und im alten Iran. Die jeweiligen Erlebnisse selbst werden aber unterschiedlich geschildert.

Bei den meisten Jenseitsbeschreibungen, die sich bei den Religionen der mythischen Weltsicht finden, ist nicht feststellbar, wie sie zustandegekommen sind und ob dabei überhaupt transzendente Erlebnisse zugrunde lagen. Nichtsdestoweniger gleichen sich die Schilderungen in mancher Hinsicht: Mit Ausnahme der Sumerer herrscht in allen Religionen des Orients und der Antike die Erwartung einer lichtvollen oder friedlichen Welt vor, in die der Tote schließlich einziehen wird. Auch das „Glücksland" des Mahayana-Buddhismus wird in schillernden Farben beschrieben. Lediglich die Hinayana-Tradition weist solche Schilderungen zurück und gleicht in dieser Haltung dem tibetischen Buddhismus, wo die Wahrnehmung von Außerkörperlichkeit sowie anderer Eindrücke als Trugbild gilt. In beiden Fällen scheint das Gewicht der religiösen Lehre die Akzeptanz solcher Erfahrungen zu verhindern. Allein daraus kann aber nicht gefolgert werden, daß es solche Erlebnisse nicht gegeben hätte. Der glückliche Umstand, daß tibetische Buddhisten von solchen „Trugbildern" am Totenbett berichten, legt nämlich genau das Gegenteil nahe.

Erdrückt von den trostlosen Jenseitserwartungen wurde offenbar auch die Erfahrung des Gilgamesch, die in vielerlei Hinsicht den zeitgenössischen Nahtoderlebnissen gleicht. Die Sumerer sind ihrer kulturellen Entwicklung nach längst eine Hochkultur; weithin bekannt sind die Tafeln des Hammurabi, die ältesten geschriebenen Gesetze, die gefunden wurden. Nach ihren Vorstellungen vom Totenreich müßte diese Kultur den naturverbundenen Religionen zugeordnet werden. Vielleicht aber handelt es sich bei den bildreichen Schilderungen im Gilgamesch-Epos schon um den ersten Ausläufer einer Entwicklung, die schließlich zu einer veränderten Jenseitsvorstellung geführt haben könnten. Schon bald aber wurde das Reich Hammurabis und seiner Nachfolger durch die eindringenden Hethiter erobert, Babylon geplündert und gebrandschatzt. Auch die religiöse Entwicklung dürfte unter diesen Wirren gelitten haben.

Insgesamt zeichnen sich die Religionen der mythischen Weltsicht durch einen wesentlich gestiegenen Einfluß transzendenter Erfahrungen aus. Erlebnisberichte, die nun auch im Zusammenhang mit körperlichen Umständen geschildert werden, finden Eingang in schriftliche Quellen. Sie dürften sich daher zumindest unterstützend auf die Erwartung des Jenseits als einer lichtvollen, paradiesischen Gegend ausgewirkt haben. Die weitreichende Übereinstimmung dieser Vorstellungen läßt einen starken Einfluß vermuten, insbesondere, weil nunmehr auch aktiv nach entsprechenden Erfahrungen gesucht wird. Der Einfluß religiöser Lehren verdrängt aber mancherorts die Akzeptanz von Jenseitserfahrungen.

Religionen der göttlichen Sendung

Die letzte Gruppe der Religionen umfaßt in erster Linie den jüdischen, christlichen und islamischen Glauben. Am ihrem Anfang steht jeweils Berufungserlebnis, das den Religionsstifter zu seinem Auftrag geführt hat. Zusammen kann man sie daher als die Religionen der göttlichen Sendung bezeichnen.

Es kann durchaus sein, daß außer den Begründern der drei weltumspannenden Bekenntnisse auch andere Personen solch einschneidende Berufungserfahrungen gehabt haben. So ist beispielsweise im Christentum der Apostel Paulus davon betroffen. Der Blick auf die Geschichte des Glaubens kann freilich nur solche Erfahrungen behandeln, die am Ende eine deutliche und bleibende Spur hinterlassen haben. Erfolgreich in diesem Sinne waren jedoch nur die drei heutigen Weltreligionen.

Dort weisen die schriftlichen Quellen auf ein Transzendenz-Erlebnis hin. Da derartige Erfahrungen in der Regel von Persönlichkeitsveränderungen begleitet werden, die sich mitunter im der Überzeugung äußern, eine Aufgabe erledigen zu müssen, liegt es nahe, eine Jenseitserfahrung als Grund für das Sendungsbewußtsein von Mose, Jesus, Paulus und Mohammed anzunehmen.

Der Einfluß der Berufungserfahrungen ist so entscheidend, daß andere Auswirkungen von Transzendenzerfahrungen geradezu in den Hintergrund treten. Im Alten Testament findet nämlich das verheißene Überleben des Volkes Israel deutlichen Vorrang vor der Erwartung individuellen Heils nach dem Tode. Die Vorstellung vom Schattenreich Scheol erinnert noch stark an die Erwartungen bei naturverbundenen Religionen. In diesem Umfeld dürfte auch Mose noch aufgewachsen sein. Doch schon im Buch Daniel kündigt sich eine lichtvollere Zukunft an; diese wird in den apokryphen Schriften noch deutlicher gezeichnet und finden ihre Ergänzung durch Jesajas Vision des Gottesreichs. So zeigt vor allem der jüdische Glaube, wie sich die religiösen Vorstellungen im Laufe der Zeit wandeln können.

Vor dem Hintergrund der israelitischen Tradition entstand der christliche Glaube. Im Neuen Testament lehnt sich vor allem die Offenbarung des Johannes an alte biblische Visionen an. Er spricht von einer lichtvollen Zukunft im himmlischen Jerusalem und erinnert in seiner Beschreibung an die Prophezeiungen des Jesaja.

Im Koran bestätigt sich schließlich, daß in allen drei Religionen der göttlichen Sendung die Vorstellung eines Paradieses aufgekommen ist, dessen Erscheinung von

Helligkeit oder Licht gekennzeichnet ist. Am deutlichsten wird dies in der 24. Sure, in der Allah mit Licht in Verbindung gebracht wird; hier drängt sich ein Vergleich mit dem „Lichtwesen" zeitgenössischer NTE auf. Auch die erwähnte volkstümliche Beschreibung des Jenseits gibt ein lichtvolles Bild des jenseitigen Paradieses.

Während im Judentum und Christentum körperliche Übungen grundsätzlich nicht zur Meditation gebraucht werden, ist dies später in den islamischen Sufi-Orden anders. Ähnlich aber wie die mittelalterlichen Jenseitsreisen zählen diese Ausprägungen aber nicht mehr zum Kernbereich der Religionen der göttlichen Sendungen. Dagegen gehören die körperlichen Umstände, die Mohammed während der Eingebung des Korans hatte, noch zur Entstehungsgeschichte des Islam. Am Ende, so wird vermutet, konnte der Prophet diese Zustände wohl gezielt herbeirufen. Der Versuch, durch körperliche Übungen Zugang zur Transzendenz zu erhalten, ist so im Islam in ganz ursprünglicher wiederaufgelebt.

Die Einordnung der Religionen in Gruppen, die sich nach dem jeweiligen Einfluß von Jenseitserfahrungen richten, deutet auf den ersten Blick auf eine bestimmte Entwicklung hin. Kurz gefaßt würde sie bedeuten:

- Alle Religionen haben ihren Ursprung in naturverbundenen Kulturen, einem Lebensumfeld, das von den täglichen Notwendigkeiten und dem unmittelbaren Erleben geprägt ist. Der Einfluß transzendenter Erfahrungen ist relativ gering.

- Später werden die Menschen seßhaft und ordnen sich in einem Gemeinwesen. Ihre Wirtschaftsweise verändert sich, und ebenso die religiösen Vorstellungen und Erwartungen. Statt einer Vielzahl von Gottheiten werden nur mehr wenige, ortsungebundene Götter verehrt. Die mythischen Erzählungen und Traditionen einer Kultur sind die Grundlage des Glaubens, in den nun auch die Inhalte von Jenseitserfahrungen einfließen. Sie geben eine Antwort auf die Frage: *Worauf darf ich hoffen?*

- In einigen dieser Kulturen finden Menschen ihre Berufung in einer Transzendenz-Erfahrung. Dort formt sich schließlich der Glaube an den einen Gott, der Schöpfer der Welt und persönliche Zuflucht zugleich ist. Der Einfluß der Jenseitserfahrungen hat seinen Höhepunkt erreicht. Jetzt geht es um die Frage: *Wem kann ich mich anvertrauen?* Die Antwort, die Mose, Jesus und Mohammed geben lautet: Dem einen Gott.

Beim Blick auf die heutige religiöse Situation sind es sind es vor allem die Religionen des Ostens und die monotheistischen Bekenntnisse, die den Lauf der Geschichte überdauert haben. Zwar finden sich in abgelegenen Regionen immer noch Naturvölker, die einer Stammesreligion angehören, doch diese fallen zahlenmäßig kaum mehr ins Gewicht. Sobald sie mit der modernen Welt in Berührung kommen, ändert sich auch ihr religiöses Verhalten.

Während Judentum, Christentum und Islam in die letztgenannte Gruppe von Religionen gehören, scheinen die Religionen des Ostens vornehmlich durch mythische Weltsicht gekennzeichnet zu sein. Der Gedanke an einen allmächtigen Gott und Weltenschöpfer scheint ebenso zu fehlen wie Personen, die sich zur Erneuerung des Glaubens berufen gefühlt hätten. Ein genauer Blick zeigt jedoch, daß es auch im Hinduismus und Buddhismus solche Tendenzen gegeben hat:

- Schon die vielfältige religiöse Welt des Hinduismus hat für die Annahme eines einzigen Gottes Raum gelassen, die Beschränkung auf wenige Gottheiten kann ein Schritt dorthin sein. Meist sind es Shiva oder Vischnu, die als Urgrund der Welt betrachtet werden. Im *Mahabharata* erscheint Krischna als einziger Gott, dem man sich in Liebe hingegen solle, eine Verehrung die *bhakti* genannt wurde. Im Westen ist diese Glaubensströmung durch die *Hare-Krishna*-Bewegung bekannt geworden.

Auch im *Mahayana*-Buddhismus haben sich monotheistische Tendenzen bemerkbar gemacht: Die als großes Fahrzeug bezeichnete Tradition betont die Möglichkeit aller Lebewesen zur Erlösung. Menschen, die bereits den Zustand der Erleuchtung erreicht haben, können freiwillig auf den Eingang ins Nirwana verzichten und statt dessen anderen Lebewesen auf dem Weg der Erlösung behilflich sein, Sie werden dann als Bodhisattvas bezeichnet und von den Gläubigen wie Heilige verehrt. In Gebeten versucht man, ihre Fürsprache zu erreichen.

- Am eindeutigsten ist im Buddhismus von einer Berufungserfahrung die Rede: Sie betrifft den Glaubensbegründer Buddha selbst, der den vorherrschenden Hinduismus reformierte. Wenn dieses Erlebnis dabei als Erleuchtung beschrieben wird, dann läßt sich freilich spekulieren, was Buddha am Ende erfahren hat. Ein Jenseitserlebnis, wie es auch in der tibetischen Tradition berichtet wird, ist jedenfalls nicht ausgeschlossen.

Carol Zaleski schreibt von einem weiteren interessanten Hinweis: „*Im alten China wird von Lao-Tse, dem legendären Begründer des Taoismus, erzählt, er habe seinen leblosen Körper verlassen, um `einen Spaziergang zum Ursprung der Dinge´ zu machen;*"[145]

Im Hinduismus ist es schließlich Krishna, dessen Geburt als Zeichen der Hoffnung gilt. Dem *Mahabharata*-Epos zufolge soll er adeliger Herkunft gewesen sein, darüber hinaus wird er als Inkarnation Vischnus gesehen. Weiter berichtet die Erzählung von einem Kampf, in den Krishna eingegriffen habe, indem er die *gita*, das bekannte Lehrgedicht vorgetragen habe. Im *Mahabharata* bezeichnet er sich außerdem als der eine Allgott, den letztlich alle verehren, auch wenn sie die traditionellen Gottheiten anbeteten.

Schon ein kurzer Blick in die Religionen des Ostens genügt, um festzustellen, daß auch dort Berufungserfahrungen gemacht wurden, daß auch dort der Glaube an nur einen Gott vorgeherrscht hat und nach wie vor existiert. In ähnlicher Weise konnte ja bereits festgestellt werden, daß sich auch im Hinduismus und Buddhismus Vorstellungen über ein paradiesisches Jenseits gebildet hatten.

Es ist unter Wissenschaftlern oft diskutiert worden, ob es in der Entstehung und Entwicklung der Religionen tatsächlich eine Entwicklung gibt, die von einem Glauben an viele Götter ausgeht und allmählich zum Monotheismus führt. Wenn man den zunehmenden Einfluß von Jenseitserfahrungen als Maßstab nimmt, dann scheint dies der Fall zu sein. Entscheidend ist hierbei, daß Transzendenz-Erfahrungen grundsätzlich monotheistische Züge tragen. Die Idee der Reinkarnation wie auch animistische Gedanken finden dort keine Bestätigung. So gesehen sind die monotheistischen Züge in den östlichen Religionen nicht ungewöhnlich.

Die Annäherung der verschiedenen Religionen an die Inhalte transzendenter Erlebnisse geschieht nur ganz allmählich. So hält die Vorstellung eines paradiesischen oder auch höllenartigen Jenseits, welches durch die Taten des einzelnen bedingt ist, nur langsam Einzug in die religiöse Vorstellungswelt. Die Überwindung der vorherrschenden Erwartung eines trostlosen Totenreichs, wie sie die naturverbundenen Religionen noch haben, beginnt jedoch schon, wenn diese Völker an der Schwelle zur Hochkultur stehen. Bei den Religionen der mythischen Weltsicht ist die Erwartung eines Jenseits bereits durchgehend beobachtbar. Auch wenn vielfach noch die Vorstellungen eines jenseitigen Schattendaseins – seien es Hades, Scheol oder das „Land ohne Wiederkehr" – im Vordergrund stehen, so finden sich gleichwohl Schilderungen von himmlischen Regionen, die als Orte der Freude und des Glücks in lichten Farben ausgestaltet werden. Auch in den östlichen Religionen hält diese Auffassung allmählich Einzug – trotz des offenbar starken Gewichts der religiösen Tradition: Während das Zwischenreich im hinduistischen *Rigveda* schon früh Züge eines paradiesischen Jenseits trägt, ist dies im Buddhismus erst der Fall, als sich die *Mahayana*-Tradition von der ursprünglichen Lehre abspaltet.

Von diesen Annahmen ausgehend läßt sich nun die unterschiedliche Geschichte der östlichen und der monotheistischen Religionen beschreiben:

Die Entwicklung in Kleinasien

Auf der Suche nach Umständen, die den Glauben an nur mehr einen Gott begünstigt haben könnten, bietet sich ein vergleichender Blick auf die Entstehung der monotheistischen Religionen an:

In den Gebieten, in denen sich die drei Glaubensbekenntnisse entfalteten, waren Kriege um das knappe fruchtbare Land an der Tagesordnung. Das Überleben eines Volkes hing vorrangig von seiner Ernährungslage ab. Mit den wechselseitigen Eroberungen und Besatzungen sowie mit dem notwendigen Warenhandel verbreiteten sich auch die religiösen Vorstellungen der Völker, die sich im Mittelmeerraum und im Nahen Osten angesiedelt hatten. Von daher waren ein gewisser Vergleich sowie eine Konkurrenz unterschiedlicher Glaubensvorstellungen möglich. Die Unterjochung der im Kampf unterlegenen Bevölkerung bot zusätzlich einen Ausgangspunkt für soziale Spannungen; dabei gehörten Besatzer und Besetzte jeweils verschiedenen Religionen an. Auch wenn die Sieger ihren unterlegenen Gegnern meist die Ausübung ihres Glaubens gestatteten, so kann doch angenommen werden, daß der politische Konflikt auch eine religiöse Bedeutung annahm: Insbesondere die unterdrückte Seite wird die ersehnte Befreiung mit der Hoffnung auf einen erlösenden Eingriff jenseitiger Mächte verbunden haben.

Die Lage im Osten

Auch in Asien gab es Eroberungen und Besatzungen. Im Vergleich zum Nahen Osten scheint hier aber die Weite des Lebensraums dem Konflikt einen Teil seiner Schärfe genommen zu haben. Die Glaubenslehre der östliche Religionen eignet sich außerdem wenig als Grundlage für politische Forderungen: Nicht die Verwicklung in weltliche Dinge soll schließlich gepflegt werden, sondern vielmehr die Loslösung von ihnen. Die Aussicht auf eine nicht absehbare Folge von Wiedergeburten, aus denen es schwer ein Entkommen gibt, kann sich lähmend auf das tätige Leben auswirken. Unter diesen Umständen haben sich auch bei unterjochten Völkern keine Befreiungsbewegungen gebildet, die mit religiösem Vorzeichen für eine Loslösung von ihren Besatzern gekämpft hätten.

Die unterschiedliche Ausgangslage der monotheistischen und östlichen Glaubensbekenntnisse zeigt sich auch, was die Akzeptanz transzendenter Erfahrungen angeht: Während die Religionen des Ostens die Loslösung von weltlichen Phänomenen zum Zwecke der individuellen Erlösung lehren, ist der Alltag in dieser Lebenswelt gerade erst recht von den vielfältigen Erscheinungen der natürlichen Umgebung geprägt. Zusammen mit dem Gewicht der religiösen Lehre, die nicht in dem Maße von fremden Gedankengut Konkurrenz erhielt, wie dies im Westen der Fall war, haben die Inhalte von Jenseitserfahrungen nur mäßige Beachtung erhalten.

Neuorientierung im Nahen Osten

Im Nahen Osten fielen Transzendenzerfahrungen schließlich auf fruchtbaren Boden. Schon das karge Wüstenleben läßt seinem Bewohner Raum für Gedanken und die Suche nach Gott, er wird nicht von einem überquellenden Lebensumfeld vereinnahmt, wie dies in den Wäldern Asiens der Fall ist. So hat auch der Mensch in der Wüste keine belebte Landschaft vor sich, die Götter und Mächte beherbergen könnte. Schon das Alte Testament handelt von einem verborgenen Gott, der unzugänglich ist und keine Form hat. Sich ein Bild von ihm zu machen, wird verboten, was sich später auch im Islam niederschlägt.

Für ein unterdrücktes Volk wie es die Israeliten in Ägypten waren, lag es nahe, ihre religiös getragene Hoffnung auf Befreiung nicht auf eine Gruppe von Göttern zu verstreuen, sondern sich einer Hauptgottheit bzw. einem einzigen Gott anzuvertrauen. Mose, der in dieser Umgebung gelebt hat, ist wohl auch durch diese Stimmung geprägt worden, und mit ihm auch seine Berufungserfahrung. Die Lebensumstände, die bei ihr mit eingeflossen sein könnten sind geradezu einmalig:

- Mose wurde von religiösen und gesellschaftlichen Fragen tief berührt
- Mose widmete sich aktiv dem Glauben und der Lage seines Volkes
- Die religiöse Stimmung in Mose´ Umfeld war monotheistisch geprägt
- Mose´ Berufungserfahrung trägt ebenfalls monotheistische Züge

Beim Zusammenwirken dieser Faktoren hat sich der Sendungsgedanke des Mose schließlich zum Glauben an die Errettung durch (den) einen Gott verstärkt, der zusammen mit dem Gefühl der göttlichen Mission in die Begründung des Glaubens an Jahwe, den einzigen Gott der Israeliten, mündet, der jene mit Hilfe des Mose aus der Knechtschaft Ägyptens herausführt.

Auf diesem monotheistischen Glaubensfundament finden Jesus und Mohammed schließlich ihre Berufung. Sie sehen sich dabei nicht als Begründer, sondern als Erneuerer des Glaubens. Am Anfang aber stand Mose.

Betrachtet man die Geschichte der Religionen im Hinblick auf transzendente Erfahrungen, so scheint der Monotheismus der folgerichtige Endpunkt zu sein: Bei ihm entspricht das Gottesbild im Grundsatz den Wahrnehmungen des Jenseitserlebnisses: Ein persönlicher, alles durchdringender, fürsorgender Gott offenbart sich dem Menschen – hier in den heiligen Schriften, dort als Wesen des Lichts.

Während der jüdische, christliche und islamische Glaube am Endpunkt einer Entwicklung angekommen scheinen, zeigen sich in den Religionen des Ostens nur mehr oder weniger starke Tendenzen in diese Richtung. Eine Veränderung, die mit dem Auftreten Mose vergleichbar wäre, kann jedoch kaum mehr erwartet werden. Die Welt des 20. Jahrhundert ist so sehr von weltlichen Einflüssen geprägt, daß allein die notwendigen gesellschaftlichen und religiösen Voraussetzungen nicht mehr gegeben sind. Insofern ist auch jene religionsgeschichtliche Entwicklung, die durch die Einflußnahme transzendenter Erfahrungen gekennzeichnet war, zum Abschluß gekommen.

Jenseitserfahrungen – ein neuer Gesichtspunkt

Um die Entwicklung der Religionen zu erklären, haben Wissenschaftler eine Reihe von zum Zeit recht merkwürdigen Vermutungen aufgestellt.

Bei den drei Religionsstiftern wurde zwar meist angenommen, daß sie von einem tiefgreifenden Erlebnis berührt waren, und sich zum Glaubensführer berufen gefühlt hatten. Die Ursache hierfür wurde jedoch nicht in einer transzendenten Erfahrung gesucht, die sie vielleicht hatten, sondern in ihrer seelischen Verfassung. Um das außergewöhnliche Engagement der Glaubensverkünder zu erklären, wurden psychische Probleme, Geltungssucht oder auch religiöse geprägte Wahnvorstellungen angenommen. Bei Mohammed und Paulus wurden gar epileptische Anfälle vermutet, weil die Überlieferungen körperliche Umstände erwähnen.

Am Ende waren es nur mehr die Angehörigen der jeweiligen Religion, die die Berufung ihres Glaubensstifters als echt anerkannten. Zahlreiche Wissenschaftler konzentrierten sich daher auf die Suche nach Krankheitsbildern.

Das Bekanntwerden von Nahtoderfahrungen hat nun einen entscheidenden Anhaltspunkt für die Forschung geliefert. Der Einfluß von Transzendenz-Erlebnissen auf die religiöse Entwicklung, der bisher unbekannt war, wird jetzt offenbar und muß verstärkt berücksichtigt werden. Insbesondere steht nun fest, daß die Berufungserfahrungen der Religionsstifter von ihrer Art her untereinander ähnlich, und darüber hinaus mit den zeitgenössischen NTE vergleichbar sind. Es handelt sich insgesamt um dieselbe Art von Erlebnissen. Oder, mit anderen Worten: Mose, Jesus, Mohammed und auch Paulus haben ein Reise zum gleichen Ort unternommen, auch wenn sich ihre Berichte der Überlieferung nach unterscheiden.

Es hängt nun ganz wesentlich von der Einordnung der NTE und Jenseitserfahrungen ab, wie man die religionsgeschichtliche Entwicklung betrachtet. Hält man die Erlebnisse für Illusionen, so ergibt sich nicht mehr als ein Einfluß eben dieser Traumwahrnehmungen. Nimmt man aber an, daß sich die transzendenten Erfahrungen auf eine bestehende Wirklichkeit beziehen, so erscheint die Geschichte des Glaubens als eine stetige Annäherung an jenseitige Wahrheiten. Dieser wichtigen Frage widmet sich das nächste Kapitel.

11. Die Erklärung der Wissenschaften

Schon eingangs, als es um die Versuche ging, Nahtoderfahrungen zu definieren und von anderen Erlebnissen abzugrenzen, war von wissenschaftlichen Erklärungen die Rede. Seit den Siebziger Jahren des 20. Jahrhunderts haben sich verschiedene Fachgebiete mit der Erforschung der NTE beschäftigt, angefangen von der Medizin bis hin zur Psychologie. Nicht alle Untersuchungen waren fruchtbar, doch einige haben den Blick auf interessante Details ermöglicht, so etwa auf die Natur der negativen Nahtod-Erlebnisse.

Medizinische Erklärungen

Nahtoderfahrungen wurden zuerst im klinischen Bereich bekannt. Daher war man verständlicherweise versucht, ihr Zustandekommen zunächst einmal durch medikamentöse Einflüsse zu erklären. In Frage kamen dabei sowohl Mittel, die über einen längeren Zeitraum eingesetzt wurden, wie Beruhigungsmittel, Schmerzmittel oder Stimulantien (Anregungsmittel) als auch kurzfristig benötigte Arzneien wie Narkotika.

Bei manchen Medikamenten war bereits bekannt, wie sie wirkten und vielleicht war dies bei der Verabreichung schon beabsichtigt, wie etwa bei den stark schmerzlindernden Mittel Morphium und Demerol. Daneben war auch mit eventuellen unerwünschten Nebenwirkungen zu rechnen, wie sie sich gerade bei bewußtseinsanregenden Arzneien nie ausschließen lassen.

Patienten, die mit Medikamenten behandelt wurden, zeigten allerdings in einer Untersuchung kein vermehrtes Auftreten von Nahtoderfahrungen im Vergleich zu anderen Personen. Statt dessen wurde festgestellt, daß NTE und OBE vermehrt dann auftreten, wenn keine bewußtseinsverändernden Mittel eingenommen werden. Diese wirken nämlich hemmend auf das limbische System, dem eine Beteiligung an NTE zugeschrieben wird.

Dieser Umstand kann dadurch erklärt werden, daß die genannten Medikamente wie auch andere wahrnehmungsreduzierenden Mittel einen Einfluß auf die Perzeption und die nachträgliche Erinnerung an das Erlebnis haben, so daß etwa die Farbwahrnehmung, die Lesefähigkeit oder die Aufmerksamkeit für Einzelheiten darunter leiden. Entsprechend wurde festgestellt, daß Selbstmordpatienten, die nicht unter Drogen-, Medikamenten- oder Alkoholeinfluß standen, eher „klassische" NTE erleben.

Da nicht das Erlebnis selbst, sondern nur dessen Wahrnehmung und Erinnerung an dieses beeinträchtigt wird, kann angenommen werden, daß oftmals Nahtod-Erfahrungen gemacht werden, ohne daß später überhaupt eine Erinnerung daran möglich wäre. Die dabei offenbar auftretende Verzerrung der Erfahrung könnte gleichzeitig ein Grund für das Fehlen jener *typischen* unvergeßlichen Erinnerungen sein, die üblicherweise als *aftereffects* das weitere Leben des Experiencers prägen und ein im allgemeinen recht verläßliches Kennzeichen für NTE sind.

Medikamentöse Einflüsse scheinen aber nicht nur eine Erklärung dafür zu bieten, daß manche Personen trotz entsprechender körperlicher Umstände kein NTE zu haben glaubten (und vielleicht doch eines hatten), sie werfen auch ein Licht auf die sogenannten negativen NTE, auf die nun kurz eingegangen werden soll.

„Negative" Nahtoderfahrungen

Ähnlich wie ihr „positives" Gegenstück tauchen negativ geprägte Erlebnisse schon in frühen Schilderungen, und dabei kulturübergreifend auf. Im tibetischen Buddhismus ist die Rede von „furchteinflößenden Buddhas", ähnliche Zeugnisse finden sich in der christlichen und islamischen Mystik. Im Mittelalter tauchen schließlich Berichte von Jenseitsreisen auf, in denen ausführlich von höllischen Regionen oder einem Fegefeuer die Rede ist.

Besondere Umstände – Besondere Erfahrungen

Grundsätzlich gliedert man negative Erlebnisse in drei Arten: Erfahrungen einer Nichtigkeit oder Leere, Erleben eines „typischen" NTE mit allerdings unangenehmen begleitenden Gefühlen sowie die Wahrnehmung einer höllenartig geprägten Umgebung.

Schon kurz nachdem sich die Nahtodforschung eingehender mit dieser Erscheinung auseinandergesetzt hatte, folgerte Professor Kenneth Ring, daß jene negativen NTE, die ein Gefühl der Leere beinhalteten und nicht selten mit negativen Eindrücken begleitet waren, auf eine Narkosebehandlung zurückzuführen seien. Die dabei verwendete Dosis Ketamin rufe ähnlich wie etwa LSD ein mehr oder minder unangenehmes Leeregefühl hervor, in geringen Mengen könne Ketamin hingegen NTE-artige Erlebnisse „positiver" Art hervorrufen.

Schon die beiden Forscher Bruce Greyson und Nancy Evans Bush haben bemerkt, daß die genannten Nichtigkeits-Erfahrungen mehrheitlich bei narkotisierten Geburtsvorgängen stattfanden. Diesen Zusammenhang hat Ring später neu aufgegriffen und belegt. Tatsächlich ist ja, wie oben schon angedeutet, ein Zusammenhang zwischen bestimmten Mitteln und der Wahrnehmungs- und Erinnerungsfähigkeit beim

NTE wahrscheinlich. So gesehen könnte die erlebte „Leere" den verbliebenen Rest einer Nahtod-Erfahrung darstellen.

Die Suche nach dem ursprünglichen Erlebnis

Professor Ring ist der Ansicht, daß ein negatives NTE, welches sich in einem Gefühl von Leere und Nichtigkeit äußert, kein Nahtoderlebnis im eigentlichen Sinne sei, sondern lediglich eine drogenbedingte Notreaktion des Körpers.

Bei den anderen Erscheinungsweisen des negativen NTE, das sich dann entweder als „typisches" Erlebnis mit unangenehmen Gefühlen zeigt oder sich in Wahrnehmung einer höllenartigen Umgebung äußert, trifft Ring eine ähnliche Feststellung: Es handle sich dabei um die Selbsterhaltungsversuche eines im Todeskampf befindlichen „Ichs", und von daher würden entsprechende Illusionen auftreten, die aber nicht wirklich und letztlich nur von vorübergehender Dauer seien.

Tatsächlich gibt es Berichte, bei denen sich ein anfänglich negativ erscheinendes Erlebnis in eine „klassische" Nahtoderfahrung umwandelt – oder andersherum. Eine derartige „Wandlung" gibt es bei beiden der noch verbleibenden negativen Erfahrungen, so daß es zwischen ihnen nur einen graduellen, d.h. stufenweisen Unterschied zu geben scheint:

- Die Gruppe negativer Erfahrungen, bei denen ein „typisches" Erlebnis von unangenehmen Empfindungen begleitet wird, weicht mit eben diesen Gefühlseindrücken vom normalen NTE ab.

- Bei negative Erfahrungen, in denen auch von höllenartiger Umgebung die Rede ist, weicht zusätzlich der Gehörsinn und das Sehen vom üblichen Erlebnis ab.

Wenn man von negativen NTE als Erfahrungen spricht, die von „positiven" Erlebnissen abweichen, dann geht man bereits stillschweigend davon aus, daß es sich bei letzteren um die ursprünglichen, zugrundeliegenden Erfahrungen handelt, die dann durch Einflüsse gleich welcher Art erst verändert wahrgenommen oder erinnert werden.. Da die angenehmen Erfahrungen insgesamt deutlich häufiger auftreten, spricht der erste Augenschein für diese Vermutung. Auch waren es vor allem die „typisch" positiven Erlebnisse, die sich in den religiösen Vorstellungen der Menschheit niedergeschlagen und die Geschichte des Glaubens entscheidend gelenkt haben. Weil medikamentöse Einflüsse nachweislich die Erinnerung und Wahrnehmung der NTE behindern, liegt es nahe, die positiven Erfahrungen als ursprünglich einzustufen und bei negativ geprägten Erlebnissen eine entsprechende Beeinflussung anzunehmen. Die Verwandlung eines Erlebnistyps in einen anderen läßt sich so durch das Hinzukommen oder den Wegfall eines störenden und verzerrenden Faktors wie etwa eines Medikaments erklären. Dies spricht auch gegen die Behauptung, NTE hätten generell einen zweiseitigen Charakter, und keiner davon könne einen höheren Rang für sich beanspruchen. Wenn Ring den negativen Erfahrungen jede Wirklichkeit abspricht, dann müßte er diese Meinung konsequenterweise bei allen NTE ausdehnen, denn abgesehen von der unangenehmen Prägung sind negative und positive Erfahrungen von gleicher Qualität. Gegen diese Feststellung wehrt er sich freilich. Aufgrund der vorliegenden Berichte und Erkenntnisse ist es naheliegend, nicht nur bei jenen Erlebnissen, die vom Gefühl einer Leere gekennzeichnet sind, eine medikamentöse Beeinflussung und möglicherweise Unterdrückung eines tatsächlichen NTE anzunehmen, sondern diesen Ansatz auch auf die beiden anderen, graduell unterschiedlichen Typen „negativer" Erfahrungen auszudehnen. Ein wichtiger Gesichtspunkt kommt hinzu:

Neben einer medikamentösen Einwirkung von außen – sei es durch Arzneimittel, Narkotika, oder anderes – kommt auch eine Einflußnahme körpereigener Drogen und Botenstoffe in Frage. Deren Einsatz könnte nun tatsächlich mit der individuellen Bereitschaft zusammenhängen, den vermeintlichen Tod zu akzeptieren oder aber sich ihm zu widersetzen. Auftretende Ängste und Erwartungen könnten dann im Zusammenwirken mit körpereigenen Mechanismen die Erscheinungsweise des Nahtoderlebnisses – jedenfalls zu Beginn – in „negativer" Weise bestimmen.

Insgesamt war es der Medizin nicht möglich, Nahtoderfahrungen als Nebenwirkung irgendwelcher Medikamente erklären zu können. Auch der Verdacht, Sauerstoffmangel oder Kohlensäureüberschuß seien Auslöser von NTE, konnte nicht erhärtet werden. Zwar kann Sauerstoffmangel ein Mitauslöser von Nahtoderfahrungen sein, zwingend notwendig ist dies aber nicht. Dasselbe gilt für Fälle von Kohlendioxidüberschuß; bei beiden Umständen kommt es offenbar nicht zu „negativen" NTE.

Durch Untersuchungen der Auswirkungen verschiedener Medikamente und Präparate konnte erhellt werden, weshalb NTE oftmals in stark verzerrter Weise oder mit unerfreulichen Inhalten auftreten bzw. ganz oder teilweise unterdrückt werden. Das Ausbleiben von NTE sowie auch deren negative Färbung zählten seit langem zu den Hauptproblemen der Nahtodforschung.

Ergebnisse der Gehirnforschung

Nahtoderfahrungen sind zumeist von Nervenregungen im Gehirn begleitet. Nachdem man mit dem Versuch gescheitert war, NTE als Folge medikamentöser Behandlung zu erklären, wurde von seiten mancher Forscher vermutet, diese Erlebnisse seien eine Art umfassender Halluzination, die bei Personen auftrete, welche sich dem Tod gegenüber sähen. Auch psychologische Auswirkungen wurden dabei vermutet.

Schließlich wurden Modelle zur Erklärung von Nahtoderfahrungen gebildet, die nur mehr Wert auf die Gehirnnerven legten. Dabei handelte sich vorwiegend um Theorien und Erklärungen, die im Rahmen der Naturwissenschaften entworfen wurden; psychologische Erkenntnisse und Theorien über nervliche Netzwerke wurden gleichermaßen berücksichtigt. Weil die genauen Einzelheiten nur für Spezialisten von Interesse sind, muß an dieser Stelle ein knapper Überblick genügen.

Zunächst wurde angenommen, an der Entstehung der NTE seien körpereigene Drogen wie etwa Endorphin und Botenstoffe (Neurotransmitter) beteiligt, die dann erlebnisauslösend wirken würden. Durch sie und unter Zuhilfenahme von Enkephalinen sollte das limbische System, ein Gehirnteil, erregt und dadurch eine Nahtoderfahrung eingeleitet werden. Da aber körpereigene Drogen in zahlreichen alltäglichen Begebenheiten eine Rolle spielen, sind sie für den Bereich der NTE zu wenige speziell: sie können als mitbeteiligt, nicht aber als alleinauslösend betrachtet werden.

Ähnliches trifft auch auf andere Botenstoffe zu: So wurde angenommen, die Unterdrückung von Serotonin, einem hormonähnlichen Stoff, bewirke den Wegfall hemmender Einflüsse auf den sogenannten Temporallappen des Gehirns, wo man NTE-Elemente vermutete. Als Substanzen, die ihrerseits das Serotonin hemmen, wurden die Droge LSD, Ketamin und MDMA diskutiert, Streßsituationen gelten als Ursachen hierfür. Wie schon die körpereigenen Drogen, ist auch die Wirkung des Serotonins zu unspeziell, um aus seiner Hemmung eindeutige Schlußfolgerung zu ziehen.

Grundsätzlich steht fest, daß für körpereigene wie auch für eingenommene Drogen und Narkosemittel – Cannabis, Ketamin, u.a. – geeignete Aufnahmestellen im Körper vorhanden sind. Während die genanten Substanzen aber allenfalls Bruchstücke und Abfolgen eines NTE hervorrufen können und vielfach unkontrollierte Erscheinungen zeigen, handelt es sich bei Nahtoderfahrungen typischerweise um sinnvoll geordnete Erlebnisse, die zudem kulturübergreifende Ähnlichkeit aufweisen. Berücksichtigt man aber, daß Drogen und Medikamente die Wahrnehmung und Erinnerung eines NTE behindern können, dann ließen sich vielleicht auch den genannten Erscheinungen mit Nahtoderfahrungen vergleichen.

Weder Verletzungen noch Träume

Die Vermutung, Nahtoderfahrungen seien auf Gehirnverletzungen zurückzuführen, muß schon aufgrund der vielen Berichte völlig gesunder Personen zurückgewiesen werden. Gleichwohl sind solche Erlebnisse auch von Hirnverletzten berichtet worden, sogar bei teilweiser Entfernung des limbischen Systems. Von daher ist auch dessen notwendige Beteiligung am NTE fraglich geworden, die Beteiligung des sogenannten Temporallappens scheint dagegen wahrscheinlich: Bei elektrischer Reizung ruft er zumindest bruchstückartige Elemente eines NTE hervor, wie etwa OBE, das Gefühl, durch Materie hindurch gehen zu können und andere außergewöhnliche Wahrnehmungen.

Daß NTE nicht mit Tagträumen gleichgesetzt werden können, haben Analysen von OBE unter Laborbedingungen nahegelegt: Während taggleiche Träume in der Regel in den REM-Phasen des Schlafes auftreten, ist dies bei Außerkörperlichkeits-Erlebnissen nicht der Fall: Bei diesen gibt es keinen speziellen und einheitlichen Nervenzustand.

Erfindungen aus Einsamkeit?

Eine andere Erklärung für Nahtoderfahrungen bringt diese mit einem Mangel an Sinneseindrücken in Verbindung: Patienten, die sich in monotoner und steriler Umgebung befinden, könnten geneigt sein, wegen der fehlenden äußeren Eindrücke ihre Umgebung selbst mit tröstlichen und anregenden Bildern einzurichten. Dieses Verhalten ist von Personen bekannt, die in Notlagen oder auf einer Expedition öde Landschaften durchquert haben, wie etwa Polarforscher oder Wüstenwanderer: Plötzlich, so berichten sie, sehen sie Häuseransiedlungen oder Wasserflächen, ohne daß jene tatsächlich vorhanden wären.

Bei diesem Erklärungsversuch spielen Erkenntnisse über die Art der menschlichen Informationsverarbeitung eine große Rolle: Demnach werden die eingehenden Umweltinformationen durch Rückkoppelungs-Mechanismen gedrosselt und nur ein Teil des tatsächlich Wahrgenommenen gelangt letztlich zum Bewußtsein. Fällt jedoch der Eingang von Sinnesreizen völlig aus, so fließen gespeicherte Informationen hinzu, um einen Minimalfluß an Informationen aufrechtzuerhalten: Das Bewußtsein greift in diesen äußersten Fällen auf den „Reservetank" Gedächtnis zurück. Kann im gegenteiligen Fall die Zufuhr von Sinneseindrücken nicht mehr begrenzt werden, so reagiert der Organismus mit einem kurzzeitigen Ausfall des Bewußtseins, dem sogenannten „Black out". Wenn nun ein Patient an Sauerstoffmangel leidet, so kann dadurch die hier recht empfindliche Netzhaut des Auges betroffen sein: Fehlende Eindrücke von außen würden dann durch Beimengung gespeicherter Bilder wieder ausgeglichen.

Der Neurophysiologe Professor Manfred Spreng versucht, auf dieser Basis eine Erklärung für die Inhalte der Nahtoderfahrungen zu finden: Er geht dabei von der Notwendigkeit unserer Wahrnehmung aus, Sinneseindrücke, die das Auge liefert, hinreichend ein- und zuzuordnen. Dieser Zwang besteht auch dann weiter fort, wenn die Informationsverarbeitung gestört ist und nur mehr wenige Reize von außen eingehen. In diesem Fall würde dennoch versucht, die vorhandenen Eindrücken zuzuordnen. In schwierigen Grenzsituationen würden dann „natürlicherweise" die

Gesichter und Gestalten wohlbekannter Verwandter und Freunde gesehen, sie werden sozusagen identifiziert.

Auch bei der Wahrnehmung einer außergewöhnlichen Helligkeit wie des Lichtwesens verweist Spreng auf mögliche Ursachen im Bereich der Nerven. Jetzt betrifft es das Zusammenspiel zwischen Ladung und Bahnung im Aufnahmefeld eines Sehnervs. Beide Bereiche halten sich normalerweise im Gleichgewicht, etwa bei der Beobachtung eines Gegenstandes mittlerer Helligkeit. Dabei dient der äußere Teil einer Nervenzelle der Erfassung von Schwarzeindrücken, der zentrale Teil nimmt hingegen Helligkeit wahr. Fällt nun infolge Sauerstoffmangels einer der sich gegenseitig hemmenden Mechanismen aus, so könnte es nach Spreng zum Eindruck einer außerordentlichen Helligkeit kommen.

Die hin- und herwechselnden Umschaltungen zwischen Hemm- und Bahnungsaktivität könnten sich als dunkler Tunnel bemerkbar machen, an dessen Ende sich extreme Helligkeit befindet. Ähnliches gilt nach Professor Spreng auch für den Gehörsinn.

Bei Außerkörperlichkeitserlebnissen könnte der Organismus schließlich Eindrücke verarbeiten, die ihn trotz eines möglichen klinischen Todes noch erreichen. Zudem greife er vielleicht auf früher gemachte und unbewußt gespeicherte Beobachtungen zurück. Im Zusammenspiel der wenigen, noch eintreffenden Sinneseindrücke mit den aus dem Gedächtnis geholten Bildern könnte es dann zum Eindruck einer Vogelperspektive kommen, ohne daß diese tatsächlich eingenommen worden sei.

Die vorgetragenen Erscheinungen könnten sich in der Tat vor oder bei einem Nahtoderlebnis ausgewirkt haben könnten, doch sind ihrem Einfluß enge Grenzen gesetzt: Zunächst ereignen sich die wenigsten Erfahrungen tatsächlich unter Sauerstoffmangel oder im klinisch toten Zustand. Auch sind die Inhalte und die kultur- und epochenübergreifend ähnlichen Strukturen der Nahtoderlebnisse damit nicht erklärbar. Ebensowenig lassen sich so die oftmals lebensverändernden *aftereffects* begründen. Professor Spreng behauptet denn auch nicht, eine befriedigende Erklärung aller Erscheinungen vorweisen zu können; vielmehr will er vor einer vorschnellen Akzeptanz der Nahtoderfahrungen warnen.

Psychologische Erklärungen

Wenn es die Medizin nicht schafft, irgendwelche Erlebnisse als Halluzinationen zu erklären, und auch die Nervenforschung keinen Rat mehr weiß, bleibt nur mehr eine Wissenschaft: Die Psychologie. Sie ist die Lehre vom Erleben und Verhalten des Menschen und weiß auch dann Rat, wenn andere mit ihrem Latein am Ende sind.

Der Grund hierfür ist einfach: Der Mensch. Manches von dem, was er tut und meint, ist nicht an Tatsachen gebunden, sondern beruht auf Einbildung. Ein bekanntes Beispiel ist die Verabreichung von wirkungslosen Medikamenten, sogenannten Placebos. Patienten, die nicht wissen, daß sie anstelle einer Arznei nur Tabletten aus Traubenzucker eingenommen haben, berichten dennoch in vielen Fällen von einer großartigen Linderung ihrer Schmerzen. Unschwer ist zu erkennen, daß wohl entweder die Schmerzen, oder ihr Nachlassen etwas mit der seelischen Situation des Patienten zu tun haben mußten.

Nicht nur in solchen, recht eindeutig überprüfbaren Fällen kann die Psychologie eine Erklärung leisten. Dies versucht sie auch bei anderen Gelegenheiten. Schnell kann man jedoch in die Gefahr geraten, Dinge, die man sonst anders erklärt hätte, zu psychologisieren, d.h. eine Einbildung des betreffenden Menschen anzunehmen.

Trugbilder des Geistes in schweren Zeiten?

Bei Nahtoderfahrungen zielen psychologische Erklärungen in der Regel darauf ab, die berichteten Erlebnisse als Trugbild der menschlichen Psyche zu deuten, die geschaffen worden seien, um sich gegen den vermeintlich herannahenden Tod zu schützen. Die in Erscheinung tretende Reaktion beinhaltet demnach eine Art von Überlebensmechanismus.

Schon im OBE wird daher eine durchaus natürliche Form der Flucht vor der Realität gesehen, zu der sich der Experiencer entschließt, indem er den Körper verläßt. Die wenigsten Psychologen würden freilich annehmen, daß die jeweilige Person im Außerkörperlichkeits-Erlebnis tatsächlich ihren Leib zurückläßt. Vielmehr wird dies als Wunschdenken gesehen, dem die Psyche ihre Trugbilder gerne nachreicht.

Auch die Jenseitsschilderungen im NTE werden in der Regel als Illusion gedeutet: Der Sterbende, der sich mit dem Tod nicht abfinden könne, wähne sich als getrennt von seinem Körper und glaube sich in jenen Landschaften zu befinden, die ihm Trost geben und seine Sehnsüchte erfüllen. Eine andere Erklärung geht davon aus, daß sich der Organismus im OBE Distanz zu einer Notsituation verschaffe, indem er Ruhe, Schmerzfreiheit und die Loslösung von der aktuellen Situation vorgauke. Dadurch würden die geistige Reserven erhöht und einem Schock vorgebeugt – was letztendlich wieder dem Überleben diene.

Weil sich zahlreiche Nahtod-Erlebnisse ohne kritische körperliche Umstände ereignen, wurden sie auch als Katalysator für Vertrauen und Glaube gedeutet, der die Lage des Menschen und seine Angst vor dem unausweichlichen Tod abmildere. Im Einzelfall erscheint dem Experiencer sein Erlebnis in der Tat wie ein ausgleichendes Geschenk, besonders, wenn die Umstände der Erfahrung Teil einer tieferen Lebenskrise waren. Insofern wirken sich NTE positiv auf die weitere Lebensgestaltung aus. Der amerikanische Professor Michael Grosso sieht zudem die Chance, durch den verwandelnden Charakter jener Erlebnisse überkommene Werte und Auffassungen, auch soweit sie den Tod oder die Religion betreffen, zurückzulassen und geistige Erneuerung voranzutreiben.

Die Übereinstimmung der „Einbildungen"

Psychologische Erklärungsversuche wirken auf den ersten Blick recht einleuchtend. Die Fähigkeiten der menschlichen Psyche, nicht bestehende Sachverhalte vorzutäuschen, sind bekannt, auch und gerade dann, wenn sich die jeweilige Person in einer Extremsituation befindet. Untersuchungen haben jedoch schon früh einen deutlichen Unterschied zwischen Nahtoderfahrungen auf der einen Seite und anderen psychischen Erlebnissen sowie Psychiatriepatienten auf der anderen Seite gezeigt.

Während die meisten seelischen Notlagen durch ganz persönliche Umstände geprägt sind, zeigt sich bei NTE eine hohe Übereinstimmungen zwischen verschiedenen Menschen. Will man Nahtoderfahrungen dennoch als eine Art von psychischer Reaktion auf Extremsituationen erklären, so muß man entsprechende Nervenanlagen annehmen, die seit Menschengedenken vererbt worden sein müßten, um die kulturübergreifende Ähnlichkeit der Erlebnisse zu erklären. Die Entstehung und der Sinn solcher Strukturen sind aber ähnlich problematisch wie das oftmals zugrundegelegte naturwissenschaftliche Weltbild, von dem nachher noch die Rede sein wird.

Flucht ins Jenseits – Flucht zu UFOs

In der Psychologie werden Berichte über ungewöhnliche Erlebnisse gerne miteinander verglichen. Das ist eine Methode, die in der Forschung oft neue Erkenntnisse bringt, die aber den Umständen nicht immer gerecht wird. So wurden etwa die Schilderungen von Menschen, die behauptet hatten, von UFOs entführt worden zu sein, mit den Inhalten zeitgenössischen Nahtoderfahrungen gleichgesetzt. Beide Ereignisse wurden als eine Art Flucht der jeweiligen Person vor der harten Wirklichkeit gesehen, sei es nun in ein fremdes Raumschiff, oder aber in eine jenseitige Umgebung.

Dr. Stuart Twemlow, der an der Universität in Kansas tätig ist, hält beide Begebenheiten nur insofern wirklich, als es die betroffene Person selbst tut. Damit aber erteilt er ihnen den Rang eines Traumerlebnisses, dem keine äußere Realität entspricht. Twemlow betrachtet beide Erlebnisse als Versuch, Angst zu vermindern, wobei er aber die UFO-Entführungen als weniger erfolgreich einschätzt. Jene tauchen oft in Verbindung mit Mißhandlung oder sexuellem Mißbrauch von Kindern auf und scheinen daher einen Versuch darzustellen, die Übergriffe auf außerirdische Ursachen zu schieben.

Während aber Nahtoderfahrungen kultur- und epochenübergreifend sind, kann dies bei den vermeintlichen UFO-Entführungen schon wegen der Anlehnung an die angeblichen Raumschiffe nicht der Fall sein. Letztere sind eine moderne Erfindung, von jenseitigen Regionen wurde hingegen zu allen Zeiten berichtet. Ein Vergleich der beiden Erscheinungen ist auch deshalb unstatthaft, weil NTE keine besonderen persönlichen, sozialen oder körperlichen Umstände voraussetzen und oftmals auch plötzlich und unerwartet auftritt. Darüber hinaus erlauben auch die nachwirkenden *aftereffects* und die mitunter wirklichkeitsbezogenen Wahrnehmungen beim OBE keinen Vergleich der Erlebnisse. Stellt man UFO-Entführungsberichte neben Außerkörperlichkeitserfahrungen, um beide als Flucht vor der besorgniserregenden Wirklichkeit zu erklären, so muß betont werden, daß dieser „Fluchtgrund" für OBE nur in manchen Fällen gilt; für die vermeintlichen Entführungen ist es jedoch der Regelfall.

Die Grenzen der Naturwissenschaft

Wenn heute von Wissenschaft die Rede ist, sind meist die Naturwissenschaften gemeint: Physik, Chemie und Biologie. Sie erheben den Anspruch, alle Vorgänge in unserer Welt erklären zu können: vom kleinsten Teilchen bis hinaus in die Weite des Weltraums. Auch für Nahtoderfahrungen fühlen sich Naturwissenschaftler zuständig. Ihre Erklärungsversuche finden meist im Rahmen eines materialistischen Weltbilds statt: Demnach besteht die gesamte Wirklichkeit aus nichts anderem als aus Dingen, die entweder direkt beobachtbar, oder für Messungen und Experimente verwendbar sind. Nicht alle, aber die meisten Naturwissenschaftler lehnen deswegen den Gedanken an eine Seele, an ein Weiterleben nach dem Tod oder an einen Gott von vornherein ab.

Die Erforschung von Nahtoderfahrungen wird in diesem engen Rahmen freilich schwierig, und es wird sich zeigen, daß die Naturwissenschaft mit dieser Aufgabe alleine überfordert ist. Doch lohnt es sich, einen kurzen Blick auf diese Versuche zu werfen.

Sämtlichen naturwissenschaftlichen Erklärungen liegt die Annahme zugrunde, das menschliche Bewußtsein sei nichts weiter als eine Ansammlung von Nervenzellen im Gehirn. Ein nichtmaterieller Geist oder eine Seele, die ihren Sitz im Körper hat, paßt nicht in diesen Rahmen, weil sie nicht mit Meßgeräten aufgespürt werden kann. Nur die Nervenzellen sind einer Untersuchung, etwa der Gehirnstrommessung (EEG) zugänglich. Meist werden mehrere Fachbereiche bemüht, um eine Erklärung für das Zustandekommen von Nahtoderfahrungen zu finden: einige davon wurzeln im Bereich der Medizin, der Psychologie oder der Gehirnforschung. Gerade letztere soll beweisen, daß es sich bei den Erlebnissen ausschließlich um Einbildungen oder Halluzinationen handelt, die keinerlei Wahrheitsanspruch haben.

Eine Ausnahme vom materialistischen Weltbild stellen Geisteswissenschaftler, insbesondere Theologen und Philosophen dar. Auch wenn sie vielleicht das Nahtoderlebnis als ein subjektives Ereignis betrachten, schließen sie menschliche Transzendenz nicht grundsätzlich aus, wie es die Naturwissenschaft tut. Skepsis gegenüber NTE hat daher nicht notwendigerweise eine materialistische Weltanschauung zu Folge; umgekehrt ist dies sehr wohl der Fall.

Wie sich das Leben weitervererbt

Auch wenn sich die Erklärungsansätze in medizinische, nervenwissenschaftliche und psychologische Modelle aufgliedern lassen, handelt es sich dort, wo ein naturwissenschaftliches Verständnis vom menschlichen Bewußtsein vorherrscht, letztlich um eine Erklärung der Biologie. Als Wissenschaft, die sich der Erforschung des Lebens widmet, versucht sie, darzulegen, wie dieses entstanden ist und wie es sich entwickelt hat.

Wie heute allgemein anerkannt ist, stammen alle Lebewesen von ganz einfachen und primitiven Lebensformen ab. Erst allmählich haben sich die verschiedenen Tier- und Pflanzenarten gebildet. Das Leben hat sich in diesem Prozeß immer besser an die Bedingungen der Umwelt angepaßt:

- Zum einen sind von dieser Entwicklung körperliche Eigenschaften betroffen, wie etwa die Fortbewegungsorgane, das Gebiß oder der Geruchssinn. Diese Merkmale werden an die Nachkommen weitervererbt.

- Auch psychische Eigenschaften können im Laufe der Entwicklung entstanden und weitergegeben worden sein. Dazu gehören bestimmte Instinkte und Reflexe, die aber in der Tierwelt weit häufiger sind als beim Menschen.

Der englische Naturforscher Charles Darwin hat im 19. Jahrhundert herausgefunden, wie sich die Entwicklung des Lebens vollzieht. Zwei Voraussetzungen hat er dabei entdeckt:

- Zum einen bemerkte Darwin, daß bei Lebewesen immer wieder Veränderung zutage treten. Der Grund dafür sind Veränderungen im Erbgut der jeweiligen Eltern, die sich dann auf die Nachkommen auswirken, meist in negativer Weise. Wird zum Beispiel das Erbgut eines Menschen durch bestimmte Medikamente oder radioaktive Strahlen geschädigt, so können die Kinder Behinderungen davontragen. In ganz wenigen Fällen aber kommt es auch zu Folgen, die den Nachkommen von Nutzen sind.

- Zum anderen läßt sich beobachten, daß sich in der Natur jene Lebewesen am ehesten behaupten können, die für das Überleben am besten ausgerüstet sind. Langfristig setzt sich damit der Stärkere durch. Dieser Ausleseprozeß sorgt dafür, daß sich jene Lebewesen fortpflanzen, deren Erbgut am vorteilhaftesten ist, während die schwächeren oder mißgebildeten Konkurrenten gefressen werden.

Ein bekanntes Beispiel, mit dem sich der Erwerb von bestimmten Erbanlagen zeigen läßt, ist der Birkenspanner: ein Schmetterling, der benannt ist nach seiner Vorliebe, sich auf Birkenstämmen niederzulassen. Er besitzt dort durch seine weißen Flügel eine gute Tarnung gegenüber möglichen Feinden. Tritt nun durch eine zufällige Veränderung der Schmetterlingsgene – etwa durch fehlerhaft gebildetes Erbgut – ein Exemplar auf, dessen Flügel beispielsweise schwarz sind, so fällt dieser Falter auf einem hellen Birkenstamm sofort auf. Er wird gefressen, bevor er sich vermehren kann. Sein weißer Genosse aber überlebt, weil er der Lebensumwelt besser angepaßt ist.

Im Zuge der industriellen Entwicklung kam es im 19. Jahrhundert mancherorts zu derart heftigen Luftverschmutzungen, daß auch die sonst hellen Birkenstämme völlig verrußt waren. Auf diesem Hintergrund hatte nun der weiße Schmetterling schlechte Karten. Der früher nur zufällig aufgetretene schwarze Birkenspanner überlebte jetzt wegen seiner Tarnung auf dem dunklen Baumstamm, während sein weißer Leidensgenosse für seine Feinde gut sichtbar war – und gefressen wurde, bevor er sich vermehren konnte.

Von nun ab pflanzten sich nur mehr die schwarzen Birkenspanner fort, so daß fortan die weiße Abart, die bei zufälligen Erbgutveränderungen hin und wieder auftrat, die Ausnahme blieb und sich nicht durchsetzen konnte. Die Lage änderte sich erst wieder, als mit dem Rückgang der Umweltverschmutzung auch die Birken wieder hell wurden. So sind heute auch die Birkenspanner in der Regel wieder weiß.

Läßt sich alles so einfach vererben?

Das gezeigte Beispiel handelt von der Vererbung von äußerlichen Merkmalen, hier der Farbe von Flügeln. Viele Biologen behaupten aber, sämtliche Eigenschaften des Menschen, auch geistige und charakterliche Merkmale, seien auf die geschilderte Art entwickelt worden. Nur einen Grund gibt es nach ihrer Ansicht für eine Weitervererbung: Die neuen, psychischen Eigenschaften, die nun wie Reflexe auch an die nächste Generation weitergegeben worden, sollen einen deutlichen Vorteil für das Überleben darstellen. Damit diese Erklärung auch für Transzendenzerfahrungen in Frage kommt, müßten sich diese in positiver Weise bemerkbar gemacht haben. Einige Forscher haben deshalb angenommen, das von den betroffenen Personen erlebte Jenseits habe sich als Spender von Trost und Hoffnung ausgewirkt.

Ein Nutzen, den man nicht findet

Auf den ersten Blick leuchtet die Erklärung der Biologen ein: Nahtoderfahrungen sind so etwas wie ein Jenseitstraum, der in bestimmten Situationen und vielleicht in Todesnähe zutage tritt. Die davon betroffene Person schöpft Mut und Zuversicht aus diesem Erlebnis, und widmet sich mit neuer Schaffenskraft den täglichen Leben, das heißt auch: dem Überleben. Bei dieser Erklärung sind Transzendenz-Erfahrungen nicht etwa Begegnungen mit einer jenseitigen Wirklichkeit, sondern Träume, die sich in schweren Zeiten von selbst ereignen.

Eine Reihe von Argumenten spricht jedoch gegen diese Auffassung, und in ihrer Gesamtheit widerlegen sie den Erklärungsversuch der Naturwissenschaften:

- Hätten Transzendenzerfahrungen tatsächlich einen Überlebensvorteil bedeutet, dann müßten jene Erlebnisse wesentlich häufiger aufgetreten sein als dieses aus Quellen ersichtlich ist.

- Um das Auftreten der NTE in allen Kulturen zu erklären, müßten sie schon früh entstanden sein; jedenfalls bevor sich die Menschen über die Erde verstreut haben. Andernfalls könnten sie nicht ein Teil des gemeinsamen menschlichen Erbguts sein, sondern wären eine Eigenschaft, die auf eine bestimmte Kultur beschränkt ist, wie etwa die Hautfarbe oder die Gesichtszüge. Das aber trifft schon bekanntlich nicht zu.

Gerade in der Frühzeit des Menschen ist noch nichts von einem trostreichen Jenseits zu spüren. Die naturverbundenen Religionen erwarten allenfalls ein dunkles Schattendasein nach dem Tod. Wären Transzendenzerfahrungen ein so bedeutender Überlebensvorteil gewesen, wie es für den Prozeß der Auslese und der Weitervererbung notwendig ist, dann hätten andere Jenseitserwartungen gar nicht erst auftreten dürfen.

- Die meisten Naturwissenschaftler wollen nicht nur außergewöhnliche Erfahrungen wie das NTE als Illusion erklären, sondern auch Religionen und kulturelle Wertvorstellungen. Einige Forscher halten sie für Angstpuffer, die zwischen dem Selbsterhaltungstrieb des Menschen und der erkennbaren Endlichkeit des Lebens vermitteln. Die Brücke, welche die Religion zwischen der Furcht vor dem Tod und dem Willen zum Leben schlägt, wird auch als *Terror-Management* bezeichnet. Während in früheren Zeiten religiöse Vorstellungen dem menschlichen Unsterblichkeitsbedürfnis entgegengekommen wären, seien es heute gesellschaftlich anerkannte Werte, deren Erhalt das Leben des einzelnen überdauere und ihm einen Sinn jenseits des Todes gebe.

Religiöser Glaube wird freilich nicht vererbt, sondern durch Überlieferung von Generation zu Generation weitergegeben. Wären die Religionen tatsächlich nichts weiter als ein Angstpuffer, der den Tod verharmlost, dann müßten sie die hoffnungsvollen Schilderungen aus transzendenten Erfahrungen sogleich in ihren Glauben aufgenommen haben.

Genau das Gegenteil ist aber der Fall: Die Experiencerberichte widersprechen oftmals den religiösen Vorstellungen vom Leben nach dem Tod. Dies ist beispielsweise im ursprünglichen Buddhismus, in Mesopotamien und auch überall dort offensichtlich, wo die Vorstellung eines trostlosen Schattenreichs vorherrscht. Gerade Kulturen, deren Jenseitserwartung recht begrenzt war, müßten NTE rasch als Angstpuffer aufgenommen haben.

Ein abschließender Blick auf die Erklärung der Naturwissenschaften ergibt, daß der Versuch, Nahtoderfahrungen als eine Art vererbbares Traumerlebnis zu erklären kläglich gescheitert ist. Für diese Behauptung fehlt nicht nur der geschichtliche Nachweis, schriftliche Quellen belegen vielmehr das Gegenteil. Damit ist auch der Versuch fehlgeschlagen, das kultur- und epochenübergreifende Vorkommen der Erfahrungen zu erklären.

Der viel zu enge Rahmen

Das Scheitern des naturwissenschaftlichen Ansatzes bedeutet nicht, daß es sich bei Nahtoderfahrungen um eine unwissenschaftliche oder gar unseriöse Angelegenheit handelt. Vielmehr zeigt sich, daß der zur Erklärung gewählte Rahmen zu klein ist. Neben den Naturwissenschaften mit ihrer ganz speziellen Art der Erkenntnisgewinnung gibt es jedoch auch andere Disziplinen, deren Ziel die Erforschung der Welt und des Menschen ist. In erster Linie ist dies die Philosophie, die sich seit alters her grundsätzlichen Fragen und Problemen widmet. Daneben befassen sich auch zahlreiche Sozial- und Geisteswissenschaften mit Erscheinungen, wie es Nahtod-Erfahrungen sind.

Der Grund, warum sich der Wissenschaftsbegriff auf die Physik und die ihr nahestehenden Fachgebiete verengt hat, liegt in der Geschichte der abendländischen Wissenschaft:

Seit dem ausgehenden Mittelalter hat sich dort die Forschung mit Experimenten und Berechnungen durchgesetzt. Geräte zur Messung und Beobachtung wurden erfunden und im Laufe der Jahrhunderte ständig weiterentwickelt. Mit Fernrohr und Mikroskop gelang der Vorstoß in Bereiche, die zuvor als unergründlich galten, mit

Dampfmaschine und Elektromotor ließen sich Kräfte freisetzen, die am Ende großen Wohlstand für Europa brachten. Einen großen Anteil an diesen Erfolgen hatte die Physik, die durch die Erforschung der materiellen Welt den Grundstein für die Technik des modernen Computerzeitalters gelegt hat. Weithin bekannt sind auch die Forscher, denen man diese Leistung verdanken kann: Galileo Galilei, Nikolaus Kopernikus, Isaac Newton und im 20. Jahrhundert: Albert Einstein. Zu den berühmten Physikern gesellen sich schließlich Biologen und Mediziner. In den letzten 150 Jahren haben sie sich dem Geheimnis des Lebens gewidmet, seine Entstehung und Entwicklung erforscht und nicht zuletzt einen großen Teil der Krankheiten besiegt.

Alles in allem ist die Geschichte der Naturwissenschaften eine Geschichte des Erfolgs, und so kann es nicht verwundern, wenn auch andere Fachgebiete ihnen nachgeeifert haben, und sich ihrer Vorgehensweise bedienen wollten. Am Ende war das Vertrauen in die naturwissenschaftliche Forschung so groß, daß man ihr zutraute, alle Dinge zu erklären, die in der Welt passierten. Diesen Anspruch erhebt die Naturwissenschaft bis heute.

Im Zuge des raschen und in vielerlei Hinsicht berechtigten Erfolgs wurden jedoch die Grenzen übersehen, die jedem Forschungsgebiet eigen sind. Dies betrifft besonders die Behauptung vieler Physiker, die gesamte Welt bestehe letztlich aus nichts anderem als aus unvorstellbar kleinen Teilchen, die sich nach bestimmten Naturgesetzen verhalten. Weil man andere Dinge nicht beobachten oder messen könne, so erklären sie, könne es sie auch nicht geben.

Folgt man der naturwissenschaftlichen Sicht in aller Konsequenz, dann darf es weder eine nichtmaterielle Seele oder jenseitige Welten geben, ja auch die Rede von menschlichen Empfindungen wird damit sinnlos: beobachtbar und meßbar ist nämlich immer nur ein bestimmter Zustand des Gehirns. Weil auch dieses letztlich aus Atomen zusammengesetzt ist, bleibt keine Platz für Farben, Gefühle oder Empfindungen im eigentlichen Sinne: In der Welt des Physikers gibt es nur Teilchen und Energiezustände.

Die Erklärungsnot der Naturwissenschaften geht noch weiter: Ist schon das menschliche Bewußtsein nicht begreifbar, so erst recht nicht die Autorität des Gewissens, der Sinn für Schönes, oder das Wesen der Liebe. Versuche, diese Eigenschaften als eine Art angeborenen Instinkt zu erklären und zu ersetzen, sind schon von vorneherein zum Scheitern verurteilt. Sicherlich lassen sich bei geistigen Vorgängen auch Nervenregungen beobachten, doch sie bedeuten noch nicht den ganzen Vorgang. Es ist vielmehr so, daß sich die Abläufe im Bewußtsein und die Aktivitäten des Gehirns einander begleiten, ohne sich dabei aber gegenseitig ersetzen zu können. Dies gilt auch und im besonderen für Nahtoderfahrungen.

Die Natur transzendenter Erfahrungen

Wie im vorhergehenden Abschnitt gezeigt wurde, lassen sich Nahtoderfahrungen im Rahmen naturwissenschaftlicher Ansätze nicht hinreichend begründen. Die Aktivität des Gehirns begleitet zwar das Erlebnis, doch sie ersetzt es nicht. Wie aber lassen sich die außergewöhnlichen Erlebnisse dann erklären? Es geht vor allem um zwei Merkmale:

- Die auffallenden Ähnlichkeiten der Inhalte und Strukturen von NTE legen nahe, daß die betroffenen Personen einer tatsächlich vorhandenen Wirklichkeit begegnet sind. Dafür spricht auch das kultur- und epochenübergreifende Auftreten der Erfahrungen.

- Wegen der offen zutage tretenden Widersprüche in den verschiedenen Schilderungen wird man aber auch davon Abstand nehmen, ein Erlebnis so zu akzeptieren, wie es berichtet wird. Die Rede von der „Färbung" eines NTE ist daher allgemein akzeptiert worden.

Gefärbte Wirklichkeiten

Mit der Annahme, Transzendenzerfahrung seien durch persönliche und kulturelle Hintergründe geprägt, verbindet sich die Vorstellung eines bestimmten Mechanismus: Demnach besteht das NTE aus zwei, sich einander beeinflussenden Teilen, nämlich:

- der tatsächlich bestehenden Wirklichkeit, die der jeweiligen Person in den Strukturen und Ähnlichkeiten des NTE begegnet, und die der Experiencer durch einen eigenen Hintergrund erst ausfüllt. Dieser Teil der Transzendenzerfahrung ist *tatsächlich vorhanden*, d.h. er ist der objektive oder reale Anteil.

- dem persönlichen, subjektiven Teil der Erfahrung. Dieser bezieht sich auf die persönlichen Hintergründe der jeweiligen Person und wirkt sich prägend auf die schon vorhandene Struktur des NTE aus.

Die tatsächlich vorhandene Struktur der Nahtoderlebnisse stellt sich also wie ein Platzhalter dar, eine Art Lücke, in den noch bestimmte Inhalte eingesetzt werden können. Es ist vergleichbar mit einem Tagebuch, dessen Seiten erst noch beschrieben werden müssen. Wie dieser Mechanismus im einzelnen funktioniert, wird sich schwerlich klären lassen. Wichtiger aber ist die Frage nach der Art und Struktur dieser real vorhandenen Platzhalter, oder anders ausgedrückt: Wie viele Seiten hat das leere Buch, und welche Kapitel sind schon vorgegeben? Grundsätzlich wäre ja denkbar, daß es nur eine *einzige* solche Lücke, nur ein Kapitel gibt, in die dann all die Jenseitsvorstellungen einer Person einfließen. Anderseits könnte es auch für jede einzelne Station und jedes einzelne Ereignis des NTE einen speziellen Platzhalter, ein eigenes Kapitel geben, so etwa für das Lichtwesen, für verstorbene Verwandte, die Wahrnehmung der Umgebung, die Lebensrückschau und so weiter. – Es scheint der zuletzt genannte Fall zu gelten: Nahtoderfahrungen zeichnen sich durch eine Struktur aus, die mehrere ähnliche Kapitel bzw. Stationen umfaßt. Gerade deshalb lassen sich verschiedene Berichte miteinander vergleichen, gerade deshalb sind sie auch so schnell bekannt geworden.

Erklärt man die „Färbung" der Nahtoderfahrungen wie das Beschreiben eines Tagebuchs, so läßt sich gut verdeutlichen, wo die bereits vorhandenen, realen Strukturen sind, und wo die persönlichen Hintergründe des Experiencers. Weil aber nur der schon vorgegebene Anteil, hier: das Buch, tatsächlich vorhanden ist, die individuelle Anteil aber nicht, erhalten die Nahtoderfahrungen den Charakter „teilrealistischen" Ereignisses.

Mit diesem Erklärungsmodell wird es schließlich unerheblich, ob man das NTE als Erlebnis oder als Erfahrung bezeichnet. Im deutschen Sprachgebrauch betont ersteres mehr den persönlichen Eindruck, letzteres eher eine unabhängige Wahrnehmung. Die teilrealistische Erklärung weist nun sowohl auf den subjektiven als auch auf den objektiven Teil der Begebenheit hin.

12. Der Standpunkt des Glaubens

Fast alle Personen, die eine Nahtoderfahrung gehabt haben, halten ihr Erlebnis für wirklich. Im Falle religiös geprägter Inhalte kann es dann unter Umständen zu einem Konflikt mit dem eigenen Glauben kommen. Ähnlich ergeht es Menschen, die von diesen Erlebnissen gehört haben und sie eigentlich für echte Erfahrungen halten. Je nachdem, wie die jeweilige Person zu Nahtod-Erlebnissen auf der einen und zum religiösen Glauben auf der anderen Seite steht, kann dies zu einer anderen Einschätzung führen:

- Am einfachsten ist es für Menschen die von NTE nichts halten: Sie werden, wenn sie gläubig sind, zu ihrer Religion stehen, oder, wenn nicht, beide Erscheinungen für unglaubhaft halten.

- Bei religiösen Menschen ist der einfachste Fall der, wenn die Lehre des Glaubens und die Nahtod-Erfahrung übereinstimmen: er kann dann beides akzeptieren. Wer jedoch keinem Bekenntnis nahe steht, NTE aber für echt hält, wird diesen auch den Vorzug geben.

- Schwierig wird es, wenn die Aussagen der Religion und der Jenseitsschilderungen einander widersprechen. Der gläubige Mensch muß dann entweder den offenen Widerspruch hinnehmen oder sich im Einzelfall für eine der beiden Quellen entscheiden. Er kann das Problem aber auch verschieben, indem er annimmt, es würde sich aus einer höheren Einsicht heraus in irgendeiner Weise auflösen lassen.

In der Praxis wird die Haltung zu Nahtoderfahrungen meist nicht durch ein einziges Erlebnis bestimmt, sondern durch den Vergleich mehrerer Schilderungen. Dadurch wird die Entscheidung freilich kompliziert: Nun stehen sich religiöser Glaube und mehrere, vielleicht widersprüchliche Berichte gegenüber. Aus dieser Zusammenstellung kann leicht ein Dilemma entstehen, ganz gleich, ob davon ein durchschnittlicher Gläubiger oder eine Glaubenslehrer, ein Theologe betroffen ist.

Reaktionen der Glaubensgemeinschaften

Kaum waren Nahtoderfahrungen einer breiteren Öffentlichkeit bekannt geworden, da gab es schon eine Reihe unterschiedlicher Reaktionen von kirchlicher Seite. Weil die besagten Erlebnisse vor allem in westlichen Ländern bekannt wurden, und deren Inhalte am ehesten mit den Religionen der göttlichen Sendung in Verbindung gebracht wurden, handelt es sich bei Reaktionen der Glaubensgemeinschaften meist um solche der christlichen Kirchen und Strömungen. Nach einer Studie von David Royce zeigte sich, daß Nahtoderlebnisse unter Geistlichen bekannt sind; fast 90 Prozent sahen keinen Konflikt mit Glaubenslehren. Nicht immer ist die Akzeptanz der Erfahrungen so eindeutig, wie anhand einzelner Reaktionen zu sehen ist.

Kritische Stimmen

Schon zu Beginn der achtziger Jahre setzte sich der Tübinger Theologe Hans Küng im Rahmen eines Buches mit dem Titel „*Ewiges Leben?*" mit Sterberlebnissen auseinander. Nach einer sachlichen Darstellung des Gegenstands und der Forschungsansätze stellt er fest, daß keiner der betroffenen Personen den biologischen Tod überlebt hat:

„Nahe an der Schwelle des Todes, haben sie diese doch nirgendwo überschritten. Was also besagen dann solche Sterbeerlebnisse für das Leben nach dem Tod? Kurz gesagt: nichts! Ja, ich sehe es als eine Pflicht theologischer Wahrhaftigkeit an, klar zu antworten: Solche Sterbeerlebnisse beweisen für ein Leben nach dem Tod nichts;"[146]

Küng hat recht, was die Frage einer Beweiskraft anbelangt, doch trifft dies nicht allein auf Nahtoderfahrungen zu. Wenn man es genau nimmt, dann lassen sich nur ganz wenige Sachverhalte unzweifelhaft beweisen, und meist handelt es sich dabei um mathematische Angelegenheiten. Problematisch ist auch, für ein Weiterleben nach dem Sterben den biologischen Tod als Maßstab zu benutzen. Auch wenn man diese unumkehrbare Schwelle überschritten hat, kann man genaugenommen nicht wissen, ob die Dinge die man dann erlebt, dauerhaft anhalten oder sich später überraschend verändern. Beweisen ließe sich selbst dann nichts.

Kritik kommt auch von Theologen Gottfried Bachl: Er sieht in Nahtoderfahrungen eine „Bagatellisierung des Todes". Bei diesen handle sich um ein Wiederaufleben von Totenbefragungen, die schon in der Bibel verboten werden. Auch stört ihn, daß im Zusammenhang mit NTE für das Ende des Lebens ein sanfter Übergang in ein neues Dasein in Aussicht gestellt werde. Dies setzt er mit der „Aufhebung des Todes" gleich. Gottfried Bachl meint dazu:

„Das Evangelium der Bibel setzt gegen die Verharmlosung und Umdeutung des Todes den Ernst des Endes voraus. In langer, intensiver Einübung hat der Mensch dieser religiösen Option [d.h. dieses Glaubens, Anm. d. Autors] zu lernen, daß ihn der Tod ganz und für immer aus der Welt nimmt."

Und gleichzeitig erinnert er an die jüdische Tradition, die lange kein Leben nach dem Tod erwartete:

„Im Raum der christlichen Gewißheit wird kaum mehr realisiert, daß Abraham, der Vater unseres Glaubens, daß Isaak, Jakob, Moses, die Propheten und Könige, die Beter der Psalmen, die namenlosen Frommen Israels im Glauben an Jahwe, den einzigen Gott gelebt haben und gestorben sind, ohne eine heilvolle Zukunft über den Tod hinaus zu erhoffen. Das Grab war das Ende. Unbegreiflich lange hat das Volk der Offenbarung an diesem Punkt verharrt." [147]

Noch heute gibt es Strömungen im jüdischen Glauben, welche die Existenz einer menschlichen Seele und das Weiterleben nach dem Tod ablehnen, weil es sich nicht aus der Bibel herauslesen lasse.

Bachl lehnt auch die von Plato vertretene Auffassung ab, die menschliche Seele befinde sich im Körper in einer Art von Gefangenschaft. Der Gedanke der Wiedergeburt, so folgert er, ersetze das eigentliche Ende durch eine Vielzahl von Übergängen von einem Dasein in das nächste. Dadurch verliere der Tod schließlich den ihm eigenen Ernst der Einmaligkeit.

Je wörtlicher die Aussagen der Bibel genommen werden, um so heftiger erscheint der Widerspruch zur heiligen Schrift. Die Zeugen Jehovas, eine der mitgliedsreichsten christlichen Sekten, berufen sich auf das Totenreich des Alten Testaments, in dem die Verstorbene auf die Auferstehung am Jüngsten Tag warten. Im Verkündungorgan *Wachtturm* heißt es hierzu:

„Die einfache Wahrheit der Bibel ist, daß die Toten 'schlafen'; sie sind ohne Bewußtsein, fühlen absolut nichts und haben keine Erkenntnis. Diese Wahrheit wird in der Bibel nicht kompliziert und schwer begreiflich dargelegt." [148]

Es wird dazu auf eine Stelle des Alten Testaments verwiesen, wo die trostlose Erwartung der Israeliten deutlich wird:

„Ja, wer noch all den Lebenden zugesellt ist, (für den) gibt es Hoffnung. Denn selbst ein lebendiger Hund ist besser (daran) als ein toter Löwe! Denn die Lebenden wissen, daß sie sterben werden, die Toten aber wissen gar nichts, und sie haben keinen Lohn mehr, denn ihr Andenken ist längst vergessen. Auch ihr Lieben, auch ihr Hassen, auch ihr Eifern ist längst verlorengegangen. Und sie haben ewig keinen Anteil mehr an allem, was unter der Sonne geschieht." [149]

Während bibelorientierte Religionsgemeinschaften in Europa zahlenmäßig gering sind, haben sie in den USA einen deutlichen Einfluß erlangt. Oft versuchen sie, auf die Gesetzgebung der Regierung einzuwirken, um ihre Glaubensauffassung auch im Staat durchzusetzen, etwa beim Unterrichtsstoff an Schulen. Einige der Gruppen haben sich auf abgelegene Dörfer zurückgezogen, andere suchen den Kontakt mit ihren Mitmenschen und versuchen diese von ihren Ansichten zu überzeugen.

Die konservativen Glaubensgemeinschaften stehen Erscheinungen, die ihrem wörtlichen Bibelverständnis zu widersprechen scheinen, äußerst skeptisch gegenüber. Bei Nahtoderfahrungen trifft dies um so mehr zu, als dort auch von Begebenheiten die Rede ist, die religiös geprägt sind. Ein Angriffspunkt ist die bei Experiencern fehlende Angst vor dem Tod, die den biblischen Aussagen in gewisser Weise entgegensteht. Das weitaus größere Problem scheint aber die Erscheinung des oft mit Gott identifizierten „Lichtwesens" zu sein: Jenes akzeptiert alle Menschen, ohne deren früheres Leben zum Maßstab zu machen. Dies jedoch wird als Widerspruch zur biblischen Verheißung eines Jüngsten Gerichts und einer individuellen Beurteilung gemäß den zu Lebzeiten begangenen Taten aufgefaßt. Personen, die dennoch ihr Erlebnis erzählen oder gar als Buch veröffentlichen werden mitunter persönlich angegriffen, besonders wenn ihre Schilderungen den Schriften des Glaubens widersprechen.

Richard Abanes gehört zur Gruppe bibelorientierter Christen. Über Betty Eadie, die mit dem Bericht ihrer Nahtoderfahrung zu den bekanntesten Autoren in den USA gehört, schreibt er:

„Betty Eadie stellt sich selbst als eine ernsthafte und bekennende Nachfolgerin `des Lichts' dar. Es ist jedoch offensichtlich, daß das `Licht', dem sie hinterhergeht nicht Jesus Christus ist. Auch sind ihre Lehren nicht biblisch begründet. Christen von überall müssen nun beginnen `eifrig für den ein für allemal den Heiligen überlieferten Glauben zu kämpfen'... Das ist die größte Art von Liebe, die man jemandem geben kann, der von falschen Lehren getäuscht wurden."[150]

Abanes betrachtet Nahtoderfahrungen als eine okkulte Praxis, die in der New-Age-Bewegung wiederauflebt. Er sieht dieses als Teufelswerk und verweist auf das biblische Verbot, Tote zu befragen:

„Warum sollte Gott solche Praktiken verbieten? Ein Grund ist, daß die meisten okkulten Handlungen einen veränderten Bewußtseinszustand nach sich ziehen. In einem solchen Zustand können Menschen einfach nicht mehr zwischen Tatsachen und Einbildungen unterscheiden. Sie haben dann einen verzerrten Realitätssinn. Das öffnet den Zugang zum Verstand durch welchen dämonische Mächte Informationen eintrichtern könnten, in der Hoffnung, jemand von Gott wegzuführen.

Dämonische Wesen könnten sogar die Form von verstorbenen Angehörigen, Freunden, oder religiösen Gestalten annehmen, um ihren Botschaften Glaubwürdigkeit zu verleihen."[151]

Mit dem Gedanken, ein Dämon stecke hinter den Erscheinungen der Nahtoderfahrungen hat sich schon Raymond A. Moody in seinem ersten Buch befaßt. Er schreibt dazu:

„Ich glaube, man kann am besten zwischen gottgelenkten und satangelenkten Erlebnissen unterscheiden, wenn man darauf achtet, was der betreffende Mensch nach seinem Erlebnis sagt und tut. Gott, meine ich, würde versuchen, diejenigen, denen er sich zeigt, zu liebevollen und friedfertigen Menschen werden zu lassen. Satan würde seinen Anhängern vermutlich einblasen, den Weg des Hasses und der Zerstörung einzuschlagen. Ganz offenkundig sind meine Gewährsleute ins Leben zurückgekehrt mit dem erneuten Vorsatz, in die erstere Richtung zu gehen und sich von der letzteren abzukehren. Bedenkt man all die Täuschungsmanöver, die ein hypothetischer Dämon ausüben hätte müssen, um sein unseliges Opfer irrezuführen (und wozu eigentlich?), dann müßte er nach dem, was ich weiß, jämmerlich gescheitert sein bei dem Versuch, daraus einen überzeugenden Sendboten für seine Ziele zu machen."[152]

In der Tat sind Personen, die ein Nahtod-Erlebnis hatten, dem weiteren Leben eher positiv eingestellt, als daß sie durch aggressives Verhalten auffielen. In religiöser Hinsicht zeigen sie vermehrt Toleranz gegenüber anderen Glaubensbekenntnissen. Ein dämonischer Einfluß scheint nun wirklich nicht feststellbar zu sein.

Gerade das ist es aber, worauf bibelorientierte Personen wie Richard Abanes verweisen: Der Satan erscheine nicht wie er ist, sondern als liebevolles Lichtwesen oder Jesus, um den Experiencern auf diesem Wege bibelfeindliches Zeug einzureden. Nicht mit Haß und Bösartigkeit, sondern mit List versuche er, den einzig wahren Glauben zu zerstören.

Besonders schlimm ist es freilich, wenn selbst Geistliche den Nahtoderfahrungen positiv gegenüberstehen. Tom Harpur, ein ehemals evangelikanischer Priester, hat im Rahmen einer Veröffentlichung über NTE einen gemäßigten Standpunkt eingenommen, als es um Fragen des Glaubens ging. Sogleich wurde er des Abfalls vom Glauben bezichtigt und als Häretiker, d.h. als Verkünder von Irrlehren gebrandmarkt.

Positive Reaktionen

Eine grundsätzlich wohlwollende Einstellung erfahren Nahtoderfahrungen in der katholischen Kirche. Aus Schreiben von deutschen Bischöfen geht hervor, daß NTE dort zwar als reale Erfahrungen angesehen werden, nicht aber als Einblicke ins Jenseits oder als Gottesbeweis. Ein Kirchenvertreter empfahl, jene Erlebnisse nicht als **Be**weis, sondern als **Hin**weis für menschliche Transzendenz zu nehmen. Von kirchenamtlichen Bedenken sei jedoch nichts bekannt.

Monsignore Jean Vernette, Vatikanberater und Delegierter der französischen Bischöfe für Probleme neuer religiöser Phänomene, beschreibt NTE als „intensive emotionale Erfahrung". Eine offizielle Haltung der katholischen Kirche gebe es nur insofern, als dabei theologische Aspekte betroffen seien. Er meint aber: „Wenn die NTE Frieden und Freude bringt, dann ist die Möglichkeit groß, daß sie echt spirituell ist." Er verweist dabei auf Gehirnstrommessungen, die bei Sterbenden und Personen in tiefer Meditation recht ähnlich seien. Dadurch könnten auch Gefühle wie Glück oder Frieden begünstigt werden.

Konservative Christen, wie sie vor allem in den USA zu finden sind, kritisieren, daß Nahtoderfahrungen über das Strafgericht hinwegtäuschten, in welchem die Taten des früheren Lebens angemessen beurteilt, und wenn nötig hart bestraft würden. Monsignore Jean Vernette hat damit keine Probleme. Im Interview mit der Evelyn Elsaesser Valarino, die an der Universität Genf tätig ist, sagt er:

„Es ist nicht so sehr der Rachegott, der als eiskalter Ankläger über uns richtet, sondern wir werden vielmehr unsere eigenen Richter, indem wir im Lichte Gottes über unser gesamtes Leben urteilen. Die ganze Wahrheit über unser Leben: das Glas Wasser, das Stück Brot und das Almosen, das wir den Bedürftigen gaben; aber auch die Last unseres Egoismus und das Gewicht unserer Untaten.

Gottes Wort ist hier unmißverständlich: `Und wer meine Worte hört und bewahrt sie nicht, den werde ich nicht richten; denn ich bin nicht gekommen, daß ich die Welt richte, sondern daß ich die Welt rette.' ... Gott vergilt nicht Gewalt mit Gewalt."[153]

Etwas skeptischer fallen die Reaktionen evangelischen Kirchen in Deutschland aus. Dabei wird vor allem auf das zweiseitige Erscheinungsbild der Sterbeerlebnisse verwiesen: Nicht alle Erfahrungen seien schließlich positiv verlaufen. Auch wird betont, daß keiner der betroffenen Personen tatsächlich den Tod überschritten habe, so daß schon deshalb keine endgültigen Aussagen über ein Jenseits möglich seien. Mit Nachdruck betont die Kirchenleitung, daß sich das christliche Gottesbild aus der Bibel ergebe und nicht etwa aus Nahtoderfahrungen gewonnen werden könne.

Eine positive Reaktion kommt vom evangelischen Theologen Hans Schwarz. Auf einem Seminar der Karl-Heim-Gesellschaft zum Thema Nahtoderfahrungen sagt er:

„Aus der christlichen Hoffnung auf die Auferstehung könnten wir sogar diese ungewöhnlichen Erlebnisse dahingehend verstehen, daß sie etwas von unserer Hoffnung vorausschauen lassen. Sie könnten so ausgelegt werden, daß sie eine neue Lebensform anzeigen, die nicht von der Unruhe und Zweideutigkeit beeinträchtigt ist, die wir in diesem gegenwärtigen Leben erfahren. Sie könnten auf eine völlig neue Lebensform jenseits der Ungewißheit und der Begrenzung von Raum und Zeit hinweisen. Sie könnten auch der Hoffnung auf die Auferstehung als einer Existenzform neue Glaubwürdigkeit geben, für die unsere traditionellen Vorstellungskategorien nicht mehr ausreichen."[154]

Das Interesse an Nahtoderfahrungen hat auch den christlich orientierten Leser erfaßt. Im katholischen *Weltbild* wurden NTE bereits im Zusammenhang mit der Frage nach Auferstehung behandelt. Der gleichnamige Verlag bietet Bücher zum genannten Thema an und hat einige Bücher von Raymond A. Moody sogar als Sonderveröffentlichungen vertrieben.

Kanon Michael Perry aus Großbritannien hat sich in einem Buch mit der New-Age-Bewegung auseinandergesetzt. Doch sieht er keine Verbindung von dort zu Nahtoderfahrungen, wie es von konservativen Christen wie Richard Abanes behauptet wird. Er verweist statt dessen auf die Tatsache, daß sich NTE schon in der Antike ereignet haben. Nahtoderfahrungen hält Kanon Perry nicht nur für vereinbar mit dem christlichen Auffassung, sondern er sieht sogar zahlreiche Glaubensaussagen in positiver Weise bestätigt:

„Das NTE ist verträglich mit der christlichen Lehre von der Liebe Gottes, und ihrem Wert für ihn und die menschliche Seele. Das ist es nämlich, was man dem New-Age-Anhänger sagen muß, der glaubt daß das Christentum die Menschlichkeit abwertet und daß der christliche Gott ein Wesen voller Zorn ist, das sich mehr darüber freut, Sünder in die Hölle zu verdammen, als sie im Himmel willkommen zu heißen. Wie kürzlich zwei evangelikalische Schreiber über das NTE gesagt haben, ist dort in dieser Erfahrung `ein Bewußtsein, daß Gott, das höchste Wesen, von Natur aus eines von Liebe und Vergebung ist. Das ist eine gute Nachricht für all die Gefallenen, und jene die sich erholen sind mit einer größeren Offenheit für Gott in ihr Leben gegangen."[155]

Zustimmung kommt auch aus dem Umkreis der die Glaubensgemeinschaft der Mormonen. Sie ist vor allem in den USA verbreitet, in der Gegend um Salt Lake City im Bundesstaat Utah. Im Jahre 1830 gründete Joseph Smith die Bewegung, die sich auch *Kirche der Heiligen der letzten Tage* nennt. Er behauptete, das Buch Mormon sei ihm geoffenbart worden, ein Text der die Bibel ergänzen sollte. Die Mormonen, denen Alkohol, Rauchen, Tee und Kaffee verboten sind, haben eine Reihe eigentümlicher Bräuche und Verhaltensvorschriften. Sie glauben, daß Jesus ein tausendjähriges Reich auf Erden – in Amerika – einrichten wird, während er den Satan unterwirft.

Gegen Nahtoderfahrungen hat die Glaubensgemeinschaft offenbar nichts einzuwenden. Arvin Gibson, der eine Reihe außergewöhnlicher Erfahrungen gesammelt und veröffentlicht hat, hatte die Erlebnisberichte schon mit den Schriften der Gruppierung verglichen. Er findet in NTE die Bestätigung für eine Reihe von Glaubensaussagen, wie sie die Kirche der Heiligen der letzten Tage vertritt. Dabei werden auch Vergleiche zum Buch Mormon gezogen, wo Alma der Jüngere eine Wandlung erfährt, wie sie von Saulus aus dem Neuen Testament bekannt ist. Dieses Erlebnis, so Gibson, soll sich während eines NTE zugetragen haben:

„*Und es geschah während er umherging, die Kirche Gottes zu zerstören (...) siehe, da erschien ihnen der Engel des Herrn; und er stieg hernieder wie in einer Wolke und sprach wie mit einer Donnerstimme (...): Alma, stehe auf und komme hervor, denn warum verfolgst du die Kirche Gottes?*"[156]

Die erzählte Begebenheit ähnelt zwar vom Inhalt her der Wandlungserfahrung des Paulus. Anders als in der Apostelgeschichte sich im Buch Mormon keine Hinweise auf körperliche Umstände bzw. auf eine Transzendenzerfahrung. Die Ähnlichkeit mit biblischen Schilderungen ist zudem keine Seltenheit: Zahlreiche Stellen des Buches Mormon erinnern an Begebenheiten des Alten und Neuen Testaments.

Ähnlichkeiten zu Nahtoderfahrungen sieht auch Leon S. Rhodes, der sich als Anhänger der Swedenborgischen Kirche eingehend mit NTE befaßt hat. Schon früh hat er auf deren nahe Verwandtschaft zu Swedenborgs Erlebnissen hingewiesen. Doch seien dessen Erfahrungen wesentlich reichhaltiger gewesen; NTE stellten im Vergleich dazu nur einen kleinen Ausschnitt dar.

Die eigenen Überzeugungen stehen auch bei den Anhängern des *kundalini*-Yoga im Vordergrund. Sie sind der Meinung, daß NTE und ähnliche Erlebnisse auf der Freisetzung der sogenannten *kundalini*-Energie beruhen. Diese soll am Ende des Rückgrats schlummern und wie eine Schlange (=kundalini) zusammengerollt sein. Zu ihrer Aktivierung bedarf es einer speziellen Technik: des Yoga. Bei Sterbeerfahrungen genügt dazu auch der herannahende oder befürchtete Tod. Durch entsprechende Übungen sollen sich jedoch auch andere Erlebnisse hervorrufen lassen.

Religionen und Nahtoderfahrungen

Einzelne Stimmen aus der Welt des Glaubens zeigen, daß die Antworten der Religionen auf Nahtoderfahrungen recht gemischt und uneinheitlich sind. Religionen, die nur lockere Glaubensregeln haben, tun sich im Umgang mit solchen Erlebnissen natürlich leichter als Religionen, die sich genau an den Wortlaut ihre heiligen Schriften und Gebote halten wollen oder müssen. Dabei lassen sich die verschiedenen Gruppen von Glaubenssystemen wieder unterscheiden:

- Naturverbundene Religionen zeigen sich recht offen, wenn es darum geht, neue Elemente in ihren Glauben aufzunehmen: Die Gottheiten, die mit Opfern und Gebeten bedacht werden, verändern sich, sobald ein Volk an einen anderen Ort zieht, seßhaft wird oder seine Wirtschaftsweise ändert. Fremde religiöse Einflüsse werden in den eigenen Glauben aufgenommen und beide miteinander vermischt. Diese Entwicklung läßt sich noch heute in Ländern beobachten, in denen früher Naturreligionen vorherrschten, die dann aber durch christliche oder islamische Mission verdrängt worden sind. Ungeachtet des neuen Glaubens haben sich dort noch Reste des alten Kultes bewahrt. Wie das Alte Testament berichtet, haben auch die Israeliten noch einige Zeit ihren alten Göttern nachgetrauert und ihnen Altäre errichtet. Obschon sie von Mose den Glauben an den einzigen Gott Jahwe erhalten hatten, sollen sie sich während seiner Abwesenheit um ein goldenes Kalb geschart und dieses verehrt haben.

Die Aufnahme von Transzendenzerfahrungen bereitet den naturverbundenen Religionen kaum Probleme. Der frühe Mensch, der sein tägliches Leben als Chaos erfuhr, wird kaum Anstoß an irgendwelchen Jenseitserfahrungen genommen haben, mag er auch persönlich vom Erlebten beeindruckt gewesen sein. Eine heilige Schrift gab es nicht, und die vorhandenen Überlieferungen beruhten meist auf mündlicher Weitergabe, so daß es von dieser Seite kaum zu Widersprüchlichkeiten gekommen sein dürfte. Auch aus den heutigen Stammesreligionen ist von etwaigen Konflikten wegen Transzendenzerfahrungen nichts bekannt. Die noch vorhandenen Naturvölker passen sich vielmehr stetig an ihre schon weiterentwickelte Umgebung an. Neben den bekannten positiven wie negativen Folgen hat dieser Prozeß auch Auswirkungen auf das religiöse Verhalten. Oft vermischen sich dabei alte Traditionen mit Elementen des neu angetroffenen Glaubens.

- Mit einer vergleichsweise großen Offenheit begegnen auch die Religionen der mythischen Weltsicht fremden Einflüssen. Das zeigt schon die große Ähnlichkeit der Glaubensvorstellungen eines bestimmten Raumes, zum Beispiel im Zweistromland oder bei Römern und Griechen. Ähnlich verhält es sich bei den Religionen des Ostens.

Am deutlichsten zeigt sich dies im Hinduismus, wo altes und neues Gedankengut nebeneinander bestehen darf. Die ältere Tradition wird dabei nicht einfach für überholt und falsch erklärt, sondern sie gilt nach wie vor als richtig. Die neuen Gedanken, so sagt man, seinen lediglich eine bessere Auslegung der alten Wahrheiten. Weil es in den Religionen des Ostens zahlreiche religiöse Lehrer gibt, fällt es nicht besonders schwer, die Tätigkeit jüdischer, christlicher und islamischer Glaubensverkünder anzuerkennen. Wegen der grundsätzlich hohen Toleranz anderer Bekenntnisse leben dort Angehörige verschiedener Religionen vergleichsweise friedlich nebeneinander. Spannungen entstehen meist dann, wenn Politiker versuchen, sich eine bestimmte Religion zunutze zu machen.

Eine große Toleranz haben Jenseitserfahrungen in den Religionen der mythischen Weltsicht erhalten. Im Orient und in der griechisch-römischen Antike wurden solcherlei Erfahrungen gerne gesucht, weil sie mitunter als Einblick in ein Leben nach dem Tod galten: ein Leben, welches dem irdischen Dasein ähnlich war, es aber an

Herrlichkeit überragte. Die Religionen des Ostens berichten ebenfalls von Transzendenzerfahrungen, doch werden sie nur als Trugbilder gesehen die vom eigentlichen Ziel der Erlösung ablenken: Der Flucht aus dem Rad der Wiedergeburten.

Beide Arten von Religionen, die naturverbundenen wie jene mit mythischer Weltsicht, werden in der Forschung als „weiche" Religionen betrachtet. Sie nehmen fremdes Glaubensgut entweder auf oder lassen es neben sich her gelten. „Weiche" Religionen akzeptieren andere Bekenntnisse meist als gleichberechtigten Weg zum Heil, der eben auf eine andere Weise erreicht wird. Eventuelle Widersprüche in Glaubensfragen stören sie nicht besonders. Anders ist dies bei den monotheistischen, „harten" Religionen:

- Judentum, Christentum und Islam betrachten sich als Religionen, die als einzige im Besitz des rechten Glaubens sind. Ihre heiligen Schriften – Bibel und im Koran – gelten als göttliche Offenbarung und damit als wahr. Bei der Frage, in welchem Licht man die vielen anderen Religionen sehen soll, gibt es einen harten und einen gemäßigten Standpunkt:

Die harte Position besteht auf der alleinigen Gültigkeit des eigenen Glaubens, seiner Gebote und heiligen Schriften. Alle anderen Religionen sind demnach Erfindungen, Lügen oder aber ein Werk des Teufels. Ob es für Gläubige anderer Bekenntnisse eine Möglichkeit zum Heil gibt, wird meist der Barmherzigkeit Gottes überlassen.

In der gleichen Weise werden außergewöhnliche Erfahrungen wie etwa das NTE gesehen. Widersprechen deren Inhalte dem jeweiligen Glauben, dann können die Erlebnisse nur Träume, Illusionen oder aber ein Werk dämonischer Mächte sein.

Der gemäßigte Standpunkt weiß sich zwar nach wie vor in der Tradition des eigenen Glaubens und seiner Überzeugungen, doch werden hier die anderen Religionen als Wege des Menschen zu seinem Heil gesehen. Oft wird die Ansicht vertreten, Gott habe sich im Laufe der Geschichte auch anderen Völkern zu erkennen gegeben. Auch wenn in konkreten Glaubensfragen dem eigenen Bekenntnis der Vorzug gegeben wird, steht im täglichen Miteinander das gegenseitige Verständnis im Vordergrund.

Gläubige und Theologen, die einen gemäßigten Standpunkt einnehmen, betrachten die heiligen Schriften zwar nach wie vor als göttlich inspiriert, eine wortwörtliche Geltung wird aber nicht mehr behauptet. Vielmehr ist man sich bewußt, daß bei der Entstehung und Überlieferung der religiösen Quellen manches miteingeflossen ist, das menschlichen Ursprungs und mit bestimmten Absichten behaftet war.

Eine kritische Sicht des eigenen Glaubens bedeutet auch, gegenüber den Erfahrungen anderer grundsätzlich aufgeschlossen zu sein. Es bedeutet freilich nicht, sämtliche Erlebnisse als wirklich hinzunehmen, egal wie das eigene Bekenntnis davon berührt ist. Der gemäßigte Standpunkt verhindert jedenfalls, daß die Erfahrungen und religiösen Überzeugungen der anderen gleich in Bausch und Bogen verurteilt und als Teufelszeug verstoßen werden.

In der modernen Welt des 21. Jahrhunderts nehmen immer mehr Gläubige eine gemäßigte Position ein. Wie sonst könnte man fremden Kulturen begegnen, dort den Urlaub verbringen und Handel betreiben, wenn man die dortige Religion als teuflische Bedrohung sehen würde. Dies war nicht immer so. In der Geschichte gibt es zahlreiche Beispiele, wie im Namen einer Religion Menschen gefoltert und hingerichtet wurden, die angeblich abweichende Ansichten vertreten haben.

Der harte Standpunkt, wie er vor allem von christlichen Sekten und islamischen Fundamentalisten vertreten wird, begegnet uns heute selten in Form offener Aggression. Höflich und freundlich versuchen die schriftorientierten Anhänger, ihre Mitmenschen zu bekehren und sich als Besitzer der Wahrheit auszuweisen. Sie haben auf jede Frage eine Antwort, und glauben sich über jeden Zweifel erhaben. Damit gleichen sie in mancher Hinsicht dem Naturwissenschaftler des 21. Jahrhunderts, der meint, für alle Dinge der Welt eine passende Erklärung zur Hand zu haben. In beiden Fällen gilt, daß die betreffenden Personen die Grenzen ihres Faches überschritten haben. Religiös getragene Hoffnung und die Suche nach Wissen schließen sich nämlich nicht aus; sie ergänzen einander.

Transzendenzerfahrungen in den Religionen

Nahtoderfahrungen werden in den Religionen unterschiedlich aufgenommen. Als persönliche Erfahrungen können sie dem jeweiligen Glauben mehr oder weniger widersprechen und entsprechende Ablehnung nach sich ziehen. Verschiedentlich haben sich die Religionen hierzu schon geäußert.

Bislang unbekannt ist aber das Ergebnis dieser Untersuchung, in dem die Entwicklung der Religionen mit dem Einfluß der Jenseitserfahrungen erklärt wurde. Noch einmal seien die Hauptpunkte kurz zusammengefaßt:

- Nahtoderfahrungen hat es schon immer gegeben. Sie lassen sich in verschiedenen Kulturen feststellen und sollten dann besser Transzendenzerfahrungen genannt werden, weil sie sich nur manchmal in der Nähe zum Tod ereignet haben.
- Diese Jenseitserfahrungen haben einen persönlichen und einen realen Anteil. Letzterer ergibt sich aus der Struktur der Erlebnisse, die dadurch einander ähnlich sind. Es handelt sich daher um Begegnungen mit einer transzendenten Wirklichkeit.

- Der Einfluß der besagten Erfahrungen auf die Geschichte der Religionen ist unterschiedlich; mehr und mehr finden sich aber die Inhalte der Erlebnisse auch in den religiösen Vorstellungen wieder.
- In den monotheistischen Religionen wird das Transzendenz-Erlebnis des Glaubensbegründers schließlich zu dessen Berufungserfahrung. Eine lichtvolle Begegnung begründet den Glauben an den einen Gott. Die Annäherung der religiösen Vorstellungen an die jenseitige Wirklichkeit der Transzendenz-Erfahrungen hat seinen Höhepunkt erreicht.

Diese Ergebnisse sind bisher noch nicht zur Diskussion gestanden. Aber könnten die heutigen Weltreligionen mit ihnen leben? Wagen wir einen kurzen Ausblick.

- Im Hinduismus wird man gut mit der Vermutung leben können, Jenseits-Erfahrungen hätten einen Einfluß auf die Geschichte des Glaubens ausgeübt. Von wenigen Ausnahmen abgesehen betrachtet sich der Hinduismus als eine Religion, die einzig und allein zu Indien gehört. Die Glaubensbekenntnisse, die sich außerhalb der Landesgrenzen befinden, sind daher nur von untergeordnetem Interesse. Weil die indische Religion nicht den besitzt Anspruch, die einzig wahre und verbindliche Religion für alle Menschen zu sein, gibt es auch nur ganz vereinzelt so etwas wie eine hinduistische Mission.

Da es in der indischen Religion selbst viele verschiedene Entwicklungen gibt, ohne daß eine von ihnen als näher an der Wahrheit gilt, hat der Gedanke an einen Einfluß von Transzendenzerfahrung nichts dramatisches an sich. Vielleicht, so wird man sagen, habe sich deshalb eine etwas andere Deutung der ewig gleichen Wahrheit gegeben. Eine Instanz, die festlegt, was geglaubt werden darf und was nicht, kennt der Hinduismus nicht.

- Im Buddhismus gelten alle irdischen Erscheinungen als Illusionen, als Trugbilder, die den Weg der Erlösung behindern. Letztlich gilt das auch für Religionen, die demnach nur ein Hilfsmittel sein können, um sich aus dem Leid des Lebens und seiner Wiedergeburt zu befreien. Von daher gesehen ist die Geschichte des Glaubens nicht besonders bedeutsam, und jede Entwicklung ist nicht mehr als ein irdischer Ablauf ohne Anspruch auf Wahrheit.

Auf den ersten Blick scheinen die beiden großen Religionen des Ostens recht offene, tolerante Bekenntnisse zu sein, in denen alles möglich und erlaubt ist, und in denen der Blick auf die vielen noch kommenden Wiedergeburten gerichtet ist. In der Praxis sieht dies freilich oft anders aus. Nicht alle Gläubigen lassen sich auf ein Nirwana in endloser Ferne vertrösten, nicht alle sind bereit, die Ohnmacht der vielen Götter hinzunehmen.

Deshalb treten auch immer wieder Strömungen auf, die einen anderen Weg der Erlösung suchen und ihre Hoffnungen in ein Leben nach dem Tode legen. Die Hinwendung an eine oder wenige Gottheiten, die sich des einzelnen annehmen und dem ewigen Weltgesetz nicht ausgeliefert sind, ist ein weiteres Zeichen, und dieses zieht sich wie ein roter Faden durch die östlichen Religionen.

Die Lehre von der Wiedergeburt der Seele scheint von Anfang an ein fester Bestandteil des Hinduismus gewesen zu sein, der sich dann später auch im Buddhismus wiederfand. Dem ist aber nicht so. Ursprünglich gab es nämlich die Vorstellung, daß der Verstorbene – nach einer Wartezeit im Kreis der Lebenden – in die Welt der Ahnen eingeht. Erst später ist der Gedanke der Wiedergeburt aufgekommen: Er sollte erklären, weshalb manche Lebewesen in schlechten Verhältnissen leben, und weshalb es anderen gut geht. Auf den ersten Blick erscheint dieser Zustand reichlich ungerecht zu sein. Nach dem Gesetz der Wiedergeburt ist er jedoch völlig in Ordnung, weil jeder das Leben erhält, das er nach seinem vorhergehenden Dasein verdient. Weil fast alle Menschen damit rechnen müssen, noch viele Male wiedergeboren zu werden, sollten sie sich in ihrem eigenen Interesse bemühen, ein gutes Leben zu führen. Außerdem läßt sich das ferne Ziel, einmal ins Nirwana einzugehen, nur auf diese Weise erreichen.

Der Ursprung der Seelenwanderung liegt in einer Zeit, in der das religiöse Indien mit der Natur verwachsen war und sich so als Teil des ewigen Kreislaufs vom Werden und Vergehen gesehen hat. Es ist schwer, vorherzusagen, welchen Wandel die Wiedergeburtslehre noch erfahren wird und ob sie nicht eines Tages durch neues Gedankengut verdrängt wird. Wie die entstandenen neuen Strömungen zeigen, ist es ihr nicht immer gelungen, die Hoffnungen der Menschen ausreichend aufzunehmen.

Die monotheistischen Religionen leben mit dem Anspruch, den einzig wahren Glauben zu besitzen. Sie betrachten sich somit selbst als der Endpunkt in der Geschichte der Religionen, den sie durch die göttliche Offenbarung erreicht sehen. Mit Skepsis betrachten sie wissenschaftliche Erklärungen, die ihren Geltungsanspruch vermindern könnten.

- Im Alten Testament gelten die Israeliten als das auserwählte Volk Gottes. Nachdem sie von Mose aus der Knechtschaft Ägyptens herausgeführt worden sind, erhalten sie die bekannten Zehn Gebote, welche fortan die Grundregeln des Lebens darstellen. Mose ist nicht nur der Mittler des Glaubens, in der Bibel ist er es, der einen Bund zwischen Gott und den Israeliten schließt.

  Zweifel an der Person des Moses bedeuten immer auch einen Zweifel am Ursprung des jüdischen Glaubens. Erklärt man seine Berufungserfahrung als persönliches, inneres Erlebnis, dann nimmt man der Begebenheit ihren außerordentlichen Charakter. Dem Alten Testament zufolge ist es Gott, der sich aus freien Stücken offenbart. Mose ist daran nicht beteiligt, er erhält nur den Auftrag, nach göttlichem Willen zu handeln.

Eine Transzendenzerfahrung, die von ihrer Art her mit den zeitgenössischen Nahtoderfahrungen in Verbindung gebracht wird, schmälert natürlich die Berufung des Mose. Die geschilderte Begegnung mit Gott scheint ihre Außergewöhnlichkeit zu verlieren.

- Das Christentum sieht sich als Vollendung der israelitischen Tradition, als Erneuerung des Bundes zwischen Gott und den Menschen. Nun geht es nicht mehr nur um ein auserwähltes Volk: Der christliche Glaube sieht sich als die einzig wahre Religion für alle Menschen. Jesus von Nazareth wird jedoch nicht nur als Glaubenserneuerer gesehen, er gilt sogar als Messias und Sohn Gottes.

Unvorstellbar ist daher der Gedanke, Jesus sei ein gewöhnlicher Mensch gewesen, der seine Berufung in einer inneren Erfahrung gefunden habe. Die Hinweise im Neuen Testament dürfen aus christlicher Sicht nicht in diese Richtung gedeutet werden. Jeder Vergleich zeitgenössischer Erfahrungen mit den biblischen Begebenheiten muß insofern auf Widerstand stoßen.

- Der Islam versteht sich als Vollendung des Glaubens an den einen Gott. Die vorhergehenden Buchreligionen, Judentum und Christentum, werden durch den Koran erneuert, die biblischen Quellen berichtigt. Nach Mohammeds Auffassung befindet sich bei Allah ein Tafel, die eine Art Urbuch des Korans darstellt. Aus ihm sollen schon Adam, Noah, Mose, David, Jesus und andere Propheten Offenbarungen erhalten haben, doch seien sie im Laufe der Zeit verfälscht worden. Mit den Versen, die Mohammed nun weitergibt, sollte der ursprüngliche Text des Korans wiederhergestellt werden. Dieses Argument wurde vor allem gebraucht, wenn sich die Eingebungen des Propheten von den Angaben der Bibel unterschieden. Während Christen und Juden darauf hinweisen, daß Mohammed bestimmte Textstellen falsch wiedergegeben habe, erklärte dieser, das Alte und Neue Testament seien an diesen Stellen eben gefälscht worden.

Ob sich die Eingebungen des Propheten unter Umständen ergeben haben, wie sie für Transzendenzerfahrungen typisch sind, scheint auf den ersten Blick nicht allzu wichtig zu sein. Im Vordergrund steht der Koran als Wort Gottes, seine Echtheit und Wahrheit zählen für Moslems an erster Stelle. Daneben aber wird Mohammeds Berufung ebenso als göttlicher Auftrag gesehen, wie es schon bei Mose und Jesus der Fall war. Ein Einfluß persönlicher Momente könnte auch hier den eindeutigen Auftrag Gottes in Abrede stellen.

Insgesamt bestehen die monotheistischen Glaubensbekenntnisse darauf, ihre Ursprünglichkeit auf göttliche Offenbarungen zurückführen zu können. Eine Schmälerung dieses einmaligen Aktes durch ein etwaiges persönliches Erlebnis wird man ungern akzeptieren wollen.

Naturverbundene und mythische Religionen werden allenfalls als eine Vorstufe des wahren Glaubens angesehen; in manchen Fällen, so gesteht man meist zu, hätten sich auch dort bestimmte Wahrheiten zeigen können. Die Entwicklung hin zum eigenen monotheistischen Glauben wird freilich nicht in irgendwelchen Transzendenzerfahrungen gesehen, sondern in der einmaligen Offenbarung Gottes.

Insgesamt dürften die heutigen Weltreligionen dem Einfluß von Jenseitserfahrungen wenig Verständnis entgegen bringen. Die Glaubensbekenntnisse des Ostens messen ihnen keinen Wahrheitsanspruch bei und die monotheistischen Religionen sehen die Berufung ihres Glaubensstifters dadurch allenfalls geschmälert. Auch der Umstand, daß die zeitgenössischen NTE oftmals in esoterischer Weise gedeutet werden und sich die New-Age-Bewegung ihrer annimmt dürfte einer weitergehenden Akzeptanz abträglich sein.

Sieht man jedoch die Umstände der historischen Transzendenzerfahrungen nicht als ein zufälliges oder unfallbedingtes Ereignis, sondern in der meditativen Gottessuche des Experiencers, dann scheint eine Annahme solcher Erfahrungen weniger problematisch. Es ist nämlich auch und gerade *im* Rahmen einer religiösen Deutung der Berufungserlebnisse denkbar, daß die betreffenden Personen anhand ihres Glaubens und ihrer Suche nach Wahrheit erwählt wurden. Dabei könnte von göttlicher Seite eine Transzendenzerfahrung, die der Gläubige gesucht hatte, zur Offenbarung und Berufung genutzt worden sein. Ein solches Erlebnis bedeutet dann nur eine Art technischen Umstand, innerhalb dem die göttliche Erwählung und Sendung stattgefunden hat.

Bei den Berufungserlebnissen, wie sie in den Religionen der göttlichen Sendung anzutreffen sind, handelt es sich um Jenseitserfahrungen, die eine besondere Wirkung auf die Geschichte des Glaubens ausgeübt haben. Allein daraus können sie natürlich noch keine Besonderheiten für sich ableiten. Doch ist auch der theologische Standpunkt nicht ausgeschlossen, nach dem es sich bei den historischen Berufungserlebnissen um einmalige und göttliche Offenbarungen handelt. Nachträglich lassen sich die Einzelheiten der jeweiligen Erfahrungen nicht mehr untersuchen, und so bleiben in dieser Hinsicht alle Möglichkeiten offen.

Die Akzeptanzprobleme vornehmlich der Religionen der göttlichen Sendung stellen sich bei näherer Betrachtung als wesentlich geringer als zunächst vermutet dar. Probleme gibt es immer dann, wenn die heiligen Schriften des Glaubens in wortwörtlicher Weise verstanden werden. Läßt man dagegen für weiterreichende theologische Deutungen Raum, dann wird die NTE-artige Natur der Berufungserfahrungen am ehesten annehmbar.

13. Philosophische Fragen

Transzendenzerfahrungen betreffen zentrale Fragen menschlicher Existenz, sie berühren religiöse Gesichtspunkte und verschiedene Wissenschaftsgebiete. Daraus ergeben sich nicht nur eine Reihe von ganz spezieller Anknüpfungspunkte, sondern es entstehen auch zahlreiche Fragen, die eher grundsätzlicher und allgemeiner Art sind. Sie zu beantworten bemüht sich seit jeher die Philosophie, aus der im Laufe der Zeit erst die verschiedenen Wissenschaften hervorgegangen sind.

Das Jenseits – ein Land ohne Wiederkehr?

Waren Menschen mit Nahtoderfahrungen „wirklich" tot? Die Beantwortung dieser Frage hängt davon ab, wie man den Todeszeitpunkt festlegt. Solche Definitionen, von denen es bekanntlich verschiedene gibt, sind von ihrer Art her willkürlich. Im Falle des biologischen Todeszeitpunkts besteht die Schwierigkeit, diesen exakt zu ermitteln und geeignete Anhaltspunkte hierfür zu finden. NTE sind von dieser Festlegung insoweit betroffen, als sie sich stets vor dem „point of no return" ereignen, dem Punkt, an dem es keine Rückkehr gibt. Dies ist leicht einsehbar, denn wer den Punkt, an dem es keine Wiederkehr mehr gibt, überschritten hat, der kann eben nicht zurückkommen, um von seinem Erlebnis zu berichten.

Nun wird vor allem von christlichen Theologen behauptet, NTE könnten keinen Blick in jenseitige Welten bzw. Strukturen enthalten, weil die betreffende Person die Schwelle des biologischen Todes nicht hinter sich gelassen habe. Diese Begründung ist jedoch nicht stichhaltig: Nimmt man nämlich an, der Geist oder die Seele des Menschen könne sich vom Körper lösen und sich in bestimmten Situationen an andere – „jenseitige" – Orte begeben, dann ist nicht ersichtlich, warum dies erst nach dem biologischen Tod möglich sein sollte. Freilich denkt man bei der Loslösung der Seele vom Leib zunächst an einen Mechanismus, der zum Zeitpunkt des Sterbens einsetzt. Genausogut könnte eine solche zeitweilige Abtrennung aber auch zu Lebzeiten geschehen, wie es schließlich bei Nahtoderfahrungen der Fall ist. Die Frage, ob die Seele dabei jenseitigen Wirklichkeiten begegnen kann, hat mit dem Tod nun gar nichts zu tun. *Jenseits* bedeutet ja nicht: jenseits des Lebens, sondern: jenseits der normalen Wahrnehmung.

Das Überschreiten der Todesschwelle bedeutet im übrigen nicht, daß die dann gemachten Wahrnehmungen ein Einblick ins Jenseits sind. Dabei könnte man an den tibetischen Buddhismus erinnern, der solcherlei Beobachtungen als Trugbilder erklärt, oder an den frühen Hinduismus, der den Verstorbenen noch eine Zeit lang unter den Lebenden verweilen ließ. Der eingetretene Tod hat somit nicht zwangläufig die Wahrnehmung jenseitiger Landschaften, Personen oder Gefühle zur Folge.

Die teilrealistische Erklärung der Natur von Jenseitserfahrungen ist von der Frage des Todeszeitpunkts und der Festlegung des Todes völlig unabhängig und damit auch verträglich.

Das Wechselspiel von Leib und Seele

Die Schilderungen von Nahtoderfahrungen legen die Vermutung nahe, ein mit dem Körper verbundener seelischer Teil verlasse beim Erlebnis den Leib, und nehme dabei auch die persönliche Identität der jeweiligen Person mit sich. Damit steht das NTE in einer alten philosophischen und theologischen Tradition, die von der Loslösbarkeit der Seele vom Leib ausgeht. Professor Arthur Hoffmann ist gar der Meinung, daß mit den Nahtoderfahrungen „ein unbezweifelbarer empirischer Beweis für die Existenz einer leibgelösten Seele und ein jenseitiges Leben" vorliegt.

Der griechische Philosoph Plato war der Ansicht, die Seele friste im Körper des Menschen ein Dasein, das mit dem Eingesperrtsein in einem Kerker vergleichbar ist. Etwa zweitausend Jahre später hat sich der Mathematiker und Philosoph René Descartes eingehend mit dieser Frage beschäftigt. Er nahm an, Körper und Geist seien zwei völlig von einander verschiedene Substanzen. Die sich nun anschließende Frage war, wie unter solchen Umständen eine Wechselwirkung zwischen Leib und Seele stattfinden sollte. Wenn zum Beispiel ein Mensch den Entschluß faßt, seine Hand zu bewegen, dann liegt zunächst der Wille der betreffenden Person vor, und dieser ereignet sich in deren Bewußtsein. Ein Nervenarzt kann daraufhin beobachten, daß sich im Gehirn bestimmte Nerven regen, die dann einen Reiz zum Muskel des Armes senden: Die Hand wird schließlich ausgestreckt. Für diese Handlung benötigt der Mensch nur Bruchteile von Sekunden. Bei näherer Betrachtung bliebt jedoch ungeklärt, wie Körper und Geist bei diesem Geschehen zusammenspielen. Seit Jahrhunderten mühen sich Philosophen und Wissenschaftler, diese Frage, die als das Leib-Seele-Problem bezeichnet wird, zu lösen. Eine wirklich zufriedenstellende Antwort scheint jedoch nicht in Sicht zu sein.

Auf dieses Problem werfen Nahtoderfahrungen einen deutlichen Schatten, sofern dort von Außerkörperlichkeits-Erfahrungen berichtet wird. Besonders interessant sind jene Fälle, in denen sich die vermeintlichen Wahrnehmungen belegen lassen. So haben manche Personen Beobachtungen gemacht, die aus dem Blickwinkel ihres Körpers oder aufgrund der gesundheitlichen Verfassung schlichtweg nicht möglich gewesen wären. Dies ist besonders dann der Fall, wenn der Leib der betreffenden Person in *einem* Zimmer liegt, die Wahrnehmungen hingegen einen anderen Raum, eine andere Etage oder ein fremdes Gebäude betreffen. Selbst von blinden Menschen ist die Rede, die nach ihrem Erlebnis die räumliche Umgebung beschreiben konnten.

Auch wenn von Nahtoderfahrungen keine wissenschftliche Lösung für das Zusammenwirken von Körper und Geist erwartet werden kann, legt die berichtete Art der Wahrnehmung die Existenz einer vom Leib loslösbaren Seele nahe. Damit sprechen die Berichte der mittlerweile zahlreichen Berichte gegen die Auffassung vieler Naturwissenschaftler, der Mensch besitze keine vom materiellen Körper verschiedene Seele.

Beweise für die Existenz Gottes?

Glauben ist gut, Wissen ist besser. Dieser Wahlspruch ist alt, und er wurde schon in früher Zeit auf den religiösen Glauben angewandt. Gibt es nicht eine Möglichkeit, die Existenz eines Gottes mit vernünftigen Argumenten zu beweisen? Zahlreiche berühmte Philosophen und Glaubenslehrer haben sich seitdem bemüht, einen Gottesbeweis zu finden, mit dem der Glaube zusätzlich durch allgemein anerkannte Argumente gestützt würde. Man wollte sich dabei an den Erfolgen der Mathematik orientieren, die viele ihrer Fragen mit einem Beweisverfahren entscheiden kann.

Zahlreiche Argumente sind in diesem Zusammenhang vorgebracht worden, und viele von ihnen sind zumindest denkwürdig. Doch einen Beweis, wie ihn die Mathematik vorlegt, hat man nicht finden können. Es haben sich nämlich Probleme im logischen Aufbau und bei den zugrundegelegten Eigenschaften des zu beweisenden Gottes Lücken bzw. Widersprüche gezeigt. Obwohl es auch in jüngster Zeit wieder Bemühungen um entsprechende Beweise gegeben hat, sind die Erfolgsaussichten einer *zwingenden* Beweisführung – und gerade eine solche ist wirklich interessant – recht mager.

Um so mehr scheinen Nahtoderfahrungen eine willkommene Unterstützung auf diesem Gebiet zu sein. Gerade der Umstand, daß auch ungläubige, antireligiöse oder zweifelnde Personen von der Begegnung mit einem Lichtwesen berichten und dieses als Gott deuten, spricht für diese Annahme. Nicht wenige Nah-Todesforscher und Experiencer betrachten NTE auch mit diesem Blickwinkel.

Ganz offensichtlich kann mit dieser Auffassung von „Beweis" nicht jene Argumentationskette gemeint sein, die in Philosophie und Theologie Eingang gefunden hat. Man hat vielmehr einen Gottesbeweis durch Erfahrung, einen *empirischen* Gottesbeweis vorgeschlagen. Doch ist auch ein solcher nicht ganz unproblematisch: Im Gegensatz zur alltäglichen Wahrnehmung ist das Erleben beim NTE mitunter durch kulturelle und persönliche Hintergründe „gefärbt". Dies kann auch bei einander widersprechenden Interpretationen des „Lichtwesens" der Fall sein. Weil hier also kein

Beobachten im üblichen Sinn vorliegt, sollte weniger von einem empirischen Gottes*beweis*, sondern besser von einem „teil-empirischen Gottes*hinweis*" gesprochen werden.

Die Andersartigkeit der Nahtod-Erlebnisse

Ein grundsätzliches Problem bei der Bewertung von Nahtoderfahrungen stellt die immer wieder betonte Andersartigkeit des Ereignisses dar. So wird die völlige Unvergleichbarkeit mit der irdischen Lebenswelt betont, die sich an Raum und Zeit orientiert. Außerdem wird darauf verwiesen, daß sich das Erlebte nicht mit den herkömmlichen sprachlichen Mitteln ausdrücken ließe. Wenn man diese Einschränkungen berücksichtigt, dann ist schon bei den Schilderungen der betreffenden Personen Vorsicht angebracht. Selbst das, was die Experiencer selbst äußern, scheint ihnen zur Beschreibung des Erlebten noch ungeeignet zu sein.

Zu dieser Unwägbarkeit kommt die offensichtliche „Färbung" des Erlebnisinhalts durch persönliche und kulturelle Hintergründe. Dieser Einfluß kann schon während des NTE vermutet werden, man kann ihn aber auch erst im Zusammenhang mit der Erinnerung an die vergangene Erfahrung unterstellen. Manche Experiencer erinnern sich erst im Laufe der Zeit an Einzelheiten ihres Erlebnisses, das erst damit einigermaßen eingeordnet werden kann. Während dieser Zeit kann es allerdings auch zu ersten Deutungen des bereits im Gedächtnis befindlichen Inhalts kommen. Diesen ersten, womöglich schon veränderten Eindrücken könnten dann die nachfolgend auftretenden Erinnerungen zunehmend angepaßt werden.

Am interessantesten erscheinen jene Eindrücke, die eine Person unmittelbar erlebt, weil sie dann noch keine bewußte Deutung des Erlebten vornimmt. Allerdings ist eine nachträgliche Trennung des Erlebten in ursprüngliche und „gefärbte" Wahrnehmungen kaum möglich. Schon der Erinnerungsvorgang bietet die Möglichkeit, eigene Deutungen auch unbewußt einfließen zu lassen. Dies ist um so wahrscheinlicher, je mehr Zeit zwischen dem Erlebnis und seiner Wiederbewußtmachung vergangen ist.

Nimmt man an, daß Nahtoderfahrungen „gefärbt" sind, so meint man damit, daß der Erlebnis*inhalt* durch andere Ursachen als es die reale Wahrnehmung ist, bestimmt wird: Hierzu zählen eigene Erinnerungen und Wünsche, besonders das kulturelle und familiäre Lebensumfeld. Medikamente und körpereigene Drogen und Botenstoffe können das Erlebte ebenfalls beeinflussen. Grundsätzlich muß auch die mögliche Einflußnahme fremder Mächte, die hierzu in der Lage sind – beispielsweise Engel, Dämonen, Geister, Götter bzw. Gott und andere Kräfte – erwogen werden.

Die Grenzen der Färbung

Der Einfluß des persönlichen und kulturellen Hintergrunds auf den Inhalt von Nahtoderfahrungen hat seine Grenzen. Dot wo die real vorhandenen Strukturen für eine Ähnlichkeit der verschiedenen Erlebnisse sorgen endet auch eine mögliche Färbung. Andernfalls würden sich die Schilderungen der betroffenen Personen so sehr unterscheiden, daß kaum jemand auf die Idee käme, sie untereinander zu vergleichen.

Wenig individuelle „Färbung" zeigen Außerkörperlichkeits-Erfahrungen, sei es zu Beginn eines NTE, oder als einzelne OBE. Die Umgebung, die aus der Vogelperspektive wahrgenommen wird, kann nach einem Erlebnis im allgemeinen recht treffend und realistisch beschrieben werden. Ein Einfluß persönlicher Erinnerungen kann jedoch nicht gänzlich ausgeschlossen werden. So berichtete der amerikanische Herzspezialist Michael Sabom von einer Person, die statt des tatsächlich im Raum befindlichen Defibrillationsgerätes ein älteres Modell in allen Einzelheiten beschrieben hatte.

Darüber hinaus scheint es verschieden Grade bzw. Tiefen der Färbung zu geben, vielleicht fehlt sie auch manchmal ganz. Dies ist jedoch schwer zu entscheiden, da hierfür eine brauchbare Vergleichsmöglichkeit vonnöten wäre. Betrachtet man aber beispielsweise die unterschiedlichen Interpretationen des „Lichtwesens", die dabei mehr oder weniger, manchmal auch gar nicht von religiösen Zügen bestimmt sind, so kann man mit einigem Grund eine graduelle Erlebnisfärbung annehmen.

Keineswegs alle Personen berichten von einer gleichen Ordnung der Erlebnisinhalte, noch weniger stimmt die Anzahl der einzelnen Elemente in allen Fällen überein. Ein Grund für das Fehlen bestimmter Komponenten können Erinnerungslücken und Drogeneinflüsse sein, darunter körpereigene Substanzen. Daneben ließe sich annehmen daß verschiedene Personen möglicherweise einer unterschiedlichen Zahl und Anordnung der realen Strukturen gegenüberstehen. Hierfür könnten die jeweiligen Erlebnisumstände, transzendente Ursachen oder noch unbekannte Umstände verantwortlich sein.

Die Suche nach Beweisen

Es spricht eine Reihe von Gründen für die Annahme, daß NTE nicht lediglich persönliche, innere Erlebnisse sind, sondern auch einen objektiven, realen Anteil enthalten. Die schon mehrfach angedeutete personen- und kulturübergreifende Ähnlichkeit der Schilderungen gilt oftmals als Anhaltspunkt für diese Behauptung. Hinzu kommen die Wahrnehmungen von Personen, die sie während eines Außerkörperlichkeits-Erlebnisses machen. Auch ihre Beobachtungen sprechen dafür, daß die Begebenheiten tatsächlich auf die Realität bezogen sind und nicht etwa eine Art

Tagtraum darstellen. Die gilt besonders wenn die berichteten Wahrnehmungen von der Perspektive des Körpers aus nicht gemacht werden hätten können.

Der Umstand, daß auch Kinder Nahtoderfahrungen haben, wurde in der Forschung schon früh gegen eine vermeintliche Einbildung des Erlebten ins Feld geführt. In der Tat ist es bei Kindern am wenigsten einsehbar, daß sie kulturelle Vorstellung in ein Erlebnis hineintragen sollten. Genausowenig gibt es einen Grund, warum diese in Extremsituationen derart komplizierte und umfangreiche Begebenheiten erfinden sollten oder im OBE die Vorstellung einer vom Körper losgelösten Seele an den Tag legen sollten. Bei Kindern würde man vielmehr vermuten, daß sie eine vielleicht angenehme, aber eben kindgerechte Situation „träumen". Die naturwissenschaftliche Behauptung, es handle sich auch bei Kindern schon um eine angeborene Art, auf Grenzsituationen zu reagieren, wurde schon in den vorhergehenden Abschnitten entkräftet.

Von Skeptikern wurde vielfach die Ansicht geäußert, das NTE stelle lediglich eine Ansammlung persönlicher und kulturell geprägter Erwartungen und Wünsche dar, und sie verweisen hierzu auf die offensichtliche Färbung der Erfahrungen. Bei genauerem Hinsehen zeigt sich aber, daß dies nicht der Fall ist: Oft stimmt das Erlebte nämlich nicht mit den eigenen Erwartungen oder denen des sozialen Umfelds überein. Auch der Umstand, daß zahlreiche Wahrnehmungen mit einem Überraschtsein geprägt sind, weisen gegen eine reine Subjektivität der Erlebnisse: Manche Personen berichten, daß sie ihren eigenen Körper im OBE erst allmählich und mit Verwunderung erkannt haben, andere Experiencer waren von der wahrgenommenen Umgebung oder bei der Begegnung mit verstorbenen Verwandten überrascht. Einige Personen geben an, Angehörige angetroffen zu haben, von deren Ableben sie bis dahin noch nicht gewußt haben.

Für die Außergewöhnlichkeit der Nahtoderfahrungen sprechen die außerordentlichen Gefühlswahrnehmungen, die schon im Zusammenhang mit einem OBE auftretenden können. Dadurch heben sich NTE von Wunschträumen und Illusionen ab. Professor Emilio Tiberi, an der Universität von Verona tätig ist, stellt jene gefühlsbetonten Erfahrungen in den Zusammenhang mit der Wahrnehmung einer jenseitigen Struktur. Er vergleicht diese Eindrücke mit mystischen Erlebnissen, bei denen ebenfalls ein schlummerndes Potential geweckt würde. Er nimmt nämlich an, daß der gestoppte Informationsfluß aus dem Gehirn nicht zur Abkoppelung des Bewußtseins führt, sondern vielmehr zu dessen Steigerung.

Ein folgenschweres Erlebnis

Neben den gefühlsbetonten Wahrnehmungen im OBE/NTE sprechen auch die **nach** einem Nahtoderlebnis typischen Persönlichkeitsveränderungen gegen dessen Gleichsetzung mit Träumen, Halluzinationen und anderen rein subjektiven Erfahrungen. Viele Personen haben nach ihrer Erfahrung das Bedürfnis, sich anderen Menschen mitzuteilen, was bei anderen Erlebnissen normalerweise nicht der Fall ist. Gelegentlich behaupten Experiencer auch, für die psychischen Probleme anderer sensibler geworden zu sein aber oder materielle Dinge wie elektrischen Strom spüren zu können.

Die positiven Veränderungen bleiben jedoch nicht auf die jeweilige Person beschränkt: Auswirkungen zeigen sich auch bei Menschen, die sich mit dem Nahtoderfahrungen beschäftigen: Die Angst vor dem eigenen Sterben kann sich dabei erheblich verringern. Aus diesem Grund wurden NTE bereits bei der Betreuung von Selbstmordpatienten verwendet – mit Erfolg, wie sich zeigte.

Gehirn, Geist und das Problem der Wahrnehmungen

Beim Nahtoderlebnis machen Personen, die sich vom Körper entfernt wähnen, eine Vielzahl von Beobachtungen, für die er eigentlich bestimmte Sinnesorgane benötigt würden. Besonders deutlich ist dies bei außerkörperlichen Wahrnehmungen: Manche Experiencer sind in der Lage, ihre Umgebung vollständig und richtig zu beschreiben, Schriften zu lesen oder aber Zeitabläufe wiederzugeben. Diese Fähigkeit hängt jedoch vom Alter des Menschen, der OBE-Dauer oder auch der Medikamenteneinwirkung während der Erfahrung ab. Schon in diesen Fällen, und erst recht bei kurzsichtigen oder üblicherweise blinden Personen, stellt sich die Frage wie eine Wahrnehmung ohne die üblichen Sinnesorgane möglich sein soll. Das ohnehin schon bestehende Leib-Seele-Problem wird dadurch weiter erschwert.

Erst gar kein Sinnesorgan besitzt der Mensch, um die Gefühle von Mitmenschen direkt und unmittelbar zu erleben. Gleichwohl berichten viele Personen, sich im Rahmen des Lebensrückblicks in die Gefühlslage anderer versetzt zu haben. Einige Experiencer geben an, schon während der Außerkörperlichkeits-Erfahrung die Gedanken der umstehenden Personen verstanden zu haben.

In den vorhergehenden Abschnitten war oftmals von der Färbung der Nahtod-Erfahrungen die Rede. Meist nimmt man bei diesem Vorgang an, daß das Erlebnis durch die persönlichen Erinnerungen des Experiencers beeinflußt wird. Es liegt nahe, diese gespeicherten Eindrücke im Gedächtnis der jeweiligen Person zu vermuten. Wenn dem so ist, dann müßten jene Informationen – wie bei einer ganz normalen Erinnerung auch – in irgendeiner Weise in das Bewußtsein des Experiencers gelangen. Befindet sich die Seele freilich vom Körper entfernt, so bräuchte es eine wie auch immer geartete Verbindung zu diesem, eine Art Lebensfaden, der schließlich beim Erreichen des biologischen Tods „getrennt" würde.

Das Gedächtnis spielt auch dann eine Rolle, wenn es um die persönliche Identität des Experiencers oder um die Wiedererinnerung an konkrete Situationen des früheren Lebens geht. Nimmt man an, diese Eindrücke seien in den Nervenstrukturen des Gehirns gespeichert, dann ergibt sich das Problem einer Übertragung zur Seele. Hält man das Gedächtnis dagegen für einen Bestandteil des Geistes, so stellt sich die Frage nach der Aufgabe eines großen Teils des Nervensystems. Wenig Klarheit bringt es, wenn man die vergangenen Eindrücke in Gehirn und Geist gespeichert annimmt. Die Frage des Gedächtnisses war schon bisher ein Teil des Leib-Seele-Problems; mit den Nahtoderfahrungen wird eine Lösung nicht einfacher.

An den Grenzen des Wissens?

Schon die ganz normalen Wahrnehmungen und Erinnerungen werfen philosophische Fragen auf. Dies gilt im besonderen für eine Reihe anderer Elemente des Nahtoderlebnisses:

- In der Lebensrückschau mancher Personen treten moralische Bewertungen auf. Sie glauben dann, zu erkennen, wie sie sich in bestimmten Situationen am besten verhalten hätten sollen. Kann man während eins Nahtod-Erlebnisses tatsächlich einen Einblick in moralische Fragen erhalten? Beweise werden sich für diese Vermutung kaum finden lassen. Gleichwohl behaupten manche Personen, nicht nur richtiges Verhalten erkannt zu haben, sondern sogar bestimmte Lehren vom Lichtwesen empfangen zu haben. Sandra Rogers hat gar ein Buch veröffentlicht, in dem sie die neu gewonnenen, aber inhaltlich eher banalen Überzeugungen darlegt.

- In eine andere Richtung ging Kenneth Ring, als er 1984 über seine Studie zu Nahtoderfahrungen berichtete. Er ließ darin Personen zu Wort kommen, die eine Vorschau auf ihr zukünftigen Lebens gehabt haben wollten. Solche Behauptungen wurden manchmal recht unkritisch übernommen, wofür es auch einen Grund gibt:

  Man vermutete nämlich die betreffenden Menschen in einer „Region", die von Raum und Zeit abgekoppelt ist. Ganz ähnlich lauten manche philosophischen und theologischen Vorstellungen vom Dasein Gottes. Weil dieser allwissend sei, und damit auch die Zukunft bereits kenne, müsse er sich wie ein ferner Beobachter außerhalb der Zeit befinden, und dürfe nicht dem aktuellen Geschehen verhaftet sein. In eben dieser Gegend wurden auch die Personen während ihrer Nahtod-Erfahrung vermutet.

Auf den ersten Blick erscheint daher die *grundsätzliche* Möglichkeit solcher „Wahrnehmungsarten" nicht völlig unberechtigt. Berücksichtigt man jedoch den Umstand, daß es sich bei den Erlebnisberichten meist um „gefärbte" Schilderungen handelt, in welche auch Zukunfts*hoffnungen* einfließen können, so wird man die Lage etwas kritischer betrachten müssen. Gerade bei Prognosen, die die eigene Zukunft betreffen, ist zudem die Gefahr gegeben, daß der jeweilige Experiencer aktiv an der Erfüllung dieser Voraussagen arbeitet. Der Unterschied zu einem ganz gewöhnlichen Ziel, das gesetzt und schließlich verwirklicht wird, verschwindet so.

- Eine Bewahrheitung von Zukunftsvisionen könnte sich allenfalls in ganz speziellen Vorhersagen zeigen, die dann aber nicht persönliche sondern beispielsweise globale Entwicklungen betreffen. Professor Ring zögerte nicht, auch diesem Gedanken ein eigenes Kapitel zu widmen. Die Vorhersagen, die ihm zugetragen wurden, sind ganz unterschiedlich: Sie betreffen den Ausbruch von Vulkanen, Erdbeben, Naturkatastrophen, Hungersnöte und Atomkriege. Einmal ist von einer „Ära der Brüderlichkeit" die Rede und von einem Frieden, der die Welt umspannen wird, dann wieder von einem schwerwiegenden Konflikt. Der Zeitraum, in dem sich die Ereignisse zeigen sollten, waren die 80er Jahre des 20. Jahrhunderts. In den geschilderten Fällen stellte sich das vorhergesagte Ereignis außerdem als ein zwangsläufiges dar, das nicht mehr abgewendet werden kann. Obgleich die Prophezeiungen recht unterschiedlicher Art waren, haben sie dennoch eines gemein: Keine der Vorhersagen hat sich erfüllt.

- Manche Personen berichteten schließlich, sie hätten während ihrer Erfahrung Zugang zu umfassenden Wissen gehabt, könnten nun aber nicht mehr darauf zurückgreifen. Die Möglichkeiten hierzu muß man wohl ganz ähnlich beurteilen wie die Fähigkeit, die Zukunft vorherzusehen. Leider gibt es keine Anhaltspunkte für solche Erfahrungen, denn die besagten Personen geben an, das einsehbare Wissen wieder vergessen zu haben.

Carol Zaleski hat ähnliche Begebenheiten in religiösen Sagen und Erzählungen festgestellt. So sei im jüdischen Umfeld die Legende entstanden, nach der das Ungeborene im Mutterleib die Thora lernt: die biblischen fünf Bücher Mose. Bei der Geburt des Kindes streiche jedoch ein Engel über dessen Mund, und so geraten all die erfahrenen Geheimnisse wieder in Vergessenheit. Wenn dieser Gedanke nun in Nahtoderfahrungen wieder aufkomme, so drücke er vielfach ein gar nicht so fernes Gefühl aus. Zaleski schreibt:

„Vielleicht klingt in diesen Geschichten etwas Vertrautes an, auch bei denjenigen, die mit solchen Vorstellungen niemals konkret in Berührung kamen. Sie erwecken eine Ahnung von vergessenen Wahrheiten, die wir einst als Kind oder im Mutterleib besaßen und die vielleicht in einem Teil unseres Selbst, in einem inneren abgespaltenen Eden noch immer vorhanden ist. Die Vorstellung, daß wir das Wissensgeheimnis unseres Seins vergessen haben, zieht sich durch die gesamte klassische, hellenistische und gnostische Philosophie; sie gehört zu den Upanishaden wie zu den buddhistischen und hinduistischen Schriften oder zur Sufi Poesie; sie ist fast immer Bestandteil der religiösen oder spekulativen Literatur, die von der Notwendigkeit des Wiedererwachens und des Wiederentdeckens verlorenen Wissens spricht."[157]

Bei dieser Gelegenheit sei an den Soldaten *Er* erinnert, von dem der Philosoph Plato erzählt hat. Nach seinem Besuch im Jenseits kommt er in die Ebene des Lethestroms, jenes Flusses, der das Wasser des Vergessens mit sich bringt. Während die anderen Seelen vor ihrer Wiedergeburt ihren Durst damit löschen, wird dies dem Soldaten *Er* verwehrt. So kann er nach seiner Rückkehr von seinem Erlebnis berichten.

Was ist „wirklich"?

Ganz gleich, wie man persönlich zu Nahtoderlebnissen steht, trifft man bei ihrer Bewertung eine grundsätzliche Entscheidung. Es geht dabei um die Frage, welche Erfahrungen als wirklich, verläßlich und gültig erachtet werden, so daß man daraus Erkenntnisse gewinnen kann. Zur Auswahl stehen: das alltägliche Erleben, Träume, NTE, Halluzinationen, bewußte Erinnerungen und Vorstellungen.

In höher entwickelten Kulturen herrscht bekanntlich die Auffassung vor, nur jene Erfahrungen, die mit der beobachtbaren (Außen-)Welt übereinstimmen, seien ein reales Abbild der Wirklichkeit. Diese Auffassung gibt es in primitiven Völkern noch nicht: So muß etwa, wie schon erwähnt, bei den Tscherokesen ein Mann, der geträumt hat, er sei von einer Schlange gebissen worden, sich gleichwohl einer Behandlung unterziehen, wie wenn er tatsächlich verletzt worden wäre.

Die Unterscheidung zwischen alltäglichen, realen Erfahrungen und subjektiven, keine Wirklichkeit beanspruchenden Erlebnissen gilt heute als selbstverständlich. Der Vorzug gilt dabei der ganz „normalen" Erfahrung, und dies nicht zuletzt deshalb, weil man sich im allgemeinen auf diese verlassen kann. Als Folge daraus sind Erlebnisse, die als rein subjektiv gelten, wie etwa Träume, als unbedeutend, wenn nicht gar unerwünscht eingestuft worden.

Würde man zur Wahrnehmungsweise zurückkehren, die den frühen Menschen gekennzeichnet hat und somit alle Arten der Erfahrung gleichberechtigt nebeneinanderstellen, so würde sich eine für uns chaotisch und widersprüchlich erscheinende Welt darbieten. Als Folge daraus würden wir diese Auffassung von Wirklichkeit wohl ablehnen, und das dürfte auch der Grund sein, warum sich unsere Sicht von Wirklichkeit im Laufe der menschlichen Entwicklung durchgesetzt hat. Sie hat sich im Alltag bewährt, weil sie verläßlich und berechenbar ist.

Daß auch die Welt in Wirklichkeit gleichbleibend und verläßlich ist, wird stillschweigend angenommen. Einen sicheren Beweis für diese Annahme gibt es nicht, auch wenn wir zu spüren glauben, daß wir damit richtig liegen. Auf diese grundsätzliche Entscheidung muß hingewiesen werden, auch wenn sie allgemein recht unproblematisch ist.

Beständigkeit als Voraussetzung

Konstanz und Verläßlichkeit bestimmt unser Leben. In der Wissenschaft muß man sich darauf verlassen können, daß ein Experiment, das man gestern durchgeführt hatte, heute die gleichen Ergebnisse bringt. Für persönliche Planungen braucht man die Sicherheit, daß sich die grundlegenden Dinge des Lebens nicht plötzlich verändern: weder die Fähigkeit zu Lesen oder Auto zu fahren, noch die Möglichkeit sich an Vergangenes zu erinnern. So wie bisher auf jede Nacht ein neuer Tag folgte, so nimmt man auch für die Zukunft an, daß die Sonne am Morgen wieder aufgehen wird. Es handelt sich dabei um Dinge, die als selbstverständlich hingenommen werden, weil man es so gewohnt ist.

Sieht man Nahtoderfahrungen als Beweis für ein Leben nach dem Tod, dann legt man ihm ebenfalls eine gewisse Beständigkeit zugrunde. Die Schilderungen der betreffenden Personen legen eine solche Vermutung schließlich nahe. Demnach hat die Seele ihre Heimat gefunden, und man sollte annehmen daß auch die bisherige Färbung des Erlebten verschwindet. Einen Beweis für diese Vermutung werden wir freilich kaum erhalten, so begründet unsere Annahmen auch sein mögen.

An dieser Stelle muß auf den Mathematiker und Philosophen Réne Descartes verwiesen werden. In einer berühmten Schrift hatte er die Verschiedenheit von Körper und Seele dargelegt und dies sogleich als Beweis für die Unsterblichkeit der Seele erachtet. Später mußte er gegenüber seinen Kritikern jedoch zugeben, daß seine Schlußfolgerung voreilig war. In einem Brief an Pater Mersenne schrieb Descartes:

„Wenn Sie sagen, ich hätte die Unsterblichkeit der Seele mit keinem Wort erwähnt, so darf Sie das nicht verwundern. Denn ich wäre gar nicht imstande zu beweisen, daß Gott sie nicht vernichten könne, sondern nur, daß sie eine ganz andere Natur hat als der Körper und daher nicht das natürliche Schicksal hat, mit ihm zu sterben."[158]

Die Überbrückung fehlender Anhaltspunkte durch intuitive, d.h. unmittelbar einleuchtende und vernünftig erscheinende Schlußfolgerungen ist gerade in solchen Fällen verbreitet, die menschliche Grenzsituationen – wie etwa Nahtoderfahrungen – darstellen. Doch ist das Problem mangelnder Argumente und Beweise keineswegs auf existentielle Fragen und Grenzsituationen beschränkt. Auch wissenschaftliche Forschung ruht auf Fundamenten, die letztendlich nicht mehr begründbar sind, sondern einfach intuitiv entschieden werden müssen – jede Kette von Begründungen hat irgendwann ein Ende. Ähnlich trifft dies auf viele Bereiche menschlichen Lebens zu.

Aus diesem Grund sind intuitive Annahmen und Schlußfolgerungen nicht etwa die Ausnahme vom vernünftigen Denken, die möglichst zu vermeiden wäre; vielmehr sind sie die Grundlagen und Begleitung auch vernunftgeleiteter Entscheidungen. Erst mit Hilfe dieser Werkzeuge kann eine ausgewogene Einschätzung der Nahtoderfahrungen erfolgen. Die Wissenschaft kann sich bei dieser Untersuchung auch der Frage eines Lebens nach dem Tod nicht einfach verschließen.

14. Die Bedeutung der Transzendenzerfahrungen

Transzendenzerfahrungen sind so alt wie die Menschheit selbst. Und doch ist es erst eine kurze Zeit her, daß man sich näher mit ihnen beschäftigt hat. Mit etwas Geduld läßt sich ihre Natur erhellen, und mit Überraschung stellt man fest, welch großartigen Einfluß die Erlebnisse in der Welt des Glaubens hinterlassen haben: Den Eindruck einer jenseitigen Wirklichkeit.

Was können diese Erfahrungen für die Zukunft der Religionen bedeuten, und welche Bedeutung haben sie für den einzelnen Menschen? Wie wird sich die Wissenschaft mit diesen Ereignissen abfinden? Eines scheint schon jetzt festzustehen: Von diesen Erfahrungen wird ein neues Signal der Hoffnung ausgehen, eine Botschaft, die den Sinn des Lebens in sich trägt.

Wegweiser in jenseitige Welten

Nahtoderfahrungen sind keine Einzelerlebnisse. Tausende, wenn nicht Millionen von Menschen haben im Lauf der Geschichte ein Erlebnis gemacht, das an Außerordentlichkeit kaum zu übertreffen ist. Ihr Leben hat sich daraufhin verändert, die Angst vor dem Tod ist verschwunden. Doch die Bedeutung der Nahtoderfahrungen übersteigt die individuelle Betroffenheit und muß auch Menschen berühren, die von solchen Begebenheiten nur gehört und gelesen haben.

Die bisherige Untersuchung hat die besagten Erlebnisse als Begegnungen mit einer jenseitigen Wirklichkeit ausgemacht. Mehr als nur deutlich sind die Hinweise auf ein Leben nach dem Tod. Allein diese Hoffnung, um nicht zu sagen: Gewißheit, beruhigt den Menschen, der darauf angelegt scheint, nach dem Sinn seines Daseins zu suchen.

Mit dieser Erleichterung sind freilich nicht alle Fragen gelöst, die sich um die Hoffnung auf ein Weiterleben nach dem Tode sammeln. An erster Stelle steht freilich die Suche nach Hinweisen, wie sich die jenseitige Wirklichkeit im einzelnen offenbaren wird. Einen eindrucksvollen, wenn auch stark persönlich geprägten „Blick nach drüben" erlauben die vielen verfügbaren Schilderungen von Personen mit Nahtoderfahrungen. Aus dem Vergleich der Berichte lassen sich schließlich jene Stationen herauskristallisieren, die an die reale Wirklichkeit der jenseitigen Welt gebunden sind. In diesen übereinstimmend genannten Stationen beantworten sich die drängendsten Fragen des Menschen nach dem Leben jenseits der Schwelle des Todes.

- *Das Weiterbestehen der persönlichen Identität.*

Die Gewißheit, nach dem Tode weiterzuleben ist eine großartige Aussicht. Entscheidend ist jedoch, *wie* sich das neue Dasein gestalten wird. Ein Blick in die Welt des Glaubens zeigt ganz unterschiedliche Erwartungen: Naturverbundene Religionen nehmen den Einzug der Seele in ein Schattenreich an, mythisch geprägte Religionen schwanken zwischen dem Gedanken an eine Wiedergeburt und einem paradiesischen Jenseits. Erst die monotheistischen Bekenntnisse erwarten den Einzug des Menschen in ein himmlisches Gottesreich.

In den heutigen Weltreligionen stehen sich vor allem zwei verschiedene Auffassungen gegenüber: Die Glaubenssysteme des Osten gehen meist vom Ende der menschlichen Persönlichkeit nach dem Tode aus, während die monotheistischen Bekenntnisse seine Fortsetzung im Jenseits betonen. Im Hinduismus glaubt man vielfach, daß sich die Seele des Menschen in seine Einzelteile zerlegt, bevor sie sich für den Eingang in ein neues Lebewesen zusammensetzt. Dieses kann sich zwar nicht mehr an das vorherige Leben erinnern, es bekommt jedoch seine Taten zu spüren. Ähnlich ist es im Buddhismus. Ergibt sich schließlich nach einer langen Kette von Wiedergeburten die Möglichkeit der Erlösung, so geht die Seele ins Nirwana ein, einen Ort der dem Wortsinn nach ein „Erlöschen" bedeutet. Obgleich zwar die Lehre der östlichen Religionen vom Ende der menschlichen Persönlichkeit kündet, so hat sich doch eine Vielzahl davon abweichender Meinungen gebildet. Die grundsätzliche Offenheit der Bekenntnisse für neue Auffassungen bietet dafür die Grundlage.

In den monotheistischen Religionen gilt die Vorstellung, der Mensch ziehe nach seinem Tode in das himmlische Gottesreich ein, jedenfalls dann wenn er ein gutes Leben geführt hat. Egal, ob dieser Eintritt gleich nach dem Sterben geschieht oder erst nach einem Totenschlaf und der Auferweckung von diesem: Die Persönlichkeit des Verstorbenen bleibt gleich. Sein Weiterleben bedeutet in gewisser Weise die Fortsetzung des irdischen Daseins, nun allerdings in einer neuen und wunderbaren Umgebung.

Ein Blick auf die Schilderungen der Nahtoderfahrungen bestätigt insgesamt die Erwartung der monotheistischen Religionen. Die betroffenen Personen sind sich zwar nicht immer sicher, wie ihr „Geistkörper" beschaffen war, und ob es ihn tatsächlich gab. Da sie sich jedoch allesamt an ihr Erlebnis erinnern können, war das Gedächtnis wohl kaum außer Kraft gesetzt. Für eine Fortsetzung der persönlichen Identität spricht auch, daß sich die Experiencer an die Stationen ihres bisherigen Lebens erinnern konnten oder gar mußten, besonders wenn es um die typische Lebensrückschau ging. Der Einzug in jenseitige Welten bedeutet demnach nicht, als Person erst neu geschaffen zu werden, gleich einem unbeschriebenen Blatt. Aus Nahtoderfahrungen geht vielmehr hervor, daß der einzelne Mensch seine unverwechselbare Identität behält.

- *Verstorbene Angehörige und Freunde.*

Gleich nach der Sorge um die Bewahrung der persönlichen Identität steht die Frage nach dem Wiedersehen von Familienmitgliedern, Verwandten und Freunden. Schließlich stellen auch sie einen Teil der persönlichen Erinnerungen, der persönlichen Identität dar. In den monotheistischen Religionen ist dieses Wiedersehen im Familien und Freundeskreis an die Bedingung geknüpft, daß sich nicht eine der betreffenden Personen wegen seinen zeitlebens großen Verfehlungen dem Höllenfeuer übergeben wurde. Aus dieser Einschränkung ergibt sich ein durchaus denkwürdiges Problem: Es könnte auf diese Weise geschehen, daß ein Familienvater nach einem gerechten Leben ins Paradies einkehrt und statt ewiger Freude nichts als Gram und Trauer empfinden muß, weil sein sündiger Sohn unter ewiger Verdammnis leidet.

Die Auskunft der Nahtoderfahrungen ist recht deutlich, was das Wiedersehen mit Menschen aus dem früheren Leben angeht. In ausführlicher Weise unterhalten sich dort Angehörige, die der Tod vorübergehend getrennt hatte. Selbst Personen und Verwandte, die dem ankommenden Experiencer noch unbekannt waren, wurden als solche erkannt.

- *Die Qualität des neuen Lebens.*

Der Himmel, so heißt es manchmal, sei ein langweiliger Ort, an dem die Zeit nicht vergeht. Niemand hat noch Wünsche und irgendwann haben sich auch die glücklichen Bewohner nichts mehr zu sagen. Vorstellungen wie diese haben manchmal Zweifel aufkommen lassen, ob es denn überhaupt möglich sein kann, unbegrenzt in Zufriedenheit und Glück zu leben.

Die Schilderungen der Experiencer sprechen da eine andere Sprache. Freilich hat keine der Personen eine Ewigkeit in der neuen Umgebung verbracht, auch nicht die angetroffenen Angehörigen, die sich über Langeweile beschweren hätten können. Die Eindrücke, die sie aber beschreiben übersteigen das Vorstellungsvermögen eines durchschnittlichen Menschen. Nie gekannte Wahrnehmungsweisen werden beschrieben, die Pracht jenseitiger Landschaften ist mit dem irdischen Gegenstück nicht vergleichbar. In jedem Fall war es – wie Carol Zaleski sagt: eine bewohnbare Welt. Selbst von Antreffen früherer Haustiere wurde berichtet. Man mag einen Teil der Beobachtungen auf die persönliche Prägung der Menschen zurückführen, man mag auch insgesamt daran zweifeln, ob sich das Leben so erdähnlich abspielt, wie es geschildert wurde. Doch an einem grundsätzlichen Eindruck ist nicht zu rütteln: Die betroffenen Personen fühlten sich zuhause, sie waren überzeugt, ihre eigentliche Heimat gefunden zu haben. Sie wollten nicht zurückkehren.

- *Das Reich des Lichtes.*

Die bisherigen Fragen drehten sich mehr oder weniger um egoistische Wünsche und Bedenken. Von der Suche nach Wahrheit war jedenfalls noch nicht die Rede. Folgt man den Beschreibungen der monotheistischen Religionen, dann stellt sich das Jenseits als ein Reich Gottes dar, in welchem die Gerechten ein erfülltes Leben erwartet. Den Höhepunkt dieser Hoffnung stellt die Schau Gottes dar, ein dem gewöhnlichen Menschen schier unmögliches Unterfangen.

Das Lichtwesen, von dem bei Nahtoderfahrungen so oft die Rede ist, scheint die religiöse Suche des Menschen zu erfüllen. So unterschiedlich auch seine Beschreibung sein mag, ist doch die gefühlsmäßige Beziehung der betroffenen Personen unbeschreiblich positiv. Die religiösen Züge, die dem Lichtwesen mitunter verliehen werden, entsprechen ganz offensichtlich den Erwartungen aus dem Umfeld des Experiencers. Die allermeisten Rückkehrer verfallen jedoch nicht einem in missionarischen Eifer für ihr bisheriges Bekenntnis. Statt dessen üben sie sich in vermehrter Toleranz und Offenheit.

Das Lichtwesen hätte in vielfältiger Weise umschrieben werden können, doch scheinen es religiöse Ausdrücke zu sein, die sein Wesen am geeignetsten charakterisieren. Auch von anderen Wesen, von Engeln und Begleitern ist mitunter die Rede, doch deren Rolle ist selbst innerhalb des Glaubens eher nachrangig, und so soll hier auf Spekulationen verzichtet werden, die nach verschiedenen Geistwesen suchen.

Im Rahmen des Glaubens ist die Gewißheit eines Gottes der zentrale religiöse Moment, jedenfalls in den monotheistischen Religionen, wo dieser zugleich Weltenschöpfer, -erhalter, persönlicher Ansprechpartner und Adressat von Gebeten ist. Nach all den vorliegenden Schilderungen scheint es berechtigt, die Erscheinung des Lichtes mit jenem göttlichen Wesen zu vergleichen, das die Grundlage der monotheistischen Religionen ist und auch in den östlichen Bekenntnissen stellenweise Anerkennung findet. Die übereinstimmend geschilderten Eigenschaften des Lichtwesens sprechen darüber hinaus für dessen außergewöhnliche Natur: Personen, die ihm begegnet sind berichten von einem Gefühl der Angenommenheit, der Güte und Barmherzigkeit, von großer Weisheit und Liebe.

Wissenschaft in neuem Licht

Unsere Untersuchung hat zahlreiche Hinweise zutage gefördert, die belegen, daß Transzendenzerfahrungen schon immer ein Begleiter des Menschen waren. Ihr Einfluß auf religiöse Vorstellungen und Jenseitserwartungen wird in vielen Kulturen offenbar. Von Ort zu Ort verschieden war die Akzeptanz, die man außergewöhnlichen Erlebnissen grundsätzlich entgegenbrachte. Im Zuge der aufkommenden Naturwissenschaften und ihrem Erklärungsanspruch wurden jene Begebenheiten schließlich zurückgedrängt. Ihre Erscheinungsweise war nur schwer mit den neuen Vernunftstandards in Einklang zu bringen, denen zufolge es sich bei außergewöhnlichen Erfahrungen nicht um etwas handeln konnte, das sich auf die Wirklichkeit bezieht. Allenfalls im Rahmen religiöser Mystik oder im Volksglauben konnten sie noch auf Anerkennung hoffen.

Die Situation änderte sich trotz und gerade wegen der naturwissenschaftlichen Entwicklungen: In den siebziger Jahren berichteten klinisch tote und später wiederbelebte Personen über Erlebnisse zum Zeitpunkt ihrer kritischen Lage. Nachdem einige von ihnen ein Sprachrohr gefunden hatten und die Berichte öffentlich geworden waren, überwanden auch andere ihre Hemmungen: Mehr und mehr Experiencer berichteten von ihrer eigenen Erfahrung.

Die naturwissenschaftliche Forschung, die anfangs bestrebt war, unerklärliche Erfahrungen als Einbildungen abzutun, hat schließlich selbst dafür gesorgt, daß eben solche Begebenheiten in großer Zahl bekannt wurden. Es war der medizinische Fortschritt, der das Eingreifen an der Schwelle des Todes ermöglicht hat. Letztlich war es nur mehr eine Frage der Zeit bis man auf Nahtod-Erfahrungen stoßen mußte.

Seit diesem Durchbruch sind einige Jahrzehnte vergangen. Mittlerweile haben sich NTE als Begebenheiten erwiesen, die nicht nur vereinzelt eintreffen, sondern vielmehr in großer und vergleichbarer Anzahl berichtet werden. Erklärungen, die auf eine Ursache in der psychischen Verfassung der betreffenden Personen drangen, haben sich damit erübrigt. Auch andere Versuche, eine rein naturwissenschaftliche Begründung zu finden, sind gescheitert. Dafür hat sich die Nah-Todesforschung in einer Vielzahl von Arbeiten bemüht, die Natur der außergewöhnlichen Erlebnisse zu erhellen. Auf dieser Grundlage ist es mittlerweile möglich, einen ungefähren Überblick über die Natur der Nahtoderfahrungen und ihre religiöse Seite zu gewinnen. Die entscheidenden Schlußfolgerungen, die aus der Untersuchung von Nahtoderfahrungen hervorgehen, betreffen zunächst die Entwicklung der Religionen. Diesem Einfluß muß künftig mehr Beachtung geschenkt werden.

Seit dem ausgehenden Mittelalter hat sich das Bild der Wissenschaften verändert. Mit ihrer Fähigkeit, Einblicke in den Aufbau der Materie zu gewinnen und einen Ausblick in die Weiten des Weltraums zu erlangen, hat sich das Vertrauen in die Physik enorm gesteigert. Die Früchte der Forschung, die sich in Medizin und Technik gezeigt haben, haben auch das Leben des einzelnen grundlegend verändert. Am Ende hat sich die Naturwissenschaft den Anspruch gesetzt, alle Erscheinungen der Welt erklären zu können. Übersehen wurde dabei, daß jede Wissenschaft nur innerhalb ihres Faches, und mit ihren jeweiligen Hilfsmitteln arbeiten kann.

Die Beschäftigung mit Fragen, die sich nicht durch Messungen und Experimente entscheiden lassen, war seit jeher die Aufgabe der Philosophie. Ihr Werkzeug ist das Denken, die Vernunft, der Verstand – mit anderen Worten: die Weisheit. So bedeutet auch ihr Name: *philo sophia* im Griechischen nichts anderes als *Liebe zur Weisheit*. Auch wenn die Philosophie durch die aufstrebenden Wissenschaften mehr und mehr zurückgedrängt und mitunter vereinnahmt wurde, so haben sich ihre wahren Freunde dennoch weiterhin um jene Fragen bemüht, die jenseits des direkt Beobachtbaren liegen. So wurde weder die Rätselhaftigkeit des menschlichen Bewußtseins vergessen, noch die Suche nach dem Sinn und Ursprung der Welt aufgegeben.

Mit dem geradezu massenhaften Bekanntwerden von Nahtoderfahrungen ist schließlich auch die Frage nach dem Weiterleben jenseits der Schwelle des Todes wieder ins Bewußtsein der Forscher gerückt. Da sich der Erklärungsrahmen der Naturwissenschaften nach gründlicher Prüfung als zu eng erwiesen hat, kommt diese Aufgabe nunmehr der Philosophie zu, deren Hilfsmittel nicht auf herkömmliche Werkzeuge beschränkt sind. Sie ist es auch, die durch die Beschäftigung mit Nahtod-Erlebnissen neues Ansehen gewinnen könnte, und den Geltungsanspruch der Physik in die Schranken ihres Faches zurückverweisen darf. Ein Wiederaufblühen der philosophischen Tradition würde dem Ansehen der Wissenschaften gewiß guttun.

Religionen in neuem Licht

Im Hinblick auf die religionsgeschichtliche Entwicklung kommt den Nahtoderfahrungen ein erhebliche Bedeutung zu: Sie stellten eine Unterstützung der aufkommenden Seelenvorstellung dar und haben ganz offensichtlich auch die Jenseitsvorstellungen der Menschen geprägt. Ein entscheidender Einfluß kommt den NTE schließlich bei den monotheistischen Religionen zu.

Es ist Mose, dessen Berufungserlebnis im Zusammenhang einer Transzendenz-Erfahrung in neuem Licht erscheint; auf seinem Weg folgen Jesus, Paulus und Mohammed nach. Stets sind es mehrere, ähnliche Faktoren, die sich hier zusammen zu einem ausgeprägten Berufungserlebnis verstärken. Diese Einflüsse fehlen in den Religionen des Ostens zwar offensichtlich. Gleichwohl treten Nahtoderfahrungen hier, wie auch sonst in praktisch allen Gesellschaften und Kulturkreisen auf. Zusammen stellen die historischen Jenseitserlebnisse den Zugang der Religionen zu transzendenten Wirklichkeiten dar.

Während heute vielfach die Tendenz besteht, mystische und außergewöhnliche Schilderungen in religiösen Quellen einer vermeintlich wissenschaftlichen Erklärung zuzuführen, weisen die Erkenntnisse der Nahtodforschung in die entgegengesetzte Richtung: Hinter mancher Begebenheit könnte sich eine transzendente Erfahrung verbergen.

Trotz ihres gewaltigen Einflusses wird man die Geschichte der Religionen nicht zur Geschichte der Nahtoderfahrungen umschreiben müssen. Die Entwicklung des Glaubens und seine Verwirklichung im täglichen Leben läßt sich nicht auf die Erfahrungen relativ weniger Menschen reduzieren. Die Hoffnung und Gewißheit von Heil, die Suche nach einer Wirklichkeit hinter den Erscheinungen der Welt sowie die Erfüllung religiös getragener Gebote waren stets die Grundpfeiler des Glaubens, auch wenn sich die Vorstellung von Gott und jenseitigem Leben am Ende gewandelt haben.

Das Verhältnis von Religion und Wissenschaft war von Anbeginn an mehr oder weniger gespannt. Die ersten Versuche des Menschen, sich über die Dinge der Welt Gewißheit zu verschaffen – und nichts anderes meint Wissenschaft – fanden noch im religiösen Rahmen statt. Meist waren es die Gelehrten eines Glaubens, die in Klöstern, als Priester oder Schamanen ihre Art der Forschung betrieben. Diese reichte von der Beobachtung und Deutung der Sterne bis hin zur Herstellung von Medizin für Kranke. Gerade bei den naturverbundenen Religionen läßt sich noch gut erkennen, daß der Medizinmann auch Zauberer und damit ein Priester ist. Die Arznei, die er verabreicht, wirkt nicht nur durch den Inhaltsstoff, sie wirkt auch in magischer Weise und durch den Glauben an sie.

Im Laufe der Zeit sind immer wieder Menschen aufgetreten, die sich ihre eigenen Gedanken über Mensch und Natur gemacht haben und mitunter Kritik an der damaligen Religion geübten haben. Sie begannen, die überlieferten Sagen und Mythen aus ihrer eigenen Perspektive zu betrachten und so zogen sie manche Aussagen in Zweifel. Jene Menschen, welche die Vernunft in die Mitte ihrer Wissenschaften stellten wurden Philosophen genannt, Freunde der Gelehrsamkeit. Ihr Verhältnis zur Religion war nicht unbedingt von völliger Skepsis, aber doch von einer gewissen Distanziertheit geprägt. Bedeutende Philosophen begegnen uns bei den alten Griechen, wo es zu einer Blüte der Mathematik kam. Noch heute lernen Schüler vom Thaleskreis und vom Satz des Pythagoras. Auch im buddhistischen China gab es bedeutende Mathematiker.

Die heutige Naturwissenschaft ruht auf dem Fundament der frühen Philosophen. Nachdem sich in Europa das Christentum ausgebreitet hatte, waren es meist Glaubensgelehrte, die sich der Wissenschaft widmeten. Die Werke der griechischen Philosophen sind dabei verloren gegangen und fanden erst auf Umwegen wieder nach Mitteleuropa. Als nämlich islamische Eroberer über Nordafrika nach Spanien gelangten, brachten sie auch die Werke der großen Denker mit sich. Im ausgehenden Mittelalter begann man schließlich verstärkt, sich der Natur zu widmen. Man betrachtete sie als den Garten Gottes, den es zu vermessen und zu zählen gelte.

Mit den neuen Methoden und Aufgaben entwickelte sich die Wissenschaft schließlich als eine Tätigkeit, die nicht mehr im Rahmen des Glaubens, sondern unabhängig davon ausgeübt werden konnte. Nun konnte es vorkommen, daß sich Forscher über bestimmte Sachverhalte eine andere Meinung bildeten als die religiösen Gelehrten. Ein bekanntes Beispiel ist der italienische Naturforscher Galileo Galilei, der behauptet hatte, die Erde drehe sich um die Sonne und sei keineswegs der Mittelpunkt der Welt. Am Ende mußte er seine Lehre widerrufen, die Kirche hatte gesiegt.

In den darauffolgenden Jahrhunderten entwickelte sich das Gebäude der Wissenschaften schließlich zu dem, was wir heute kennen. Zahlreiche Einzelfächer widmen sich der Erforschung eines bestimmten Gebietes; aus der ehemals vereinten Wissenschaft, der Philosophie, sind zahlreiche Einzeldisziplinen entstanden. Die größten Erfolge konnte hierbei die Physik für sich verbuchen, weil ihre Arbeit mit konkreten Dingen zu tun hatte und auch nachweisbare Ergebnisse brachte. Sie war in gewisser Hinsicht ein Vorbild für andere Fachbereiche und konnte alleinige Geltung beanspruchen.

Schon weiter oben wurde gezeigt, daß die Naturwissenschaft nicht imstande ist, sämtliche Erscheinungen der Welt zu erklären. So kann die Physik weder mit einer menschlichen Seele, noch mit einem Jenseits, mit Gott oder moralischen Geboten etwas anfangen. Letztendlich bleibt vielen Forschern nur die Möglichkeit, all diese Erscheinungen als Einbildungen oder angeborene Verhaltensweisen abzutun, um nicht zugeben zu müssen, daß eine brauchbare Erklärung den Rahmen der Naturwissenschaft übersteigen würde.

Heute sind es vor allem Philosophen und Theologen, die auf diese Grenzen hinweisen. Ihre Fächer sind ziemlich die einzigen, die sich nach wie vor entschieden gegen den Geltungsanspruch der Naturwissenschaften wehren. In manchen Fragen findet man bei Glaubensvertretern und Philosophen eine grundsätzliche Übereinstimmung:

- Bei der Frage, ob ein bestimmtes Verhalten gut oder schlecht ist, geht es um eine Entscheidung des Gewissens. Es sagt uns, ob es ein bestimmtes Gebot oder eine bestimmte Pflicht gibt, nach der wir handeln müssen. Hier geht es letztlich um Werte, nach denen sich unser Verhalten richtet, oder auch nicht. Erst daraus lassen sich moralische Verpflichtungen und Rechte, wie etwa Menschenrechte, ableiten.

Für die moralische Bewertung von Handlungen gibt es freilich kein nachweisbares Organ, so daß man annehmen muß, solche Gebote und Werte ließen sich in irgendeiner Weise erahnend erkennen. Ähnlich ist es mit dem Sinn für Schönes. Kunstwerke, Musik und literarische Werke erhalten so einen Wert, der mehr ist als nur der persönliche Geschmack eines Menschen.

- Eine intuitive, also erahnende Kenntnis könnte der Mensch auch von Dingen haben, die nichts mit Werten zu tun haben: Etwa von der Existenz eines Gottes oder des Jenseits. Schon früh wurde diese Vermutung als Argument für Gottesbeweise herangezogen. Der Umstand, daß sich in allen Völkern der Glaube an einen Gott zeige, so hieß es damals, lege doch nahe, daß ein solcher tatsächlich existiere. Sollte also unser Gewissen in der Lage sein, mehr zu erkennen, zu erahnen als nur den moralischen Wert einer bestimmten Handlung?

  Die Frage nach der Existenz Gottes und einem möglichen Weiterleben des Menschen nach dem Tod wird jedenfalls in Theologie und Philosophie gleichermaßen ernstgenommen. Während sich der Glauben vor allem auf die Hoffnung stützt, die aus den heiligen Schriften hervorgeht, versucht der Philosoph nach anderen Begründungen zu suchen. So hat etwa Immanuel Kant, einer der berühmtesten deutschen Denker, darauf verwiesen, daß moralische Pflichten nicht einfach so für sich bestehen. Sie müßten vielmehr einen Sinn und eine Bedeutung haben, die aus der irdischen Welt hinausführen.

- Auch die Frage nach der menschlichen Seele, mag man sie nun Geist, Bewußtsein oder anders nennen, eint Philosophen und Glaubensgelehrte. Wie sonst wären Gefühle und Gewissensentscheidungen möglich, wie sonst sollte sich der Wert eines Kunstwerks erfahren oder die Hoffnung auf jenseitige Wirklichkeiten begründen lassen.

Ein Blick in die Geschichte des Glaubens zeigt, daß die einzelnen Ausformungen der religiösen und moralischen Lehren ganz unterschiedlich erfolgt ist. Auf den ersten Blick scheint es daher verfehlt, von einem Gewissen zu sprechen, das zur Erkenntnis von Werten und vielleicht noch weiteren Dingen in der Lage war. Wie sonst hätten sich so unterschiedliche Ausprägungen von Moral und Religion ergeben können.

Bei näherer Betrachtungen zeigen sich jedoch eine Reihe von Gemeinsamkeiten in den sonst so verschiedenen Glaubensbekenntnissen: In den grundlegenden Verhaltensregeln stimmen praktisch alle Religionen überein: Mord, Diebstahl, Eigensucht, Habgier, Lüge und Haß sind überall geächtet, während hingegen Frömmigkeit, Barmherzigkeit, Güte, Gerechtigkeit und Liebe allgemein anerkannt sind. Auch die Suche nach einem Heil jenseits dieser Welt vereint die Hoffnung der Religionen. Unterschiedlich sind aber die Symbole und Zeichen, die Schriften und Überlieferungen, die diese Inhalte dem gläubigen Menschen vermitteln. In gewisser Weise ist die kulturelle Ausformung der Religionen mit der persönlichen Prägung der Transzendenzerfahrungen vergleichbar.

Mit transzendenten Erfahrungen, mit Jenseitserlebnissen ebenso wie den Erkenntnissen des Gewissens, haben die die Religionen eine Verbindung zu Wirklichkeiten jenseits der wahrnehmbaren Welt. Ihre Berührung stellt so das Fundament des Glaubens und der menschlichen Hoffnung auf Heil dar.

Mit dieser ist freilich die Außerordentlichkeit und der Geltungsanspruch der einzelnen Glaubensgemeinschaften in Frage gestellt: Liegt nämlich allen Religionen eine gleichberechtigte Wirklichkeit zugrunde, so müssen ihre jeweiligen Unterschiede auf Dingen beruhen, die in weltlichen Dingen, in Tradition und Brauchtum liegen. Diese Deutung steht jedoch einem wörtlichem Verständnis der heiligen Schriften entgegen und dürfte vor allem bei den monotheistischen Religionen auf Ablehnung stoßen.

Dem Wahrheitsanspruch der Religionen steht heute der Geltungsanspruch der Naturwissenschaften gegenüber. Sie erklären die Berufungserfahrungen der Glaubensstifter als Einbildungen, die religiösen Empfindungen der Menschen als unrealistische und trügerische Hoffnungen. Die heiligen Schriften werden als reine Erfindung ohne jeden Bezug zur Realität erachtet.

Die Erforschung der Transzendenzerfahrungen und ihres Einflusses zeichnet hier ein anderes Bild:

- Ein Zugang der Religionen und der Menschen zu jenseitigen Wirklichkeiten zeigt sich in allen Kulturen und Völkern. Die Hoffnungen und Erfahrungen der Menschen finden sich in den Überlieferungen des Glaubens wieder, in heiligen Schriften und Sagen.

- Die Erwartungen und Gewißheiten, die die Menschen berühren, finden ihren Ausdruck in den Mythen und Sagen der Religionen, und in den Symbolen, die dafür verwendet werden. Entscheidend ist nicht unbedingt, ob sich eine Erzählung tatsächlich so zugetragen hat, wie es die Worte der Überlieferung sagen. Wichtig sind vielmehr der Inhalt und die Bedeutung, die dadurch ausgedrückt und manchmal nacherlebt werden sollen.

- In allen Religionen hat es wohl Erlebnisse gegeben, wie sie die Berufungserfahrungen der drei monotheistischen Religionsstifter sind. Doch war es Mose, der der Welt des Glaubens ein neues Gesicht gegeben hat. Seine Erfahrung wird von Jesus, Paulus und Mohammed bestätigt und ähnliche Tendenzen finden sich auch in den Religionen des Ostens.

Eindrucksvoll schildern die heiligen Schriften das Leben von Menschen, Propheten und Gottheiten. Sie geben Antworten auf die drängenden Fragen, die sich den Völker seit Anbeginn der Zeiten stellen: Woher kommen wir? Wohin gehen wir? Wer sind wir? Worauf dürfen wir hoffen?

In Sagen und Mythen werden die Gewißheiten und Hoffnungen der Menschen deutlich. Sie werden getragen von außergewöhnlichen Begebenheiten, ebenso von alltäglicher Erfahrung und der Suche nach Sinn. Die Worte, die sich in den Schriften niederschlagen, vermitteln die Begegnung mit jenseitigen Wirklichkeiten, sie sind von daher keine Augenzeugenberichte. Die kulturelle Prägung des Glaubens ist eine Tatsache, die die Religionen im ehrlichen Umgang mit der Wissenschaft einräumen müssen.

Im Gegenzug ist es Zeit, Abschied von der rein naturwissenschaftlichen Deutung der Welt zu nehmen. Forscher, die sich auch als Philosophen, als Freunde der Weisheit verstehen, werden Religionen nicht einfach als gesellschaftliche Erscheinung abtun. Die Bilder, die sie vermitteln zeugen von einer Begegnung mit Wirklichkeiten jenseits der täglichen Wahrnehmung, sie vermitteln Hoffnung und Sinn.

Auch mit Nahtoderfahrungen verliert der Tod nicht seinen Schrecken. Nach wie vor werden ihm die meisten Menschen mit Furcht und Abscheu begegnen. Die Gewißheit, daß das Leben damit nicht zuende ist, sondern eine erfüllte Fortsetzung findet, hat in heutiger Zeit jedoch die Erlebnisse an der Schwelle des Todes wiederbelebt. Bei ihrem Verständnis dürfen auch religiöse Vorstellungen und philosophische Überlegungen miteinbezogen werden. Erst in diesem größeren Zusammenhang kann die persönliche Bedeutung jener Erfahrungen ermessen werden, die ein alter und treuer Begleiter des Menschen sind, und doch erst vor kurzem entdeckt wurden.

15. Glossar

Weil Darstellungen über Nahtoderfahrungen meist die Gebiete mehrere Wissenschaften berühren, finden sich dort auch Ausdrücke der jeweiligen Fachbereiche. Die wichtigsten von ihnen sind nachfolgend aufgeführt.

Agnostiker	Person, welche die Möglichkeit einer rationalen oder erfahrbaren Erkenntnis von Gott oder Übersinnlichem ablehnt
Anästhesie	Betäubung durch Narkosemittel
apokryphe Schriften	Texte, die nicht in das Schriftgut einer Glaubensgemeinschaft aufgenommen wurden
Autoskopie-Erlebnis	Erfahrung, außerhalb des Körpers zu sein
Dualismus	Annahme zweier voneinander verschiedener Objekte (hier: Körper-Geist)
EEG (Elektro-Enzephalogramm)	Aufzeichnung von Gehirnströmen
endogen	körpereigen
Evolution (stheorie)	(Annahmen über) die Entwicklung der Tier- und Pflanzenarten, wie auch des Menschen
Henotheismus	Glaube an wenige Gottheiten
indigen	eingeboren
intuitiv	unmittelbar erahnend oder begreifend, ohne vorherige Denk- und Begründungsakte
kanonische Schriften	Texte, die zur gemeinsamen Schriftengrundlage einer Glaubensgemeinschaft gehören
metaphysisch	hinter den beobachtbaren und unmittelbar erfahrbaren Dingen stehend

Monotheismus	Eingottglaube
Mysterien	Rituelle Gottesdienste, nur eingeweihten Teilnehmern zugänglich
mythisch	sagenhaft, aus Dichtung entstanden
mystisch	geheimnisvoll
Neurobiologie	Wissenschaft über die Struktur des Nervensystems
Neurophysiologie	Spezielle Wissenschaft vom Nervensystem
Neurophysiologische Korrelate	die das NTE begleitende Gehirnaktivität
Neurotransmitter	Botenstoff für die Reizübertragung im Gehirn
objektiv	real vorhanden, existiert unabhängig von einer Person in der Wirklichkeit; (Gegensatz: subjektiv)
Opiate	Drogen mit betäubender Wirkung
originär	ursprünglich
paranormal/parapsychologisch	neben dem gewohnt Normalen bestehend, aber über die übliche Sinneswahrnehmung hinausgehend
Phänomene/Phänomenologie	Erscheinungen/Erscheinungsbild
Philosophie	„Liebe zur Weisheit". Wissenschaft, die sich mit grundsätzlichen Fragen befaßt
Physik	Wissenschaft vom Aufbau der Körper (d.h. der materiellen Welt)
Polytheismus	Glaube an viele Gottheiten
Psyche, psychisch	Geist, Seele, Bewußtsein in der Fachsprache der Psychologie
Reinkarnation	Wiedergeburt
Rezeptor	Organ oder Teil, das für bestimmte Reize empfindlich ist

subjektiv	an ein Subjekt, d.h. an eine Person gebunden und nur in deren persönlichen Erleben vorhanden (Gegensatz: objektiv)
Sufi	islamischer Mystiker, weltabgewandt
Synoptiker	Evangelisten mit sehr hoher Textähnlichkeit (Matthäus, Markus, Lukas)
Terminologie	Wort- bzw. Begriffsbildung
Thanatologie	Tod- und Sterbeforschung
Theologe, Theologie	Glaubenslehrer, Glaubenslehre, meist mit wissenschaftlichem Anspruch
Tod, biologischer	(=Hirntod) endgültiger Tod, irreversibel, d.h. unumkehrbar
Tod, klinischer	tritt bei Herz- und Atemstillstand ein und geht nach einer gewissen Zeit in den biologischen Tod über
Transzendenz	das Alltägliche übersteigende Wirklichkeit
transzendent	die Grenzen des Alltag übersteigend
Typologie	Bildung bestimmter Klassen bzw. Arten einer Erscheinung
Variable	ausfüllbarer Platzhalter

16. Abkürzungsverzeichnis und weitere Informationen

OBE (Out-of-Body Experience): Außerkörperlichkeitserfahrung/Autoskopieerlebnis
NDE (Near-Death Experience): z.T. schon eingedeutschter Ausdruck für NTE
NTE: Nahtoderfahrung/Nahtoderlebnis
JNDS Journal for Near-Death Studies
VS Vital Signs

Vital Signs und *Journal for Near Death Studies* werden von der *International Association for Near-Death Studies* (IANDS) herausgegeben.

Personen, die sich weiter mit Nahtoderfahrungen beschäftigen wollen, können sich direkt an IANDS wenden. Dort gibt es weitere Informationen und Literaturverzeichnisse. Die Anschrift lautet:

> International Association for Near-Death-Studies
> P.O.-Box 502
> East Windsor Hill
> CT 06028-0502
> USA
> Telefon: (001) 860 882-1211

IANDS versucht seit längerer Zeit, eigene Gruppen in anderen Ländern aufzubauen. Ihre Internet-Homepage ist erreichbar unter: http://iands.org

Zusätzliche Informationen zu Transzendenzerfahrungen in deutscher Sprache findet man unter: http://www.nahtod.de

17. Literaturhinweise

1. Allgemeine Literatur

Abanes, Richard. *Journey into the light: Exploring near-death experiences.* Grand Rapids, 1996.

Atwater, P.M.H. *Beyond the light.* New York, NY, 1994.

Bachl, Gottfried. *Die Zukunft nach dem Tod.* Freiburg [u.a], 1985.

Bailey, Lee W. und Jenny Yates. *The Near-Death Experience: A Reader.* New York [u.a.], 1996.

Bakkensen, Helen R. *The Making of a Mystic.* Salem, OR, 1992.

Becker, Carl B. *Paranormal Experience and Survival of Death.* Albany, NY, 1993.

Burke, Mary Carol. *Near-Death-Experiences.* Forschungsarbeit zur Erlangung des Degree of Master of Arts in Interdisciplinary Studies an der Universität in Dallas/Texas, 1994.

Descartes, René. *Meditationen über die Erste Philosophie.* Übs. Gerhardt Schmidt (Hg.). Stuttgart, 1991.

Die Welt des Unerklärlichen. Rastatt, 1994.

Eadie, Betty with Curtis Taylor. *Embraced by the Light.* New York [u.a.], 1994.

Eiff, August Wilhelm von. *„Tod und Sterben: Aspekte der Medizin".* Sterben Tod und Auferstehung: Ein interdisziplinäres Gespräch. Hg. Peter Hünermann. Düsseldorf, 1984, 28-44.

Elsaesser Valarino, Evelyn. *Erfahrungen an der Schwelle des Todes: Wissenschaftler äußern sich zur Nahtodeserfahrung.* Genf [u.a.], 1995.

Gallup, George Jr. und William Proctor. *Begegnungen mit der Unsterblichkeit: Erlebnisse im Grenzbereich zwischen Leben und Tod.* Übs. Wolfgang Crass. Augsburg, 1995.

Gibson, Arvin S. *Echoes From Eternity.* Bountiful, UT, 1993.

Glasenapp, Helmuth von. *Glaube und Ritus der Hochreligionen in vergleichender Übersicht.* Frankfurt a. M. [u.a.], 1960.

Glasenapp, Helmuth von. *Die fünf Weltreligionen: Brahmanismus, Buddhismus, chinesischer Universismus, Christentum, Islam.* München, 1989.

Gómez-Jeria, Juan S. *„A Near-Death Experience Among the Mapuche People"*, JNDS 11 (4) (Summer 1993): 219-222.

Grip, Göran. *Everything Exists*. Übs. Göran Grip. Stockholm, 1994.

Gruhl, Herbert, Hg. *„Glücklich werden die sein.....: Zeugnisse ökologischer Weltsicht aus vier Jahrtausenden."* Düsseldorf, 1984.

Guggenheim, Bill und Guggenheim Judy. *Hello From Heaven! A new field of research confirms that life and love are eternal.* Longwood, FL, 1995.

Hierzenberger, Gottfried. *Erkundungen des Jenseits: Der Blick auf die andere Seite der Wirklichkeit.* Wien [u.a.], 1988.

Hoffmann, Arthur. *„Das Leib-Seele-Problem: Die Sterbeerfahrung als möglicher Beitrag zur Bewältigung des Leib-Seele-Problems".* Evangelium und Wissenschaft, Beiheft 2 (Dezember 1987): 32-41.

Hoheisel, Karl. *„Tod und Jenseits im außerbiblischen Judentum des Orients".* Tod und Jenseits im Glauben der Völker. Hg. Hans-Joachim Klimkeit. Wiesbaden, 1978: [97-109.

Kaldewey, Rüdiger und Franz W. Niehl (Hg.). *Möchten Sie unsterblich sein? Ein Lesebuch.* München, 1992.

Kieffer, Gene (Hg.). *Kundalini for the New Age: Selected Writings by Gopi Krishna.* New York, NY [u.a.], 1988.

Klimkeit, Hans-Joachim. *„Der iranische Auferstehungsglaube".* Tod und Jenseits im Glauben der Völker. Hg. Hans-Joachim Klimkeit. Wiesbaden, 1978: 62-76.

Krabbe, Roland. *„Auferstehung: Und was dann?".* Weltbild 8 (29.März 1996): 10-12.

Kübler-Ross, Elisabeth. *Interviews mit Sterbenden.* 5.Aufl. Stuttgart [u.a.], 1976.

Kübler-Ross, Elisabeth. *Verstehen was Sterbende sagen wollen: Einführung in ihre symbolische Sprache.* 3.Aufl. Stuttgart, 1990.

Kübler-Ross, Elisabeth. *Über den Tod und das Leben danach.* 16. Aufl. Neuwied, 1994.

Küng, Hans. *Ewiges Leben?* München, 1982.

Kurtz, Paul *„Neospiritualismus, Religion und das Paranormale".* Übs. Fabian Lischka. Skeptiker 9 (3) (1996): 80-87.

Kutschera, Franz von. *Grundfragen der Erkenntnistheorie.* Berlin [u.a.], 1981.

Kutschera, Franz von. *Vernunft und Glaube.* Berlin [u.a.], 1991.

Kutschera, Franz von. *Die falsche Objektivität.* Berlin [u.a.], 1993.

Leighton, Sally M. *„God and the God-Image: An Extended Reflection".* JNDS 9 (4) (Summer 1991): 233-246.

Loerzer, Sven und Monika Berger. *Berichte aus dem Jenseits: Vom Leben nach dem Tod.* Augsburg, 1990.

Löw, Reinhard. *Die neuen Gottesbeweise.* Augsburg, 1994.

Lorimer, David. *Die Ethik der Nahtoderfahrungen.* Übs. Christian Stahlhut. Frankfurt a. M. [u.a.], 1993.

Lundahl, Craig R. und Harald A. Widdison. The Eternal Journey, New York, 1997.

Luciani, Vincent. *Life After Life-After-Life,* JNDS 11 (3) (Spring 1993): 137-148.

Mann, Ulrich. *Einführung in die Religionsphilosophie.* Darmstadt, 1970.

Meisig, Konrad. *„Hinduistische Vorstellungen vom Leben nach dem Tode".* Weiterleben – nach dem Tode? Die Antwort der Weltreligionen. Hg. Adel Th. Khoury und Peter Hünermann. Freiburg i. Breisgau [u.a.], 1985: 10-60.

Moody, Raymond A. *Life after life: The investigation of a phenomenon – survival of bodily death.* 19.Auflage. New York, 1977.

Moody, Raymond A. *Leben nach dem Tod: Die Erforschung einer unerklärlichen Erfahrung.* Übs. Hermann Gieselbusch und Lieselotte Mietzner. Reinbek b. Hamburg, 1989a.

Moody, Raymond A. *Nachgedanken über das Leben nach dem Tod.* Übs. Hermann Gieselbusch. Reinbek b. Hamburg, 1977.

Moody, Raymond A. mit Paul Perry. *Das Licht von drüben: Neue Fragen und Antworten.* 2.Aufl. Reinbek b. Hamburg, 1989b.

Moraldi, Luigi. *Nach dem Tode.* Übs. Martin Haag. Zürich [u.a.], 1987.

Morse, Melvin und Paul Perry. *Verwandelt vom Licht. Über die transformierende Wirkung von Nahtoderfahrungen.* Übs. Barbara Hörmann. München, 1994.

Mühlbauer, Josef. *Jenseits des Sterbens: Die Forschung und die Ewigkeit.* 11.Aufl. Bonn, 1989.

Murphet, Howard. *Jenseitswelten und Jenseitsleben.* Übs. Rosemarie Breyer. München: [1991.

Nagel, Tilman: *„Das Leben nach dem Tod in islamischer Sicht".* Tod und Jenseits im Glauben der Völker. Hg. Hans-Joachim Klimkeit. Wiesbaden, 1988, 130-144.

Nahtoderfahrungen: Rückkehr zum Leben. Flensburg, 1995.

Nuland, Sherwin B. *Wie wir sterben: Ein Ende in Würde.* Übs. Enrico Heinemann und Bernhard Tiffert. München, 1996.

Osis, Karlis und Erlendur Haraldsson. *Der Tod – ein neuer Anfang.* Übs. Wolfgang Harlacher. Freiburg i. Breisgau, 1978.

Ozols, Jakob. „*Über die Jenseitsvorstellungen des vorgeschichtlichen Menschen*". Tod und Jenseits im Glauben der Völker. Hg. Hans-Joachim Klimkeit. Wiesbaden, [1978: 14-39.

Paturi, Felix R. *Phänomene des Übersinnlichen.* Stuttgart, 1992.

Perry, Michael. *Gods Within: A Critical Guide to the New Age.* London, 1992.

Plöger, Otto. „*Tod und Jenseits im Alten Testament*". Tod und Jenseits im Glauben der Völker. Hg. Hans-Joachim Klimkeit. Wiesbaden, 1978.

Price, Jan. *The Other Side of Death.* New York [u.a.], 1996.

Randle, Kevin. *To Touch The Light.* New York, NY, 1994.

Rhodes, Leon S. *Tunnel to Eternity: Swedenborgians look beyond the Near Death Experience.* Bryn Athyn: 1996.

Ring, Kenneth. *Den Tod erfahren – das Leben gewinnen: Erkenntnisse und Erfahrungen von Menschen, die an der Schwelle zum Tod gestanden und überlebt haben.* Übs. Charlotte Franke. Bern [u.a.], 1984.

Ritchie, George mit Elizabeth Sherill. *Rückkehr von Morgen.* 26. Aufl. Marburg, 1978.

Rogers, Sandra. *Lessons from the Light: Insights from a Journey to the Other Side.* Atlanta, GA, 1995.

Sagaster, Klaus. „*Grundgedanken des tibetischen Totenbuchs*". Tod und Jenseits im Glauben der Völker. Hg. Hans-Joachim Klimkeit, Wiesbaden, 1978: 175-189.

San Filippo, David. *Religious Interpretations of Near-Death Experiences.* Doctroral Candidacy Essay. Orlando, FL: 1993.

Schimmel, Marianne. *Der Islam: Eine Einführung.* Stuttgart, 1991.

Schreiner, Peter. *Begegnung mit dem Hinduismus: Eine Einführung.* Freiburg i. Breisgau [u.a.], 1984.

Schröter-Kunhardt, Michael. „*Erfahrungen Sterbender während des klinischen Todes: Eine Brücke zwischen Medizin und Religion*". Z. Allg. Med. 66 (1990): 1014-[1021.

Schröter-Kunhardt, Michael. „*Nahtoderfahrungen: Oder: Ein neues anthropologisches Paradigma.*" TW Neurologie Psychiatrie 6 (Oktober 1992): 621-622.

Schröter-Kunhardt, Michael. „*A Review of Near Death Experiences*". Journal of Scientific Exploration 7 (3) (1993b): 219-239.

Schröter-Kunhardt, Michael. „*Mögliche neurophysiologische Korrelate des NDE*". Welten des Bewußtseins. Hg. Adolf Dittrich. Berlin: VWB, 1993c.

Schröter-Kunhardt, Michael. „*Reinkarnationsglaube und Reinkarnationstherapie: transpersonale Fiktion*". Transpersonale Psychologie und Psychotherapie 2 (1) (1996): 67-83.

Schützinger, Heinrich. „*Tod und ewiges Leben im Glauben des Alten Zweistromlandes*". Hg. Hans-Joachim Klimkeit. Wiesbaden,1978: 48-61.

Schwarz, Hans. „*Interpretationen von Sterbeerfahrungen aus theologischer Sicht*". Evangelium und Wissenschaft, Beiheft 2 (Dezember 1987): 42-48, 51.

Siegel, Ronald K. „*The Psychology of Life Ater Death*". The Near-Death Experience: Problems, Prospects, Perspectives. Hg. Bruce Greyson und Charles P. Flynn. Springfield, IL, 1984: 77-120.

Shibayama. *Zu den Quellen des ZEN: Das Standardwerk der Zen Literatur.* Übs. Margret Meilwes. Bern [u.a.], 1988.

Spittler, Johann Friedrich. „*Hirntod – Tod des Menschen*". Spektrum der Wissenschaft (Dezember 1995): 108-110.

Spreng, Manfred. „*Ein Beitrag der Hirnphysiologie zum Verständnis der Todesgrenzerlebnisse*". Evangelium und Wissenschaft, Beiheft 2 (Dezember 1987): 9-51.

Steiger, Brad und Sherry Hansen Steiger. *Children of the Light: The Startling and Inspiring Truth About Children's Near-Death Experiences and How They Illume the Beyond.* New York, NY [u.a.], 1995.

Steinmetz, Dov. „*Mose's 'Revelation' on Mount Horeb as a Near-Death Experience*" JNDS 11 (4) (Summer 1993): 199-203.

Sutherland, Cherie. *Reborn in the Light: Life After Near-Death Experiences.* New York, NY [u.a.], 1995.

Thiel, Josef Franz. „*Tod und Jenseitsglaube in Bantu-Afrika*". Tod und Jenseits im Glauben der Völker. Hg. Hans-Joachim Klimkeit, Wiesbaden, 1978: 40-47.

Tiberi, Emilio. „*Extrasomatic Emotions*". JNDS 11 (3) (Spring 1993): 149-170.

Tiberi, Emilio. „*Hedonic Deactivation: A New Human Value for an Advanced Society*". JNDS 15 (1) (Fall 1996): 55-69.

Twemlow, Stuart W. „*Misidentified Flying Objects? An Integrated Psychodynamic Perspective on Near-Death Experiences and UFO Abductions*". JNDS 12 (4) (Summer 1994): 205-233.

Van Dam, Willem C. *Tote sterben nicht: Erfahrungsberichte zwischen Leben und Tod.* Übs. E. van Dam, Peters. Augsburg, 1995.

Vincent, Ken R. „*Visions of God from the Near-Death Experience*". Burdet, NY, 1994.

Vogel, Claus. *„Tod und Jenseits nach der Lehre des Buddha"*. Tod und Jenseits im Glauben der Völker. Hg. Hans-Joachim Klimkeit, Wiesbaden, 1978: 145-157.

Wheeler, David R. *Reise ins Jenseits: Erlebnisse und Erfahrungen in der anderen Welt.* Übs. Günter Hehemann. München, 1982.

When Ego Dies: A Compilation of Near-Death & Mystical Conversion Experiences. Houston, TX, 1996.

Wintek, John C. *A Precious Encounter on the Other Side.* Buffalo, KY.

Wren-Lewis, John. *„Near-Death Experiences: Life after Death – or Eternity Now?"*. Modern Believing 35 (2) (1994): 3-10.

Zaleski, Carol. *Nahtoderlebnisse und Jenseitsvisionen vom Mittelalter bis zur Gegenwart.* Übs. Ilse Davis Schauer. Frankfurt a. M. [u.a.], 1993.

Zimmerli, Walther Ch. und Stefan Wolf (Hg.). *Künstliche Intelligenz: Philosophische Probleme.* Stuttgart, 1994.

Zimmermann, Heinrich. *„Tod und Auferstehung im neutestamentlichen Frühchristentum"*. Tod und Jenseits im Glauben der Völker. Hg. Hans-Joachim Klimkeit. Wiesbaden, 1978: 86-96.

Wertvolle Hinweise zu speziellen Fragen der Nahtoderfahrungen finden sich in den Monats- und Vierteljahresheften der IANDS, *Vital Signs* und *Journal for Near-Death Studies* sowie in einigen Fachzeitschriften. Wegen ihrer Vielzahl können die fraglichen Artikel an dieser Stelle nur in einigen Fällen aufgeführt werden.

2. Religiöse Quellen

Die Apokryphen: Verborgene Bücher der Bibel, Augsburg.

Bhagavadgita: Gesang des Erhabenen. Übs. Swami Prabhavananda. Freiburg i. Breisgau, 1984.

Das Buch Mormon. Übs. John Taylor und G. Parker Dykes. 20. unveränderte Aufl. Kirche Jesu Christi der Heiligen der letzten Tage.

Die Bibel. Aus dem Grundtext übersetzt: Revidierte Elberfelder Bibel. Wuppertal, [1987.

Die Edda: Göttersagen, Heldensagen und Spruchweisheiten der Germanen. Übs. Karl Simrock. Wiesbaden, 1987.

Der Koran. Übs. Max Henning. Stuttgart, 1987.

18. Fußnoten und Anmerkungen

[1] zit. nach Kaldewey, 1992, 145.
[2] Der Originaltitel hieß: *Life after Life: The investigation of a phenomenon – survival of bodily death*, Mockingbird Books: Covington, Georgia, 1975.
[3] Moody, 1989a, 27-29 – Der Text ist auch im Original kursiv.
[4] Morse/Perry, 1994, 85-86.
[5] a.a.O., 82-85.
[6] a.a.O., 166-167.
[7] a.a.O., 169-172.
[8] a.a.O., 14.
[9] a.a.O., 114.
[10] zit.n. Ring, 1984, 94.
[11] a.a.O., 131.
[12] Moody, 1989b, 182.
[13] Wintek, 48.
[14] vgl. Abanes, 1996, 87-97.
[15] International Association for Near-Death-Studies, P.O.-Box 502, East Windsor Hill, CT 06028, USA.
[16] vgl. Kübler Ross: *Interviews mit Sterbenden*, 1976 sowie *Verstehen was Sterbende sagen wollen*, 1990.
[17] zit. n. Zaleski, 1993, 165 – vgl. hierzu auch Ring, 1984, 243-257.
[18] *Nahtoderfahrungen: Rückkehr zum Leben*, 1995, 99.
[19] Moody 1989a, 42-42.
[20] in: *Nahtoderfahrungen: Rückkehr zum Leben*, 1995, 80.
[21] in: *When Ego Dies*, 1996, 110.– Die hier wie an anderer Stelle zitierte englischsprachige Literatur wurde wie die Berichte betroffener Personen vom Autor ins Deutsche übertragen.
[22] in: *When Ego Dies*, 1996, 134.
[23] in: *When Ego Dies*, 1996, 76.
[24] Grip, 1994, 5-6.
[25] in: *Nahtoderfahrungen: Rückkehr zum Leben, 1995, 10-11.*
[26] a.a.O., 101.
[27] in *When Ego Dies*, 1996, 142.
[28] Der Name setzt sich zusammen aus „mapu" = Land und „che" = Volk.
[29] vgl.Gómez-Jeria, 1993, 219-222.
[30] in *The other side of death*, 1996, 51.
[31] in *When Ego Dies*, 1996, 35.
[32] in: *Embraced by the Light*, 1994, 30-31.
[33] in: *The Dazzling Dark*, 1995, 41.
[34] in: *When Ego Dies*, 1996, 122-123.
[35] in: *Nahtoderfahrungen: Rückkehr zum Leben*, 1995, 80.
[36] a.a.O., 12.
[37] in: When Ego Dies, 1996, 54-55.
[38] in: *Journal for Near-Death Studies*, 1993, 138.

[39] in: *Nahtoderfahrungen: Rückkehr zum Leben*, 1995, 140-141.
[40] Atwater, 1995, 36.
[41] a.a.O.33-34.
[42] in: *Nahtoderfahrungen: Rückkehr zum Leben*, 1995, 15-16.
[43] Grip, 1994, 7.
[44] in *When Ego Dies*, 1996, 22.
[45] a.a.O., 142.
[46] in: *Nahtoderfahrungen: Rückkehr zum Leben*, 1995, 101-102.
[47] Eadie, 1994, 42.
[48] in: *Journal for Near-Death Studies*, 1991, 236.
[49] in: *When Ego Dies*, 1996, 111-112.
[50] a.a.O., 95.
[51] a.a.O., 124.
[52] in: *Journal for Near-Death Studies*, 1993, 138.
[53] in: *When Ego Dies*, 1996, 130.
[54] a.a.O.,28.
[55] Grip, 1994, 7-8.
[56] in: *Nahtoderfahrungen: Rückkehr zum Leben*, 1995, 102.
[57] *Journal for Near-Death Studies*, 1993, 138.
[58] Rogers, 1995, 1-2.
[59] in: *Nahtoderfahrungen: Rückkehr zum Leben*, 1995, 13.
[60] Wintek, 48.
[61] in: *Nahtoderfahrungen: Rückkehr zum Leben*, 1995, 102.
[62] in: When Ego Dies, 1996, 35.
[63] a.a.O., 134.
[64] in: *Nahtoderfahrungen: Rückkehr zum Leben*, 1995, 88.
[65] a.a.O., 16.
[66] a.a.O., 83.
[67] in: *When Ego Dies*, 1996, 132.
[68] a.a.O., 132.
[69] Perry, 1992, 94.
[70] Ozols, 1978, 15.
[71] Eliade, Schamanismus, 55ff, zit. n. Zaleski, 1993, 22.
[72] Ozols, 15.
[73] a.a.O., 17-18.
[74] vgl. Loerzer/Berger, 1990, 78.
[75] a.a.O., 86.
[76] a.a.O., 95.
[77] zit.n. Meisig, 1978, 22.
[78] a.a.O., 49.
[79] a.a.O., 52.
[80] Bhagavadgita, 1984, 112.
[81] aus dem Dighanikaya – zit.n.Vogel, 1978, 154.
[82] a.a.O., 151.
[83] vgl. Loerzer/Berger, 1990, 135-138.
[84] übersetzt bedeutet *bardo thrödol* etwa „die große Erlösung durch Hören im Zwischenzustand", wobei der Ausdruck *bar-do* vermutlich mit „zwischen-zwei" paraphrasiert werden kann.

[85] vgl. Sagaster, 1978, 175-179.
[86] a.a.O., 184.
[87] Glasenapp, 1989, 129.
[88] vgl. Kieffer, 1988, 3.
[89] zit.n. Loerzer/Berger, 1990, 15.
[90] a.a.O., 16.
[91] zit.n. Gruhl, 1984, 19-21.
[92] zit.n. Schützinger, 1978, 52-53.
[93] zit.n. Moraldi, 1987, 26.
[94] zit.n. Schröter-Kunhardt, 1993b, 225.
[95] zit.n. Klimkeit, 1978, 71.
[96] a.a.O., 73.
[97] vgl. Zaleski, 1993, 38.
[98] zit.n. Loerzer/Berger, 1990, 27.
[99] Moraldi, 1985, 106-108.
[100] zit.n. Zaleski, 1993, 30.
[101] zit.n.Loerzer/Berger, 1990, 55.
[102] Völupsâ, 60, 62.
[103] 1Mo 2.8-17.
[104] 1Mo 3.14-18.
[105] 1Mo 3.19.
[106] 1Mo 3.22-24.
[107] 5Mo 30.19.
[108] Hi 10.20-22.
[109] Dan 12.1-3.
[110] Großschrift in der Übersetzung; der Gottesname JHWH wird mit Verweis auf die neutestamentliche Benutzung mit „Herr" wiedergegeben und in Großbuchstaben gedruckt – vgl. Vorwort zur Elberfelder Bibel, 1987, V-VI.
[111] statt „dieses große Gesicht" werden auch „diese große Erscheinung" und „Vision" als Übersetzungen angeboten.
[112] 2 Mo 3.1-6.
[113] zum äthiopischen Buch Henoch vgl. Weidinger, 302-346.
[114] a.a.O., 511-520.
[115] Jes 11.5-9.
[116] Mt 17.1-8.
[117] Apg 9.3-7.
[118] 2Kor 12.2-5 – Im Gegensatz zur Apostelgeschichte gilt der Korintherbrief als authentisches Zeugnis.
[119] Zaleski, 1993, 43.
[120] Offb 1.12-17.
[121] Offb 22.5.
[122] gemeint ist jenes Totenreich, in dem sich die Verstorbenen bis zum Jüngsten Gericht aufhalten.
[123] zit.n. Hierzenberger, 1988, 131-132.
[124] vgl. Zaleski, 1993, 59-61.
[125] zit.n. Loerzer/Berger, 1990, 179-180.
[126] Zaleski, 1993, 48.
[127] a.a.O., 51-55.

[128] zit.n. Hierzenberger, 1988, 148.
[129] a.a.O., 149.
[130] Sure 74, 1-7 – Sämtliche Zitate beziehen sich auf die bei Reclam erschienene Koranausgabe, in der Übersetzung von Max Henning.
[131] Sure 52, 11-22.
[132] zit.n. Nagel, 1978, 138-139.
[133] Sure 24, 35.
[134] Sure 17, 1.
[135] zit.n. Hierzenberger, 1988, 152.
[136] 2 Mo 2.11-15.
[137] 2 Mo 3.7-12.
[138] Mt 3.16-17.
[139] vgl. v.Glasenapp, 1989, 304.
[140] zit. n. Zaleski, 1993, 144.
[141] zit.n.Moody, 1989a, 129.
[142] a.a.O., 131.
[143] vgl.Klinkenborg, 1992, 66-67.
[144] a.a.O., 72.
[145] Zaleski, 1993, 40.
[146] vgl. Küng, 1982, 36.
[147] Bachl, 1985, 24-29.
[148] im Wachtturm, 15.10.96, 5.
[149] Prediger 9, 4-6.
[150] Abanes, 1996, 252.
[151] Abanes, 1996, 147.
[152] Moody, 1989a, 158.
[153] Elsaesser Valarino, 1995, 257, sowie 244-265.
[154] Schwarz, 1987, 47.
[155] Perry, 1992, 85-95.
[156] Mosiah, 27.10-13 – Als Textquelle dient das Buch Mormon, das von der *Kirche Jesu der Heiligen der letzten Tage* 1978 in 20. Auflage herausgegeben wurde.
[157] vgl. Zaleski, 1993, 204.
[158] *Meditationen über die Erste Philosophie*, 1991, 219.